LES ANNALES DU DROIT 2021

DROIT CIVIL DES OBLIGATIONS

LES ANNALES DU DROIT

L1 > *Introduction au droit et droit civil (personnes, famille)*
> *Droit constitutionnel*

L2 > *Droit civil des obligations*
> *Droit administratif*

COLLECTION DIRIGÉE PAR

YVES JÉGOUZO

PROFESSEUR ÉMÉRITE DE L'UNIVERSITÉ
PARIS 1 PANTHÉON-SORBONNE

LES
ANNALES
DU DROIT 2021

DROIT CIVIL DES OBLIGATIONS

MÉTHODOLOGIE & SUJETS CORRIGÉS

SOUS LA DIRECTION DE
ANNICK BATTEUR
PROFESSEURE ÉMÉRITE À L'UNIVERSITÉ DE CAEN NORMANDIE (UCN)

DALLOZ

DALLOZ

31-35, rue Froidevaux, 75685 Paris Cedex 14

ISBN 978-2-247-19852-8

Sommaire

Avant-propos IX

Introduction au droit civil des obligations 1

MÉTHODOLOGIE

L'étude de cas, la consultation 11

Le commentaire d'arrêt 34

Le commentaire dirigé 58

La dissertation 61

La recherche documentaire 74

SUJETS CORRIGÉS

LE CONTRAT

- **Réforme du droit des contrats**
  Dissertation 79
  Thomas Piazzon, Maître de conférences, Université Panthéon-Assas (Paris II)

- **Juge et contrat**
  Dissertation 91
  Christophe Juillet, Professeur, Université Paris Descartes

- **Équilibre contractuel**
  Dissertation 100
  Laurent Bloch, Professeur, Université de Pau et des Pays de l'Adour
  Cédric Édouard, Doctorant contractuel, Université de Pau et des Pays de l'Adour

- **Formation du contrat**
  Commentaire de l'article 1114 du code civil 112
  Clothilde Grare-Didier, Professeur, Université Paris Descartes
  Verena Simmenauer, Chargée d'enseignement, Université Paris Descartes

- **Échange des consentements**
  Commentaire d'arrêt : Civ. 1re, 18 juillet 1967, n° 65-14.384, *Bull. civ.* I, n° 268 120
  Philippe Casson, Maître de conférences HDR, Université de Haute-Alsace

- **Erreur sur les qualités essentielles**
  Commentaire d'arrêt : Civ. 3e, 3 mai 2018, n° 17-11.132 127
  Jean-Baptiste Seube, Professeur, Université de La Réunion

- **Erreur – Vice du consentement**
  Commentaire d'arrêt : Com. 13 mars 2019, n° 17-19.501, NP 137
  Kiteri Garcia, Maître de conférences, Université de Pau et des pays de l'Adour

- **Formation du contrat**
  Commentaire d'arrêt : Civ. 1re, 3 mai 2000, n° 98-11.381 146
  Nicolas Rontchevsky, Professeur, Université de Strasbourg
  Bienvenue Dodou, Chargé d'enseignement, Université de Strasbourg

- **Dol**
  Commentaire d'arrêt : Civ. 3e, 5 juillet 2018, n° 17-20.121 156
  Cécile de Cet Bertin, Maître de conférences, Université de Bretagne occidentale
  Bondé Christian Gnohon, Doctorant contractuel, Université de Bretagne occidentale

- **Clauses contractuelles, nullité et imprévision**
  Cas pratique 164
  Laurent Bloch, Professeur, Université de Pau et des pays de l'Adour
  Camille Drouiller, Docteure de droit privé, Université de Pau et des pays de l'Adour

- **Inexécution du contrat**
  Dissertation 175
  Olivier Tournafond, Professeur et Katia Naït, ATER, Université Paris Est

- **Clauses abusives**
  Commentaire d'arrêt : Civ. 3e, 7 novembre 2019, n° 18-23.259 178
  Olivier Tournafond, Professeur et Katia Naït, ATER, Université Paris Est

- **Imprévision**
  Cas pratique 183
  F. Chénedé, O. Gout, L. Mayaux, S. Porchy-Simon, Professeurs et N. Rias, Maître de conférences, Université Jean Moulin Lyon III
  Théo Sougy, Chargé d'enseignement, Université Jean Moulin Lyon III

LA RESPONSABILITÉ CIVILE

- **Responsabilité contractuelle**
  Commentaire d'arrêt : Civ. 1re, 16 mai 2018, n° 17-17.904 196
  Christophe Alleaume, Professeur agrégé, Université de Caen Normandie
  Ludwig Carlin, Doctorant en droit privé, ATER, Université de Caen Normandie

- **Quasi-contrat et responsabilité délictuelle**
  Cas pratique ... 211
  Marie Leveneur-Azémar, Professeur et Justine Macaruella, Chargée d'enseignement, Université de La Réunion

- **Responsabilité civile extracontractuelle**
  Commentaire d'arrêt : Civ. 2e, 5 mars 2020, n° 18-26.137 ... 220
  Thierry Garé, Professeur, Université catholique de Toulouse

- **Responsabilité du fait personnel**
  Commentaire d'arrêt : Civ. 2e, 13 janvier 2005, n° 03-12.884 ... 228
  Gilles Raoul-Cormeil, Professeur, Université de Brest

- **Responsabilité générale du fait personnel - Responsabilité du commentant**
  Commentaire d'arrêt : Civ. 2e, 23 mai 2019, n° 18-17.369 ... 240
  Gulsen Yildirim, Maître de conférences HDR, Université de Limoges et Omar Kafi-Cherrat, ATER, Université de Limoges

- **Responsabilité civile extracontractuelle**
  Cas pratique ... 252
  Christophe Alleaume, Professeur, Université de Caen Normandie
  Camille Jussiaux, ATER et Ludwig Carlin, Doctorant, Université de Caen Normandie

- **Responsabilité du fait personnel**
  Cas pratique ... 269
  Ingrid Maria, Professeure en droit privé, Université de Grenoble Alpes

- **Responsabilité des parents du fait de leur enfant**
  Commentaire d'arrêt : Civ. 2e, 18 novembre 2010, n° 09-17.021 ... 280
  Cyril Bloch, Professeur de droit privé, Université d'Aix-Marseille
  Alexis Bacon, Doctorant, Université d'Aix-Marseille

- **Responsabilité extracontractuelle du fait des choses et faute de la victime**
  Commentaire d'arrêt : Civ. 1re, 6 octobre 1998, n° 96-12.540 ... 292
  Alain Lepommelec, Maître de conférences, École de droit de Clermont-Ferrand

Index ... 307

Avant-propos

La collection des Annales du droit a comme ambition de fournir un nouvel outil de travail aux étudiants de la licence en droit mais aussi à tous ceux qui suivent des enseignements juridiques dans le cadre des instituts d'études politiques ou des préparations aux concours administratifs.

Les Annales du droit se présentent comme le **complément nécessaire du manuel ou du cours** oral dans les disciplines fondamentales du droit que sont l'introduction au droit et le droit des personnes et des biens, le droit constitutionnel, le droit civil des obligations et le droit administratif.

L'analyse systématique des institutions, des procédures et des relations juridiques qui est faite de manière didactique dans les manuels et les cours est le premier versant de la formation juridique. Le second versant est la mise en œuvre et l'application de ces notions, la présentation organisée d'une question juridique, l'analyse des sources du droit, la résolution d'une question pratique. C'est ce second versant que doivent permettre de gravir les Annales du droit en exposant la méthodologie des exercices demandés à tout juriste et l'illustrant par la présentation des sujets corrigés qui ont été donnés dans un échantillon représentatif d'universités françaises.

Mode d'emploi des Annales du droit

Conçues et dirigées par un enseignant qui a accepté de prendre la responsabilité d'un des quatre ouvrages consacrés aux disciplines de base, les Annales du droit, publiées par les éditions Dalloz depuis un quart de siècle, sont tout d'abord des **ouvrages de méthodologie**.

Le responsable de l'ouvrage présente les différentes méthodes qui sont utilisées dans l'enseignement du droit en accompagnant cette présentation de conseils pour les trois principaux types d'exercice qui sont demandés aux juristes, que ce soit dans le cadre du contrôle continu, des examens ou des concours :

- la **dissertation**, exposé systématique d'une question avec ses exigences de présentation et d'analyse du sujet, de plan, d'organisation des idées ;
- le **commentaire** qui peut porter sur un texte de droit international ou de droit communautaire, une loi, un règlement, une décision de jurisprudence et qui doit permettre de comprendre le sens du texte, d'en mesurer la portée, les apports, de l'évaluer ;
- l'**étude de cas** consistant à appliquer à une question pratique les connaissances acquises, à replacer la question posée dans son environnement juridique et à rechercher la solution d'un litige.

La collecte de l'information disponible et actualisée étant l'un des préalables à tout travail juridique, les Annales comportent également l'**exposé des méthodes de recherches bibliographiques et des outils informatiques** disponibles.

Les conseils méthodologiques sont illustrés par une **vingtaine de sujets corrigés** choisis parmi ceux qui ont été **donnés dans les universités françaises** lors des dernières sessions d'examen. À cet effet, et selon une méthode originale par rapport aux ouvrages de même type, les professeurs responsables des enseignements de la discipline à laquelle est consacrée chacune des quatre Annales ont accepté de présenter les sujets qu'ils ont retenus pour l'examen et d'en faire le corrigé. Les Annales du droit illustrent ainsi la diversité des analyses qui sont le propre de la méthode universitaire.

Les Annales du droit sont conçues comme devant être l'accompagnement nécessaire des cours et des manuels. À cette fin, **les sujets retenus sont présentés en suivant le plan habituel des cours consacrés à la matière** : ils en illustrent et complètent les grandes parties.

Pour chaque sujet est indiqué le **thème principal** qui en est l'objet. Les **mots-clés**, enfin, recensent les principaux points de droit abordés dans chaque sujet corrigé. L'index thématique qui figure en fin d'ouvrage permet de retrouver aisément les questions et les points de droit que le lecteur souhaite étudier.

Yves Jégouzo

Introduction au droit civil des obligations

Le droit des obligations est l'étude des rapports de droit entre deux personnes, rapport unissant un créancier à un débiteur et en vertu duquel le second est tenu de l'accomplissement d'une prestation envers le premier, lequel est en droit d'exiger l'accomplissement de cette prestation. Il détermine les sources du rapport d'obligation, ses effets, les modalités qui peuvent l'affecter, sa transmission et les différentes façons par lesquelles il cesse d'exister. Le droit des obligations est de ce fait une matière fondamentale au cours des études de droit, pour ne pas dire la matière fondamentale. Il domine l'ensemble du droit, et plus spécialement du droit civil. Il est d'ailleurs impossible d'étudier non seulement la plupart des branches du droit civil, mais aussi le droit des affaires dans son ensemble, sans se référer au droit des obligations puisqu'il permet l'organisation juridique des relations économiques.

Sa place au sein des études de droit est aux yeux de tous essentielle. La matière forme les juristes au raisonnement juridique. Les étudiants apprennent la théorie générale de l'obligation contractuelle et celle du droit de la responsabilité délictuelle. Mais ils apprennent aussi et surtout à comprendre les subtilités de certains mécanismes juridiques, le rôle majeur de la qualification, l'ambiguïté du fondement ou de la nature juridique de certaines règles, la finesse de l'analyse jurisprudentielle…

L'évolution du droit comme celle de la responsabilité civile a longtemps été l'affaire de la jurisprudence. La récente réforme du droit des contrats par l'ordonnance du 10 février 2016 a conduit assez souvent à consacrer cette jurisprudence, tout en apportant aussi des réformes conséquentes sur certains points. Ceci complique bien sûr la prise de contact avec cette matière pour un jeune juriste, mais la rend passionnante. Généralement les étudiants perçoivent vite que, pour devenir un bon généraliste du droit, il faut se plonger totalement dans le droit des obligations. Pour ce faire, il leur faudra rapidement dégager des méthodes de travail personnelles.

Certaines techniques peuvent être de la plus grande utilité, et l'ensemble des conseils qui vont suivre a pour objectif de proposer des outils de travail. Ils doivent favoriser la mise en œuvre des connaissances acquises pour réussir aux examens. En ce sens nous avons jugé utile de donner quelques conseils d'ordre général (il s'agit de récapituler certains aspects du travail à fournir avant les examens eux-mêmes), avant d'exposer la méthodologie du cas pratique, du commentaire d'arrêt, « classique » ou dirigé et de la consultation.

Les étudiants savent que pour acquérir des connaissances, il leur faut connaître le cours dispensé sur les bancs de la faculté. Ils comprennent également que la maîtrise de l'enseignement dispensé dans le cadre des travaux dirigés est utile.

L'influence prépondérante du droit des obligations doit conduire les étudiants de deuxième année à faire de l'acquisition de cette matière une priorité dans le déroulement de leurs études. Espérons que ce manuel leur permettra de réaliser ce projet.

Introduction

Cette partie de l'ouvrage a été conçue et réalisée grâce à la collaboration de certains membres de l'équipe de travaux dirigés que j'animais. Qu'ils soient remerciés pour la qualité de leur travail, leurs encouragements et leur amitié :

Armelle Gorand, maître de conférences, plus spécialement pour la partie relative au commentaire d'arrêt ;

Gilles Raoul-Cormeil, maître de conférences, pour la partie relative à la dissertation ;

Karim Salhi, maître de conférences, pour la partie relative à la consultation.

I/ Le travail personnel

A – Travailler avant et après les séances de travaux dirigés

Il ne nous appartient pas de vous rappeler que vous devez travailler de manière régulière : c'est une évidence. Nous souhaitons insister sur l'importance du travail effectué au niveau des travaux dirigés. Vous devez absolument, tout au long de l'année, préparer vos travaux dirigés en les rédigeant et faire des exercices d'entraînement pour chaque type d'épreuve. Après chaque séance, vous devez faire un bilan de ce qui vous a été enseigné. Recopiez vos notes au propre; reprenez les arrêts étudiés ou les consultations. Refaites-les; entraînez-vous à restituer les raisonnements tenus. Vos travaux dirigés sont au moins aussi importants que vos cours.

Si l'enseignement qui vous est dispensé est transcrit dans un document que vous apprenez, vous améliorerez votre niveau juridique. Cette démarche sera un gain de temps au moment des révisions. Elle permet surtout de vous former au raisonnement juridique.

Le recours à la documentation est exclu dans le cadre des examens. Seul le code civil est éventuellement autorisé. S'il est inefficace d'apprendre sans comprendre, il est vrai aussi qu'il ne suffit pas de comprendre les choses pour les mémoriser. Vous devez donc apprendre par cœur votre cours et certains éléments vus en travaux dirigés. Au fur et à mesure de l'acquisition de vos connaissances, assurez-vous, naturellement, que vous avez bien compris ce qui vous a été enseigné. Vous devez acquérir une vision d'ensemble, en plus, bien sûr, du contenu concret de chaque élément de l'ensemble. N'oubliez pas en ce sens de maîtriser parfaitement le plan de cours qui permet d'avoir une vision globale et, par là, vous assure la possibilité d'établir des rapprochements nécessaires, d'éviter des confusions et des oublis.

B – Apprendre à utiliser correctement le code civil

Vous devez savoir manier le code civil, en lien complet avec le contenu de vos enseignements. Il est inutile d'avoir l'espoir de trouver dans le code la solution totale aux problèmes posés. Les renseignements que vous y trouverez doivent simplement être un moyen de réveiller utilement votre mémoire sur des points accessoires. Prenez donc l'habitude, lorsque vous apprenez un point de votre cours, de vous référer aux textes cités. Vous serez prudents dans l'utilisation des notes qui figurent sous les articles. Il s'agit généralement d'une présentation très ramassée, souvent réduite à un attendu de principe, destinée aux praticiens qui sont à même, à la seule lecture d'un attendu, d'en comprendre la portée. Outre la présentation résumée de l'arrêt, suivent ensuite les références de l'arrêt.

Vous devez apprendre à **retrouver** dans le code les arrêts sur lesquels vous avez travaillé (parce que vous les avez commentés en travaux dirigés ou parce qu'il vous a été demandé de les lire). Vous n'utiliserez pas les présentations des décisions que vous ne connaissez pas, car vous risqueriez de vous tromper sur le sens d'un attendu. Seules les références à des arrêts étudiés, et que vous maîtrisez, seront exploitées. Lorsque vous citez un attendu de principe que vous avez retrouvé dans le code civil – mais que vous connaissiez auparavant – n'hésitez pas à mettre l'attendu entre guillemets, après avoir rappelé la nature de la juridiction qui a rendu la décision ainsi que sa date. On ne fait pas état des références.

C – Faire des fiches d'arrêt

On vous donne régulièrement à lire des arrêts et à en préparer le commentaire. Votre chargé de travaux dirigés vous forme, au fur et à mesure des séances, à la méthode même du commentaire. Vous devez, nous l'avons dit, après chaque séance de travail, prendre le temps de récapituler l'enseignement qui vous a été donné. Certains aspects sont destinés à vous préparer à l'analyse même. Tenez à jour un cahier spécifique dans lequel vous noterez tous les détails techniques sur la structure des arrêts. D'autres aspects concernent le thème même de la séance. Vous devez impérativement faire une fiche dans laquelle les renseignements les plus élémentaires seront donnés. Cette fiche sera utilisée lors de vos révisions ; elle vous évitera de tout relire. Outre, bien sûr, les renseignements sur la juridiction qui a rendu la décision et sa date, on y trouvera grossièrement : les faits ; le problème de droit ; la réponse apportée par la Cour de cassation.

Voici deux exemples de fiche :

Fiche de l'arrêt Civ. 1re, 3 mai 2000 (arrêt relatif au dol par réticence) :

Sur le moyen unique, pris en sa deuxième branche :

Vu l'article 1116 du code civil ;

Attendu qu'en 1986, Mme Boucher a vendu aux enchères publiques cinquante photographies de Baldus au prix de 1 000 francs chacune ; qu'en 1989, elle a retrouvé l'acquéreur, M. Clin, et lui a vendu successivement trente-cinq photographies, puis cinquante autres photographies de Baldus, au même prix qu'elle avait fixé ; que l'information pénale du chef d'escroquerie, ouverte sur la plainte avec constitution de partie civile de Mme Boucher, qui avait appris que M. Baldus était un photographe de très grande notoriété, a été close par une ordonnance de non-lieu ; que Mme Boucher a alors assigné son acheteur en nullité des ventes pour dol ;

Attendu que pour condamner M. Clin à payer à Mme Boucher la somme de 1 915 000 francs représentant la restitution en valeur des photographies vendues lors des ventes de gré à gré de 1989, après déduction du prix de vente de 85 000 francs encaissé par Mme Boucher, l'arrêt attaqué, après avoir relevé qu'avant de conclure avec Mme Boucher les ventes de 1989, M. Clin avait déjà vendu des photographies de Baldus qu'il avait achetées aux enchères publiques à des prix sans rapport avec leur prix d'achat, retient qu'il savait donc qu'en achetant de nouvelles photographies au prix de 1 000 francs l'unité, il contractait à un prix dérisoire par rapport à la valeur des clichés sur le marché de l'art, manquant ainsi à l'obligation de contracter de bonne foi qui pèse sur tout contractant et que, par sa réticence à lui faire connaître la valeur exacte des photographies, M. Clin a incité Mme Boucher à conclure une vente qu'elle n'aurait pas envisagée dans ces conditions ;

Attendu qu'en statuant ainsi, alors qu'aucune obligation d'information ne pesait sur l'acheteur, la cour d'appel a violé le texte susvisé ;

Par ces motifs :

Casse et annule, dans toutes ses dispositions, l'arrêt rendu le 5 décembre 1997, entre les parties, par la cour d'appel de Versailles ; remet, en conséquence, la cause et les parties dans l'état où elles se trouvaient avant ledit arrêt et, pour être fait droit, les renvoie devant la cour d'appel d'Amiens.

Les faits :

En 1986, lors d'une vente aux enchères publiques, cinquante photographies de Baldus ont été vendues au prix de 1 000 francs l'unité.

En 1989, le vendeur desdites photographies reprend contact avec son acquéreur et lui vend, successivement, quatre-vingt-cinq autres photographies de Baldus pour un prix identique. Apprenant par la suite que Baldus était un photographe d'une grande notoriété, le vendeur porte plainte, devant les juridictions pénales, contre son cocontractant pour escroquerie. L'information pénale ouverte se termine cependant par une ordonnance de non-lieu. Le vendeur assigne alors l'acheteur en annulation des ventes conclues en 1989 pour dol.

La cour d'appel saisie de l'affaire en seconde instance fait droit à sa demande en annulant les ventes conclues en 1989 pour dol et en condamnant l'acheteur à restituer au vendeur la somme représentant la valeur réelle des clichés vendus. Motif : la cour d'appel considère que l'acheteur a manqué à l'obligation de contracter de bonne foi qui pèse sur tout contractant en achetant les clichés pour un prix qu'il savait manifestement dérisoire par rapport à leur valeur réelle (plus de vingt fois supérieure au prix de vente !). Par sa réticence à faire connaître au vendeur cette valeur réelle, l'acheteur l'a donc incité à conclure une vente qu'il n'aurait pas envisagée à ces conditions.

Pourvoi est formé contre cette décision.

Le problème de droit posé par l'affaire :

L'acheteur qui n'informe pas son vendeur du prix réel du bien objet de la vente commet-il un dol par réticence susceptible d'entraîner l'annulation du contrat ainsi conclu ?

La solution donnée par la Cour de cassation :

La Cour de cassation casse l'arrêt de la cour d'appel pour violation de l'article 1116 du code civil. Selon elle, le contrat ne pouvait être annulé pour dol puisque, se contente-t-elle d'affirmer, aucune obligation d'information ne pesait sur l'acheteur.

Fiche de l'arrêt Civ. 3e, 17 janvier 2007 (arrêt relatif au dol par réticence) :

Sur le moyen unique :

Vu l'article 1116 du code civil ;

Attendu, selon l'arrêt attaqué (Paris, 27 octobre 2005), que M. X..., marchand de biens, bénéficiaire de promesses de vente que M. Y... lui avait consenties sur sa maison, l'a assigné en réalisation de la vente après avoir levé l'option et lui avoir fait sommation de passer l'acte ;

Attendu que pour prononcer la nullité des promesses de vente, l'arrêt retient que le fait pour M. X... de ne pas avoir révélé à M. Y... l'information essentielle sur le prix de l'immeuble qu'il détenait en sa qualité d'agent immobilier et de marchand de biens, tandis que M. Y..., agriculteur devenu manœuvre, marié à une épouse en incapacité totale de travail, ne pouvait lui-même connaître la valeur de son pavillon, constituait un manquement au devoir de loyauté qui s'imposait à tout contractant et caractérisait une réticence dolosive déterminante du consentement de M. Y..., au sens de l'article 1116 du code civil ;

Qu'en statuant ainsi, alors que l'acquéreur, même professionnel, n'est pas tenu d'une obligation d'information au profit du vendeur sur la valeur du bien acquis, la cour d'appel a violé le texte susvisé ;

Par ces motifs : casse et annule...

Les faits :

M. Y... agriculteur devenu manœuvre, marié à une épouse en incapacité totale de travail, consent à M. X..., marchand de biens, des promesses de vente sur sa maison. M. X... n'obtenant pas le respect de cet engagement a assigné M. Y... en réalisation de la vente après avoir levé l'option et lui avoir fait sommation de passer l'acte. M. X... demande la nullité des promesses de vente pour dol au motif qu'il ignorait la valeur exacte des terres qu'il vendait.

Se fondant sur la situation de chacune des parties, L'arrêt retient que le fait pour M. X... de ne pas avoir révélé à M. Y... l'information essentielle sur le prix de l'immeuble constituait un manquement au devoir de loyauté qui s'imposait à tout contractant et caractérisait une réticence dolosive déterminante du consentement de M. Y..., au sens de l'article 1116 du code civil ;

La Cour de cassation casse l'arrêt pour violation de la loi, en visant l'article 1116 : l'acquéreur, même professionnel, n'est pas tenu d'une obligation d'information au profit du vendeur sur la valeur du bien acquis.

Le problème de droit posé par l'arrêt :

L'acheteur d'un bien, qui est professionnel de l'immobilier, et qui n'informe pas son vendeur de la valeur du bien vendu, commet-il un dol par réticence susceptible d'entraîner l'annulation de la vente ?

La solution donnée par la Cour de cassation :

La vente ne peut être annulée pour dol par réticence, car l'acquéreur, même professionnel, n'est pas tenu d'une obligation d'information au profit du vendeur sur la valeur du bien acquis.

La Cour de cassation, qui pourtant relève qu'il s'agissait d'un acheteur professionnel maintient la solution de l'arrêt *Baldus.*

II/ La préparation à l'examen

A – Respecter le programme de révision

Attention : la semestrialisation conduit les enseignements à une division du programme. Il n'en reste pas moins que le cours forme un tout. Au second semestre, vous pouvez avoir besoin d'éléments acquis lors du premier. Certaines connaissances sont jugées nécessairement acquises. Ne vous inquiétez pas outre mesure. En arrivant en deuxième année, vous avez dû ressentir à plusieurs reprises que les connaissances acquises en première année étaient fort utiles, et, sans même parfois vous en rendre compte, vous les avez souvent utilisées. Il en est de même ici. Si vous connaissez parfaitement ce qui a été enseigné au premier semestre, la séparation des programmes ne vous posera pas de difficultés.

Si vous devez connaître tout le programme de deuxième année, vous n'avez pas à connaître celui de troisième année de licence ou de première année de master…

Il vous arrivera peut-être d'être tenté d'aller chercher des règles spécifiques à un contrat. Par exemple, s'agissant d'un contrat de vente, vous avez peut-être entendu parler de la garantie des vices cachés (à moins que vous n'ayez découvert l'existence de la règle en feuilletant le code civil). Inutile de chercher à exploiter cette règle. La garantie des vices cachés ne fait pas partie du programme de droit des obligations. Les règles spécifiques à la vente sont enseignées en troisième année de licence ou en première année de master. Elles sont complexes. Tout ce que vous pourriez dire à ce sujet, découvert à travers vos lectures, peut être inexact ou faux. En utilisant des règles que vous n'avez jamais approfondies, vous prenez le risque d'un contresens. Vous indisposez votre lecteur qui n'apprécie pas que vous perdiez du temps à faire référence à des règles qui ne vous ont pas été enseignées. Bref, vous ne devez pas faire des incursions dans le droit des contrats spéciaux, sauf, bien sûr, si pendant l'année, votre enseignant a jugé utile de faire état de telle ou telle règle. De façon plus générale, vous devez vous limiter à votre programme de droit des obligations. Il est déjà suffisamment vaste. Inutile d'explorer, le jour d'un examen, des terres inconnues…

B – Apprendre à gérer votre temps

Il vous appartient lors de l'examen de dégager les problèmes qui se posent, en étant méthodique. Vous vous ménagerez bien sûr un temps de préparation. Concrètement, nous constatons à chaque examen, que le temps que certains étudiants consacrent à cette préparation est trop long car ils rédigent trop de choses sur leur brouillon. Vous devez apprendre très vite à présenter vos développements de façon propre, intelligible et cohérente en les écrivant directement sur votre copie. Les phases de réflexion et de préparation sur brouillon ne doivent pas dépasser la moitié du temps qui vous est imparti pour composer. Le temps de l'écriture est important : il ne faut jamais le sous-estimer. Le temps de l'écriture est aussi un temps de réflexion. Commencez alors à rédiger assez tôt, dès que vous êtes certain d'avoir compris le sujet et d'avoir déterminé les grandes lignes dans lesquelles vous allez le traiter. De surcroît, puisqu'il est inadmissible pour un correcteur de trouver un devoir truffé de fautes d'orthographe ou de style, il est essentiel que vous vous aménagiez un temps de relecture.

C – Apprendre à rédiger

Une remarque préliminaire s'impose : **n'utilisez pas de couleurs !** Sachez que tout signe distinctif est cause d'annulation d'une copie : or, la couleur peut être un signe distinctif… Prenez l'habitude de respecter cette contrainte, car dans les années futures, vous passerez peut-être des épreuves d'examen ou de concours au cours desquelles la règle sera appliquée avec rigueur.

Il est indispensable d'apporter tous vos soins à la rédaction de votre devoir. Votre orthographe doit être bonne. Nous attirons simplement votre attention sur un point : pendant les cours, vous avez pris l'habitude de prendre des notes en faisant des abréviations. Le vocabulaire juridique étant spécifique, il est normal que vous n'ayez pas eu l'occasion de l'utiliser pendant vos études secondaires. De ce fait-là, vous n'en avez pas la maîtrise. Vérifiez donc que vous savez parfaitement écrire les mots que vous avez malencontreusement pris l'habitude d'écrire en abrégé... Il est très irritant pour un enseignant de constater qu'un étudiant répète la même faute d'orthographe tout au long de son devoir...

En ce qui concerne la forme, le plus simple est d'exposer votre raisonnement, vos arguments de façon impersonnelle. La personne qui vous consulte est une personne que vous ne connaissez pas. Ne vous adressez pas particulièrement à elle. Évitez d'exprimer une opinion personnelle. La tradition veut que l'on n'utilise pas le « je ».

N'employez pas le verbe « stipuler » à toutes les sauces. Un contrat stipule telle ou telle chose mais la loi ne stipule pas : un texte prévoit, dispose, énonce, déclare, etc.

Citez les textes en faisant attention de varier les formules : d'après l'article... ; selon l'article... ; il résulte de tel texte que... Pour cela, regardez comment s'y prennent les spécialistes.

L'étude de cas, la consultation

L'épreuve de cas pratique est souvent considérée par les étudiants comme la plus facile, celle qui nécessite le moins de techniques pures. Il est vrai que construite par les enseignants, soit à partir d'hypothèses d'école, soit à partir de faits réels qui ont, un jour, donné lieu à une action en justice, la consultation a un aspect pratique et un abord qui est assez séduisant pour un jeune juriste. Pourtant, prenez garde : on s'aperçoit rapidement si les étudiants sont capables de raisonner correctement et ont des connaissances solides. La technique même n'est pas difficile. Pourtant, certains étudiants ne parviennent pas à appliquer une méthode rigoureuse. Quelques conseils devraient permettre d'éviter certains écueils et d'améliorer la façon de traiter les cas pratiques.

La règle de base est toujours la même. Il s'agit de définir les problèmes juridiques puis, après les avoir ordonnés, de les résoudre en énonçant les règles de droit applicables.

En effet, le cas pratique a pour objet de résoudre une difficulté pratique par application des règles qui vous ont été enseignées. Vous devez proposer une solution juridique à un problème concret qui vous est posé. Il ne s'agit pas de donner une opinion partiale, encore moins de prendre une position sur les faits exposés, mais de motiver en droit une solution (même si elle vous paraît injuste : peu importe). Si un procès avait lieu, comment telle affaire serait-elle abordée ? Quelles seraient les chances de succès d'une action en justice ?

Il faut à ce stade bien comprendre que les développements techniques, abstraits, sur le contenu de la règle de droit, sont le plus important. C'est à travers votre exposé des règles que l'on vérifiera vos qualités de raisonnement. Par conséquent, ne perdez pas de temps en luxe de détails sur l'application concrète. En d'autres termes, il ne s'agit pas d'exposer la petite histoire qui vous est proposée en la délayant, mais de découvrir quels seraient les raisonnements juridiques les plus appropriés pour résoudre une affaire et de les exposer intelligemment.

I/ Comment aborder le sujet ? (la prise de contact avec le sujet)

Plusieurs phases doivent être distinguées dans l'élaboration d'un cas pratique. Vous consacrerez environ la moitié de votre temps à la construction même de votre consultation.

Vous allez devoir appréhender le sujet à un double niveau : celui des faits ; celui des problèmes posés. Ce n'est que lorsque vous aurez totalement maîtrisé ces deux aspects que vous pourrez passer au second stade, celui de la résolution des problèmes posés.

A – Comment aborder et poser les problèmes de faits ?

Bien saisir le sujet, c'est identifier les problèmes qu'il pose. Pour résoudre le cas pratique, un certain nombre de faits vous sont donnés. Vous devez lire et relire avec insistance le texte de la consultation, de façon à vous en imprégner complètement. Lisez calmement, sans panique, la totalité du cas pratique. L'énoncé de votre sujet vous fait découvrir un ensemble d'événements, plus ou moins ordonnés, qu'il va falloir reconstituer dans l'ordre chronologique.

L'enseignant qui a bâti le cas pratique a choisi un certain nombre d'éléments d'information jugés indispensables pour régler le cas. Tout ce qui est dit est en général utile. C'est d'ailleurs pourquoi la plupart des enseignants vous proposent de résoudre directement la consultation, sans avoir à résumer les faits, car ils partent du postulat que les indications figurant dans l'énoncé même du sujet sont toutes suffisamment importantes pour n'avoir pas à être présentées succinctement. Lorsque vous rédigerez, il suffira alors sommairement d'une phase pour introduire directement le sujet (*ex. : M. X… nous consulte à la suite d'un accident dont il a récemment été victime*). Une phrase ou deux indiquant le domaine, le secteur concerné suffira (*ex. : cas relatif à la responsabilité délictuelle*).

Si vous n'avez pas à résumer les faits dans votre introduction, vous serez en revanche amené à en faire état au fur et à mesure de votre consultation. Il faut donc les avoir parfaitement en tête pour les exploiter utilement, au bon moment et de façon la plus judicieuse possible.

Il peut arriver qu'un enseignant souhaite cependant vérifier que vous savez percevoir l'essentiel des faits. En d'autres termes, de nombreux éléments vous sont donnés et l'on attend de vous une rapide synthèse des faits. Il vous est donc demandé d'éliminer les faits secondaires, pour exposer succinctement et seulement les éléments essentiels. Sont des faits secondaires les détails sans grand intérêt qui sont développés plusieurs fois de suite pour vous faire comprendre le contexte des événements, leur atmosphère générale. Par hypothèse, puisque vous disposez d'un temps limité, votre interrogateur n'aura pas multiplié ce genre de renseignements. La présentation succincte des faits pourra être assez aisée à opérer. Cette présentation sera faite dans l'introduction. Si les circonstances de fait exposées dans l'énoncé sont complexes, que des détails de faible importance sont donnés, vous ferez le tri. Le résumé que vous établirez a pour seul objet de retracer chronologiquement les principaux événements. L'objectif est d'en donner un aperçu rapide, et surtout pas de recopier des phrases entières de la consultation. Si vous avez bien compris ce qui vient d'être dit, vous constaterez que même dans ce cas, vous n'utiliserez pas tous les faits qui vous sont proposés. Là encore, vous serez amené à exploiter certains éléments au fur et à mesure de vos développements. Vous devez donc également parfaitement assimiler les faits qui vous sont soumis pour les exploiter de manière opportune au cours de la résolution du cas pratique.

Parfois, certains éléments de fait vous semblent manquer ; d'autres vous paraissent curieux et vous vous demandez comment réagir. Partez du principe qu'il ne s'agit pas d'une erreur de celui qui a rédigé le cas. Certes, cela peut arriver ; il n'est pas illégitime de poser une question à ce sujet pendant une surveillance d'examen, à titre tout à fait exceptionnel, lorsque vous êtes certain que s'est glissée une erreur matérielle. Mais s'il vous manque des informations utiles, c'est que l'on attend de vous que vous imaginiez différentes hypothèses et que vous raisonniez ensuite sur chacune d'elles. En aucun cas, il ne vous appartient de ne retenir qu'une seule hypothèse, au motif qu'elle serait plus probable qu'une autre.

Attention : cela ne veut pas dire que vous avez le droit d'imaginer des faits fantaisistes. Méfiez-vous de ne pas encourir le reproche d'inventer des faits.

Par conséquent, à la question fréquemment posée par des étudiants « faut-il ou non résumer les faits ? », nous répondrons avec nuances. Généralement, l'enseignant qui vous pose le cas pratique n'attend rien à ce niveau, si ce n'est une phrase introductive. Vous utiliserez alors les faits exposés au fur et à mesure de la consultation. Plus rarement, il est souhaité par l'enseignant une synthèse des faits : une quantité de détails est donnée ; vous devez faire le tri dans les faits pour retenir ceux qui sont les plus intéressants et faire une synthèse des autres. En conséquence, certains faits seront nécessairement passés sous silence. Lorsque vous traiterez votre consultation, vous devrez penser à faire état de ces éléments que vous aviez volontairement négligés ; vous rappellerez les autres au cours de la résolution du cas pratique.

B – Comment identifier les problèmes juridiques ?

Seules vos connaissances vous permettront de savoir que lorsque telle ou telle catégorie de faits survient, alors tel problème juridique se pose. Pour trouver les bons problèmes, il faut avoir de bons réflexes. C'est pourquoi le travail préalable de lecture d'arrêts et d'élaboration de fiches d'arrêts est un outil de préparation irremplaçable.

La plupart des interrogateurs veillent à poser des questions très vagues (*quels sont les droits de X ? que peut faire M. Untel ?*). Il est assez exceptionnel, surtout en droit des obligations, que l'on précise directement les problèmes par une suite d'interrogations. Si cela vous arrivait, il faudrait bien sûr répondre dans l'ordre aux questions posées mais en appliquant, pour chaque catégorie de problèmes, les méthodes qui vont suivre.

Si la formulation est vague, vous allez devoir formuler vous-même les problèmes posés en termes généraux, puis délimiter ensuite de façon précise ces problèmes.

Faites la liste des problèmes juridiques qui vous viennent spontanément à l'esprit. Si vous maîtrisez bien votre cours, cette intuition doit *a priori* être exacte. Il faudra ensuite approfondir et vérifier votre intuition. N'oubliez pas en cours d'élaboration de votre cas pratique de jeter un coup d'œil sur la liste provisoire de problèmes que vous avez élaborée. Il est toujours regrettable d'avoir pensé à un problème, puis de l'avoir oublié... Tous les textes, toute la jurisprudence que vous évoquent les événements relatés doivent être notés, même sommairement. Puis, prenez un long temps de réflexion. Vous passerez ensuite à la phase la plus délicate, celle de la formulation juridique.

Lorsque la formulation des questions est vague, il vous appartient de découvrir toutes les pistes intéressantes. Lorsque la question est formulée en termes juridiques précis (*ex. : M. X... peut-il demander l'annulation du contrat pour cause d'erreur ?*), on vous facilite la tâche en vous mettant sur la voie, de façon à vous éviter de sortir du sujet.

Quelle que soit la formulation de la question, vous devez donc réfléchir et trouver les règles de droit dont l'application conduira à un résultat jugé souhaitable soit parce qu'on vous précise une demande (*ex. : l'annulation d'un contrat*), soit parce que vous-même allez la préciser.

II/ Comment exposer le raisonnement et les solutions ? (la résolution des problèmes posés)

A – La délimitation des problèmes et leur formulation juridique

Il s'agit ici de traduire en termes juridiques, techniques, les problèmes posés. *On vous a, par exemple, raconté l'histoire d'une personne qui a acheté une voiture dont le compteur a été « trafiqué » et qui veut la rendre à son revendeur ou obtenir de l'argent.* En termes juridiques, le problème posé est celui de la nullité du contrat et plus accessoirement celui de la responsabilité d'un vendeur. Il ne s'agit pas d'un problème de résolution du contrat ou d'exécution forcée.

Il va falloir trier les problèmes, ne retenir que les plus importants.

Quels sont les problèmes à écarter ? Comment procéder à l'élimination ?

Vous expliquez dans votre devoir qu'il ne saurait s'agir d'un problème de résolution du contrat. En effet, dans votre cours, vous avez appris la différence entre la nullité d'un contrat et la résolution. La nullité sanctionne l'absence d'une condition de formation du contrat; la résolution est la sanction de l'inexécution d'un contrat valable. Voilà exactement le type même du problème que vous pouvez éliminer : expliquez que l'acheteur ne peut pas demander la résolution du contrat; justifiez cette remarque préliminaire en rappelant précisément la définition de l'annulation et celle de la résolution. Le contrat a été exécuté; le demandeur ne prétend pas être victime d'une inexécution. Tout se joue au niveau de la formation du contrat, seule en cause.

Lorsque vous éliminez une piste, cela ne veut pas dire que vous passerez totalement sous silence cet aspect des choses. Il est plus intéressant d'éliminer ce type de problème par une justification théorique attestant de la finesse de vos connaissances. Encore faut-il que votre remarque soit judicieuse. Par exemple, il serait sans intérêt d'écrire : nous ne traiterons pas des problèmes d'incapacité car rien dans le cas pratique ne nous permet de supposer que l'une des deux parties était incapable. Ce type de problème doit être écarté d'office sans même une allusion dans la copie (cela d'autant plus que le droit des incapacités ne fait pas partie de votre programme).

Comment savoir s'il faut retenir telle règle ou non ? L'idée qui doit vous animer est d'éliminer d'office ce qui est hors programme; de retenir les pistes qui sont peu susceptibles de donner satisfaction au consultant, mais en donnant alors une explication succincte des raisons juridiques qui en justifient l'échec; de retenir et d'approfondir ce qui risque d'aboutir à un résultat mais pour lequel il y a une difficulté en se concentrant sur cette difficulté; d'approfondir entièrement tout ce qui est susceptible effectivement de permettre à votre consultant de gagner un éventuel procès.

Une fois que vous avez fermé certaines pistes, reste à savoir ce qu'il faut faire de celles qui mènent à la résolution des problèmes posés.

1 • Que faut-il exclure et comment ?

Il va falloir délimiter les pistes envisageables, approcher les problèmes *a priori* intéressants pour en mesurer l'importance respective. Chacun de ces problèmes se subdivise. À l'intérieur du cas pratique, il y a plusieurs cas pratiques. Ces cas pratiques peuvent être de nature différente, ou avoir des liens entre eux. Il va falloir mesurer là encore ce qui est important et ce qui pourrait être écarté sans grand développement.

Dans notre exemple, que constatons-nous ? Les causes de nullité d'un contrat sont diverses ; et dans un cas comme celui envisagé, on peut se demander si le contrat peut être annulé pour erreur, pour dol, lésion. Avant la réforme du droit des contrats on aurait dû aussi aborder l'absence partielle de cause. Vous ne traiterez de ce point que s'il a fait l'objet de développements dans votre cours. Sur le terrain de la responsabilité civile, on se posera la question de la responsabilité précontractuelle, de la responsabilité consécutive à l'annulation d'un contrat, etc.

Vous devez à nouveau identifier et classer les problèmes juridiques ; certaines pistes peuvent être intéressantes et nécessiteront un développement conséquent, d'autres beaucoup moins et d'autres pas du tout. Quand rien dans les faits ne semble permettre d'envisager telle ou telle piste, vous procéderez comme nous l'avons indiqué plus haut, mais en le précisant (ex. : « *faute d'indication, nous supposerons que les deux parties au contrat étaient bien présentes sur les lieux au moment de la conclusion du contrat* » ou bien *à défaut de précision : « nous partirons de l'hypothèse, fort probable, que le prix de vente a été versé* », etc.).

Si le problème n'est effectivement pas intéressant, vous devez l'écarter, en mettant en avant les raisons fondamentales pour lesquelles vous ne poursuivez pas d'avantage l'analyse. *Par exemple, vous pouvez écrire, s'agissant d'un problème de nullité du contrat : l'objet du contrat ne posant visiblement aucun problème particulier, nous écartons la nullité pour absence d'objet.* Dans le cas cité, vous pouvez à la limite le faire car l'objet pose un problème sous un angle particulier, celui de sa valeur. Soulignez en revanche que la valeur de l'objet est, elle, problématique puisqu'en raison du trafic de compteur, la voiture a été vendue au-delà de sa valeur réelle. *En revanche, nous constatons que le bien a été vendu au-delà de sa valeur réelle. Nous examinerons donc la question de la valeur de l'objet, ce qui juridiquement pose deux problèmes différents : l'erreur sur la valeur; la lésion… Peut-être devrez-vous évoquer aussi l'absence partielle de cause si votre enseignant a exposé cette règle jurisprudentielle antérieure à la réforme du droit des contrats.*

Assez souvent, nous constatons dans les copies que les étudiants perdent du temps à passer en revue un certain nombre de problèmes pour les éliminer, mais en se fondant sur des considérations très générales, souvent de fait. Retenez donc cette règle : ce n'est pas la peine de passer en revue une dizaine de pistes pour en définitive ne pas les traiter. Ce travail doit être fait, c'est vrai, mais au stade de la préparation du devoir. Vous pouvez dans le devoir même écarter un problème ou deux, en soulignant l'absence de difficulté spécifique, pour mieux centrer votre devoir sur ce qui vous paraît vraiment problématique. En aucun cas vous ne devez dresser une longue liste des pistes que vous avez décidé de ne pas explorer.

2 • Ce qu'il faut traiter

Une fois que vous aurez déterminé les aspects juridiques dignes d'être traités, il va falloir définir l'ordre logique. Par exemple, il faut traiter de l'erreur avant le dol, pour la raison simple que le dol est une erreur provoquée. Il faut aussi analyser la responsabilité après la nullité, car celle-ci peut éventuellement conditionner les conditions de mise en jeu de la responsabilité… Essayez d'ordonner vos questions de façon logique, en partant de l'idée que vous traiterez rapidement les mécanismes peu intéressants et tous ceux qui ne parviennent pas au résultat escompté.

Certains problèmes peuvent être en effet examinés rapidement. Il arrivera que la règle envisagée soit défavorable à la personne qui vous consulte. Par exemple, s'agissant de la lésion, vous savez dès le départ qu'elle n'est pas une cause d'annulation du contrat de vente de meubles. Pourtant, il ne faut pas éliminer d'office la question de la lésion. Vous devez la faire figurer sur votre liste. Il en est de même de l'erreur sur la valeur qui n'est jamais, en soi, une cause d'annulation, mais qui l'est à travers d'autres règles juridiques. Lorsque vous vous apercevez que les conditions d'application de la règle ne sont pas remplies, il suffit de le justifier, sans vous engager davantage dans le raisonnement juridique.

Ex. : la question se pose de savoir si M. X… peut demander l'annulation du contrat pour erreur sur la valeur. En droit français, l'erreur sur la valeur n'est pas une cause d'annulation, sauf lorsqu'elle s'analyse en une lésion et sauf lorsqu'elle provient de manœuvres dolosives. Mais la lésion elle-même n'est une cause d'annulation en matière de vente que lorsque l'acheteur a acquis un immeuble. Ce n'est pas le cas en l'espèce. Nous éliminons donc la possibilité d'annuler la vente sur ce fondement.

B – La résolution individuelle de chaque problème

Nous venons de voir qu'il faut traiter problème par problème, en quelque sorte résoudre l'un après l'autre les « mini-cas pratiques », en donnant des justifications au fur et à mesure.

Vous allez explorer chaque piste, l'une après l'autre.

Comment traiter un problème juridique ? Vous avez formulé la question (*ex. : la nullité de contrat pour erreur sur les qualités substantielles*). À ce problème de droit, la règle juridique est, d'une part, la loi, d'autre part, la jurisprudence. Cette règle pose des conditions d'application qui sont réunies ou non en l'espèce.

Si votre consultation est orientée en faveur d'une personne précise, vous songerez bien sûr aux arguments qui pourraient être invoqués par son adversaire. Par exemple, dans une question sur la responsabilité, si vous concluez que les conditions de la responsabilité sont remplies, il faut étudier la riposte de l'adversaire et envisager les moyens d'exonération qu'il pourrait invoquer.

Pour chaque règle, on trouve des conditions que vous devez exposer avec méthode. Vous aboutissez alors à la présentation d'une solution en droit. Vous devez vérifier ensuite que cette solution juridique est effectivement applicable aux faits.

1 • La solution juridique

La solution juridique s'infère du droit écrit (les textes de loi, au sens large) et du droit appliqué (la jurisprudence), beaucoup plus rarement de la doctrine. C'est pourquoi vous devez explorer chaque mécanisme intéressant en énonçant pour chacun d'eux le texte qui permettrait de résoudre le problème posé. Ensuite, vous exposerez la jurisprudence nécessaire qui justifie en l'espèce la solution. Enfin, vous ferez état de la doctrine dans la mesure où elle vous permet d'affiner la solution jurisprudentielle.

Le texte

Vous devez toujours rechercher si un texte donne une solution au problème posé et le citer.

Les étudiants se demandent parfois s'il faut recopier le contenu du texte. La réponse est à nuancer. Parfois, le texte est clair et précis et vous permet immédiatement de régler le problème en cause. Dans ce cas, vous pouvez soit en donner la substance, soit le recopier. Assez souvent, le texte est trop général pour être recopié dans son intégralité. Pour régler le problème, c'est la jurisprudence qui souvent est éclairante : elle précise le contenu de la règle générale et découvre une interprétation conforme à la loi qui apporte directement la solution. Ceci est particulièrement vrai pour la responsabilité civile. Vous ne recopierez donc pas le texte. Il n'en reste pas moins que le numéro de l'article de loi – et éventuellement celui de son alinéa – sur lequel vous fondez votre raisonnement doit toujours être indiqué. Ceci est d'autant plus vrai en droit des contrats depuis la réforme. Si l'exposé de cette jurisprudence est plus important que le contenu du texte, on attend avant toute chose que vous expliquiez ce que vous savez de cette jurisprudence. Le renvoi au texte doit donc être rapide. Mais il est une étape fondamentale. *Ex. : l'article 1132 (anc. art. 1110) prévoit la nullité du contrat pour cause d'erreur. La jurisprudence a depuis longtemps précisé les conditions requises pour cette annulation.*

La jurisprudence

Ensuite, vous exploiterez le contenu du texte à travers l'exposé de la jurisprudence. *Ex. : la première condition requise est qu'il y ait une erreur sur une qualité substantielle. En effet, alors que le texte de l'article 1110 visait l'erreur sur la substance, la jurisprudence avait élargi cette notion. Le nouvel article 1132 a consacré cette jurisprudence et ouvert la nullité pour erreur sur les qualités essentielles, mais sans définir cette notion : il convient donc de se référer à la jurisprudence antérieure.* Vous exposez ici ce que vous savez de cette première condition.

Mais vous devez le faire sans oublier qu'ensuite vous appliquerez le texte dans le cas d'espèce. Il ne s'agit pas de faire un exposé théorique, mais bien de traiter un cas pratique. Bien sûr, l'exposé de la règle de droit dépend du niveau de vos connaissances. Ce qui vous a été enseigné varie, non pas au niveau de son contenu (les règles de droit sont bien sûr toutes les mêmes !), mais au niveau des détails donnés. Il est donc important pour vous d'avoir pris des notes complètes dans l'année pendant les cours, car elles seules peuvent vous faire découvrir l'importance attachée aux divers aspects de la règle de droit par votre enseignant, et par conséquent ce qu'il attend de vous.

Citez la jurisprudence selon la méthode qui vous a été indiquée dans les conseils d'ordre général.

Par le biais d'un cas pratique, on cherche souvent à tester votre capacité à faire des rapprochements avec des affaires qui ont donné lieu à un arrêt de la Cour de cassation. Il faut d'abord indiquer la date de l'arrêt, soit précisément, soit généralement. Grâce aux codes civils et à leur présentation succincte de la jurisprudence, vous pouvez le plus souvent retrouver les dates. À défaut de connaissance précise, il peut être judicieux de donner au minimum quelques indications (*ex. : un arrêt récent..., selon une jurisprudence ancienne...*).

L'attendu de principe, comme celui qui est indiqué dans les notes jurisprudentielles dans votre code n'est généralement pas suffisant. Il faut rappeler comment le problème fut traité dans l'affaire, et vérifier que le problème qui fut réglé par la jurisprudence (et qui, par hypothèse, est en lien avec celui que vous traitez) est absolument identique au cas qui vous est soumis.

Il n'est pas toujours facile de vérifier que l'on peut transposer une règle jurisprudentielle. Votre examinateur prend souvent plaisir à modifier un élément pour vérifier votre aptitude au raisonnement... Soyez vigilants ! Tous les détails comptent... Vous devez découvrir si les circonstances de fait examinées présentent les mêmes traits caractéristiques.

Après avoir rappelé sommairement le problème qui fut posé aux tribunaux, et la solution qui lui fut donnée, vous vérifiez donc que le cas que vous traitez est identique. Sinon, il faudra débattre et nuancer les solutions.

La doctrine

Il peut arriver que telle ou telle règle de droit n'ait pas donné lieu à interprétation, ou que l'interprétation qui a été donnée par la Cour de cassation soit discutée. Vous devrez alors faire état de la doctrine. Soyez très bref. Évitez de faire un exposé théorique. À votre niveau, n'attachez pas trop d'importance à la doctrine. N'oubliez pas qu'il n'existe qu'un seul droit positif des obligations, issu des articles du code civil et de la jurisprudence, alors que nombreux sont les exposés doctrinaux sur ce thème : traités, manuels, cours. Ne citez alors la doctrine que dans la mesure où elle éclaire le droit positif.

2 • L'application au cas d'espèce

Vérifier qu'une condition est remplie, c'est appliquer la règle au cas d'espèce. Après avoir exposé la première condition, il est simple de vérifier que cette condition est remplie. *Par exemple : dans l'espèce, le kilométrage d'un véhicule peut être considéré comme une qualité substantielle, etc.*, et ainsi de suite.

Lorsque, pour appliquer une règle de droit, plusieurs conditions sont requises, il est souvent intéressant de passer à l'application du cas d'espèce au fur et à mesure. Vous pouvez aussi exposer globalement toutes les conditions, puis passer en revue les faits. Mais souvent, le devoir perd de sa clarté.

Suivant les situations, l'application sera aisée ou non. Si vous êtes amené à constater que toutes les conditions d'application du texte sont remplies, n'oubliez pas d'en tirer la conclusion finale.

Normalement, lorsque vous confrontez les conditions d'application de la règle juridique à la situation de fait, vous devez toujours pouvoir conclure sur les conséquences de cette application sans avoir à « inventer » des faits. Si vous avez le sentiment qu'il manque une indication, vérifiez d'abord que l'élément qui manque ne peut tout simplement pas être reconstitué à partir d'éléments fournis. Vérifiez également que l'élément manquant est, effectivement, important à connaître. Partez de l'hypothèse suivante : si tel événement n'est pas signalé, c'est qu'il n'a pas eu lieu. Si effectivement le renseignement est manquant alors émettez des hypothèses et traitez-les successivement.

S'il y a un doute sur la transposition de la règle de droit, poursuivez le raisonnement, ou expliquez clairement qu'il y a un doute.

Le choix de la règle applicable – texte seul, texte et jurisprudence, jurisprudence seule – et son application au fait vous conduira parfois à une interrogation : si l'on donne tel sens à tel texte, ou à tel arrêt, la solution au cas d'espèce est telle solution ; si l'on donne un sens différent, on arrive à telle autre solution. Vous ne devez pas alors trancher entre les deux conceptions de la règle de droit, en ce sens qu'il ne vous appartient pas de dire quelle est la bonne interprétation. En revanche, vous n'hésiterez pas à signaler que telle interprétation est plus favorable à votre consultant que telle autre : la règle de droit considérée sous tel angle permet d'atteindre tel résultat intéressant dans l'affaire. Dites-le. Mais n'éliminez pas pour autant l'autre, au seul prétexte qu'elle ne l'est pas ! Vous signalerez qu'il existe un doute. Faire un cas pratique consiste précisément à répertorier les règles juridiques susceptibles, de façon certaine ou douteuse, de parvenir à un résultat souhaité.

L'idée générale est qu'une discussion doit être approfondie si vous constatez que selon l'interprétation adoptée, les conditions d'application de la règle aboutiraient, dans l'espèce, à des solutions différentes.

Vous pouvez rencontrer une hésitation soit au niveau même de l'interprétation de la règle de droit (*ex. : l'interprétation de tel arrêt reste controversée*), soit au niveau des faits.

Lorsque vous appliquez la règle de droit à la situation de fait, il y a parfois un doute. Par exemple, vous ignorez si les manœuvres du contractant ont été ou non suffisantes pour déterminer le consentement. N'entrez pas alors dans le débat, dès lors que vous auriez à faire une appréciation subjective des choses. Il arrive qu'un étudiant fasse état de ses sentiments personnels. Il a tort. La seule possibilité est de se référer à la jurisprudence qui, éventuellement, dans des affaires analogues, a considéré quel tel événement, tel fait, entre bien dans telle hypothèse visée par les textes. Ne perdez pas de temps à tenter de justifier tel ou tel choix. Soit vous doutez vraiment, et vous traitez les deux cas de figure, soit vous estimez plus vraisemblable que tel fait aboutisse à telle qualification. Vous donnez votre position en émettant une petite réserve (*ex. : il est fort probable que les juges déclarent cet élément déterminant. Notons cependant que, dans l'hypothèse inverse, la nullité ne pourrait être obtenue*).

En résumé, les étapes à respecter sont les suivantes :

- examen des circonstances de l'espèce de façon approfondie et découverte des éléments essentiels relatifs aux faits ;
- formulation des problèmes juridiques qui seront successivement examinés. Recherches des pistes envisageables pour résoudre chaque problème : autrement dit, vous procédez à la qualification des mécanismes juridiques utiles à la résolution du cas pratique ;
- vous passez alors au premier problème dégagé, piste par piste. Vous expliquez les règles applicables en exposant la règle de droit telle qu'elle est énoncée dans les textes, puis telle qu'elle est appliquée par la jurisprudence (éventuellement vous faites une rapide allusion à la doctrine). Pour l'application de ces règles, vous devez toujours veiller à faire un exposé méthodique de la jurisprudence lorsque vous passez en revue les conditions d'application ;

• application de la règle proposée au cas d'espèce. On recherche ce à quoi conduira la règle juridique dans l'espèce précise. S'il le faut, on poursuit le raisonnement à partir d'hypothèses différentes : l'analyse des circonstances de fait rendant hypothétique l'application de la règle, on constate que deux, voire plusieurs hypothèses peuvent être déduites. D'autres règles peuvent être envisagées. Pensez aux arguments que pourrait invoquer l'adversaire.

• Conclusion : les problèmes annexes (« le petit bonus de la bonne copie »)

Il peut arriver que l'application des règles envisagées ne conduise à aucun résultat. Par exemple, vous constatez, au vu des faits que l'annulation du contrat n'a pas été obtenue. Or votre examinateur vous a posé une question précise : *M. X... peut-il obtenir l'annulation de son contrat ?* Le résultat recherché ne peut pas être atteint, mais on pourrait tout de même donner indirectement satisfaction au consultant. *Ex. : M. X... ne peut obtenir l'annulation de son contrat. Mais on pourrait envisager une action en responsabilité délictuelle pour faute commise pendant les pourparlers, ce qui lui permettrait d'obtenir des dommages-intérêts.*

Vous devez examiner ce type de problème lorsqu'aucune « piste » ne s'est avérée favorable pour votre consultant. Il ne faut le faire, bien sûr, qu'en fin de devoir et seulement si l'objectif de départ s'est avéré inefficace. C'est l'ouverture, en guise de conclusion, vers d'autres pistes que la formulation du problème posé par l'auteur du sujet n'induisait pas mais que les faits pourraient révéler.

III/ Comment rédiger ? (conseils spécifiques de rédaction)

Reportez-vous aux conseils d'ordre général annoncés. Nous signalons simplement quelques points spécifiques à la consultation.

Dans votre introduction, vous devez situer globalement le domaine concerné par le cas pratique, puis, conformément à ce qui a été dit, vous introduisez les faits.

D'abord, vous replacez le sujet dans un contexte plus général, par une phrase d'attaque : *M. X... nous consulte au sujet d'un contrat de vente qu'il vient de conclure et qu'il veut mettre en cause.* Ou bien : *Les problèmes soulevés dans cette consultation ont trait à l'annulation d'un contrat...* Ou bien : *Nous sommes amenés, dans cette affaire qui nous est soumise, à traiter de questions relatives au droit des contrats...*, etc. Une seule phrase d'annonce suffit.

Puis vous faites éventuellement un résumé des faits. Vous mettez en ordre la succession des événements et présentez l'essentiel des faits. Rappelons que, le plus souvent, vous vous abstiendrez de présenter les faits. Vous devez alors expliquer que vous faites un renvoi à l'intitulé du sujet (ex. : *les éléments de fait qui nous ont été exposés sont suffisamment détaillés pour que nous puissions nous contenter de nous y référer au fur et à mesure...*).

Vous pouvez aussi vous contenter d'une présentation sommaire (ex. : *au vu des éléments exposés, il résulte que M. X... a conclu un contrat de vente d'achat d'un véhicule après avoir été trompé par son vendeur sur certains points*).

Bref, votre introduction se réduit à quelques lignes. Vous la concluez en annonçant les problèmes que vous allez traiter au fur et à mesure. En d'autres termes, vous annoncez l'articulation de vos raisonnements. Dans une consultation, le « plan » se réduit à une annonce des problèmes juridiques qui vont être traités par « grand secteur » (ex. : *nous traiterons d'abord la question de l'annulation du contrat [I], puis celle des dommages-intérêts [II]*). **Attention** : il ne s'agit pas d'un « vrai » plan comme dans les dissertations. Vous n'êtes pas lié par la règle du plan en deux parties, elles-mêmes divisées en deux sous-parties. Le « plan » est fourni soit par les problèmes qui vous ont été directement posés, soit par les problèmes que vous avez vous-même dégagés après les avoir regroupés. Il peut y en avoir 2, 3, 4, 5, ou plus...

Avant d'aborder la première question, exposez les pistes que vous avez jugées utiles d'écarter avec la justification sommaire que vous avez décidé de mettre en valeur.

Certains enseignants exigeront peut-être que vous rendiez compte de votre réflexion par des propos récapitulatifs. Dans ce cas, vous rappellerez en quelques lignes les conclusions auxquelles vous aboutissez.

IV/ Exemple de résolution d'un cas pratique

Remarques préliminaires

Les développements qui vont suivre sont destinés à illustrer de manière concrète la méthode de résolution d'un cas pratique avec les différentes étapes qui la compose. En italiques figurent les développements qui doivent apparaître sur votre copie. Les développements qui ne sont pas en italiques constituent le rappel des différentes règles et conseils méthodologiques qui vous ont été présentés dans les développements précédents. Vous observerez comment s'organise la progression de votre raisonnement et, notamment, la façon dont, petit à petit, les pistes de réflexion envisageables peuvent être amenées.

- **L'énoncé de l'exercice**

Venant d'hériter il y a trois mois d'une petite propriété dans la Manche et désireux de la restaurer pour en faire un gîte, M. Fauguerne a décidé de se débarrasser de toutes les vieilleries qui encombraient le grenier. Aussi s'est-il installé, il y a un mois de cela, sur la place de son village afin d'y vendre tous ces bibelots lors de la brocante annuelle. Au cours de cette journée particulièrement ensoleillée, M. Fauguerne a notamment vendu un lot de dix estampes signées de Babouc pour un prix de 30 euros l'unité. Content de cette opération, d'autant que ces estampes lui paraissaient d'un fort mauvais goût pictural et peintes par un artiste du dimanche, M. Fauguerne a pourtant vite déchanté. En effet, quelle ne fut pas sa stupéfaction de découvrir hier, dans le journal, que son cocontractant, collectionneur averti des œuvres de Babouc, venait de prêter à un musée, pour une courte exposition, lesdites estampes dont la valeur réelle est estimée à 3 000 euros pièce en raison de la notoriété de leur auteur. M. Fauguerne vous consulte aujourd'hui pour savoir comme il pourrait récupérer les estampes et se sortir ainsi de cette mauvaise affaire qu'il a conclue.

- **L'appréhension des faits (première étape)**

M. Fauguerne a vendu un lot de dix estampes signées de Babouc pour un prix de 30 euros l'unité. Quelque temps plus tard, M. Fauguerne a découvert que ces estampes étaient d'une valeur cent fois supérieure au prix auquel il les avait vendues en raison de la notoriété de leur auteur. Par ailleurs, il nous est précisé que son cocontractant est un collectionneur notoire des œuvres de Babouc.

Ce passage illustre la nécessité de résumer les faits utiles à la résolution de l'exercice, eu égard aux nombreuses informations, parfois sans intérêt, qui apparaissent dans l'énoncé. Ce résumé doit donc, pour cette raison, apparaître dans l'introduction de votre devoir dont il va constituer le point de départ.

• **L'appréhension du problème posé et sa formulation en termes juridiques (seconde étape)**

M. Fauguerne souhaite récupérer ces estampes et nous consulte à cette fin. Pour parvenir à ce résultat, une seule possibilité se dessine : obtenir l'anéantissement rétroactif du contrat. Comment obtenir cet anéantissement rétroactif du contrat de vente qu'il a conclu ? L'anéantissement rétroactif d'un contrat peut être obtenu par l'annulation de ce dernier, ou par sa résolution. L'annulation d'un contrat est la sanction du non-respect des conditions de formation du contrat. La résolution consiste, quant à elle, en la sanction de l'inexécution des obligations nées du contrat.

• **Première orientation de la réflexion**

En l'espèce, il semble que le contrat ait été parfaitement exécuté. M. Fauguerne a bien remis les estampes à l'acheteur, lequel lui a versé le prix de vente (du moins, on le suppose fortement, faute d'indication contraire). Aussi, la résolution du contrat semble inenvisageable en l'espèce. Seule l'annulation pose interrogation.

À ce stade, le problème général de l'exercice est déterminé, une première exclusion ayant eu lieu, celle de la résolution du contrat. Il faut maintenant annoncer, au regard de la problématique de l'annulation du contrat, les pistes exploitables, d'une part, et celles qui paraissent absolument inenvisageables eu égard aux faits qui vous sont soumis, d'autre part.

• **La recherche et l'annonce des pistes exploitables pour obtenir l'annulation du contrat**

En vertu de l'article 1128 du code civil, trois conditions de formation du contrat doivent être respectées pour que celui-ci soit valable : le consentement des parties, leur capacité de contracter, un contenu licite et certain (citation du texte juridique applicable et de son contenu).

Autrefois, une quatrième condition était exigée : la cause. Cette condition a été supprimée par l'ordonnance du 10 février 2016. Elle ne sera donc pas étudiée. (Des développements plus importants seront naturellement faits si ce point a été développé en cours ou en cours ou en travaux dirigés. Vous pourriez alors dire, par exemple : *En ce qui concerne la cause, comme l'entendait la jurisprudence, il était également difficilement envisageable d'admettre son inexistence. La cause dans les contrats synallagmatiques se définissait comme la contrepartie escomptée. Ici, en contrepartie de la vente des estampes, M. Fauguerne a obtenu 30 euros. Pour conduire à l'annulation, il faudrait que soit prise en compte l'absence partielle de cause, puisqu'il y a eu tout de même une contre-partie. La jurisprudence ne sanctionnait que très rarement l'absence partielle de cause*).

Au regard des faits qui nous sont soumis, les conditions relatives à la capacité des cocontractants et à l'objet du contrat des obligations ne semblent pas faire défaut. Aussi exclurons-nous ces différentes pistes pour nous intéresser au seul consentement donné par M. Fauguerne à la vente conclue. L'on doit préciser auparavant qu'aucune rescision pour lésion ne pourrait être obtenue en l'espèce puisque le bien objet de la vente est meuble (première exclusion de certaines pistes inenvisageables avec sa justification rapide).

Pour qu'un contrat soit valable, il faut que le consentement de chaque cocontractant existe et qu'il ne soit pas vicié. En l'espèce, M. Fauguerne a bien donné son consentement à la vente, mais l'on peut se demander s'il n'est pas vicié.

L'article 1130 du code civil, prévoit trois vices du consentement : l'erreur, la violence et le dol. Là encore, au regard des faits qui nous sont soumis, il ne semble pas possible d'affirmer que le consentement a été extorqué par violence, M. Fauguerne n'ayant fait l'objet d'aucune menace de la part de son acheteur (nouvelle exclusion, progressive, d'une piste qui se révèle inenvisageable en raison des faits, avec justification de cette exclusion. Observez comment la réflexion s'organise et s'affine au fur et à mesure). *En revanche, on peut se demander successivement si le contrat n'est pas annulable pour erreur (I) ou dol (II)* (annonce des différentes pistes vers lesquelles la réflexion semble pouvoir s'orienter et qui vont constituer alors l'articulation du devoir).

I. Le contrat conclu est-il annulable pour erreur vice du consentement ?

L'erreur peut être définie comme une conviction erronée du contractant, un décalage entre sa croyance et la réalité au jour de la conclusion du contrat (définition de la notion juridique utilisée*). L'article 1132 du code civil* (citation du texte juridique applicable) *envisage deux types d'erreur vice du consentement : l'erreur sur qualités essentielles de la prestation due, et l'erreur sur les qualités essentielles du cocontractant en cas de contrat conclu* intuitu personae. *En l'espèce, seule l'erreur sur les qualités substantielles de la* *chose peut être envisagée* (là encore, nouvelle exclusion rapide d'une piste inenvisageable : celle de l'erreur sur les qualités essentielles de la personne). Deux questions se posent : l'erreur sur la valeur; l'erreur sur les qualités essentielles.

Selon la jurisprudence, consacrée par l'ordonnance du 10 février 2016 l'erreur peut tout à fait provenir du vendeur et porter sur sa propre prestation. C'est ce qu'avait notamment décidé la Cour de cassation dans l'arrêt Poussin *rendu par la première chambre civile le 22 avril 1997* (exemple de citation d'une solution jurisprudentielle apportant un éclairage sur les conditions d'application de la règle de droit étudiée).

– L'erreur sur la valeur n'est pas, en tant que telle une cause d'annulation du contrat. La règle est affirmée à l'article 1136 (vous pouvez citer le texte en entier). *L'erreur sur l'appréciation économique ne peut être prise en compte qu'à travers l'erreur sur les qualités essentielles.*

– Pour qu'un contrat soit annulé pour erreur sur les qualités essentielles de la chose, plusieurs conditions doivent être réunies : l'article 1133 nouveau, consacrant la jurisprudence antérieure, conduit à imposer que l'erreur porte sur une qualité essentielle entrée dans le champ contractuel. L'article 1130 n'ouvre l'annulation que si l'erreur a été déterminante du consentement et, enfin, l'article 1132 écarte l'annulation si l'erreur est inexcusable (exposé méthodique des différentes conditions d'application de la règle juridique envisagée; vous pouvez aussi recopier mot à mot chaque texte).

La qualité essentielle d'une chose peut être présentée comme la qualité qui en est attendue et recherchée par une partie au contrat (là encore, nouveau travail de définition). Elle doit être entrée dans le champ contractuel, c'est-à-dire avoir été connue de l'autre contractant. *En l'espèce, est-on en présence d'une erreur sur les qualités essentielles des estampes ?* (examen de la première condition requise par la règle envisagée, avec application en l'espèce).

On serait tenté d'affirmer rapidement qu'il existe bien une erreur sur la valeur des estampes, puisque M. Fauguerne croyait que ces dernières ne valaient que 30 euros pièce alors qu'elles valaient, en réalité, 3 000 euros chaque. Mais la simple erreur sur la valeur n'est pas en soi une erreur sur une qualité essentielle de la chose.

Il faut donc rechercher une autre qualité essentielle des estampes sur laquelle on pourrait affirmer que M. Fauguerne s'est trompé (encore une fois, mise à l'écart d'une piste de réflexion illustrant une bonne maîtrise du cours).

En l'espèce, on pourrait songer à affirmer que la qualité essentielle sur laquelle s'est trompé M. Fauguerne concerne l'authenticité des estampes et la notoriété de leur auteur. En effet, M. Fauguerne croyait bien, au jour de la conclusion du contrat, que les estampes provenaient d'un peintre sans aucune renommée, alors qu'il s'avère, en réalité, que Babouc est un peintre d'une grande notoriété. Il y a donc bien une erreur en l'espèce sur l'authenticité des estampes. Ce raisonnement pourrait-il prospérer ?

En matière d'œuvres d'art, la jurisprudence a toujours admis que l'authenticité d'une œuvre en constitue une qualité substantielle, qualité d'ailleurs considérée comme objective, c'est-à-dire recherchée par tout contractant, et donc présumée être entrée dans le champ contractuel, c'est-à-dire présumée être connue de l'autre. Aussi, M. Fauguerne pourrait-il invoquer son erreur sur la notoriété de Babouc pour obtenir l'annulation du contrat sur le fondement de l'erreur.

Toutefois, pour que l'annulation de la vente soit prononcée, il faudra que M. Fauguerne prouve aussi que cette erreur a été déterminante de son consentement, c'est-à-dire prouve que sans cette erreur, il n'aurait pas contracté ou aurait contracté à des conditions différentes. En l'espèce, une telle preuve sera facilement rapportée dans la mesure où la valeur réelle des estampes est cent fois supérieure au prix de vente… (examen de la deuxième condition requise par la règle étudiée avec application en l'espèce).

Jusqu'à présent les conditions de l'erreur vice du consentement semblent réunies en l'espèce. Cependant, l'acheteur pourrait songer à soulever le caractère inexcusable de l'erreur commise par M. Fauguerne pour bloquer toute annulation du contrat sur ce fondement (examen de la dernière condition requise pour l'application de la règle). *L'erreur inexcusable, qui n'est pas définie à l'article 1138, l'a été par la jurisprudence antérieure : c'est une erreur qui aurait pu facilement être évitée par un minimum de recherche de la part de l'errans pour établir la réalité. Le caractère excusable ou non de l'erreur s'apprécie in concreto, par rapport aux circonstances de la cause, l'âge de l'errans, ses connaissances et sa profession, etc. En l'espèce, aucun élément concret ne nous permet de dire si l'erreur de M. Fauguerne aurait pu facilement être évitée. Aussi, les juges du fond devront-ils apprécier, le cas échéant, le caractère excusable ou non de cette erreur. S'ils considèrent l'erreur excusable, alors le contrat sera annulé, donc rétroactivement anéanti. Par conséquence, le contrat ayant été exécuté, les parties devront procéder à des restitutions puisque la vente sera considérée comme n'ayant jamais existé. Ainsi, M. Fauguerne devra restituer à l'acheteur le prix de vente qu'il a reçu contre restitution corrélative des estampes. En revanche, si les juges du fond considèrent l'erreur de M. Fauguerne inexcusable, la demande en annulation sera rejetée* (illustration de la nécessité d'envisager les différentes solutions possibles au regard de l'imprécision des faits qui vous sont soumis).

L'examen de l'annulation du contrat pour erreur vice du consentement étant terminé, on peut explorer maintenant une autre piste, celle de l'annulation du contrat pour dol (exemple de transition avec annonce du problème que vous allez maintenant traiter suivant l'articulation du devoir que vous avez retenue).

II. Le contrat conclu est-il annulable pour dol vice du consentement ?

Le dol vice du consentement se définit comme une erreur provoquée par des manœuvres frauduleuses émanant du cocontractant. Il est visé à l'article 1137 du code civil (citation du texte contenant la règle dont l'application est envisagée. Vous pouvez recopier le texte).

Les conditions de l'annulation d'un contrat pour dol sont les suivantes : il faut en premier lieu une erreur. Cette erreur doit avoir été provoquée par des manœuvres frauduleuses, c'est-à-dire destinée à nuire, émanant du cocontractant. Cette erreur doit enfin avoir été déterminante de son consentement (exposé méthodique des différentes conditions d'application de la règle envisagée). *Ces conditions sont-elles réunies en l'espèce ?*

L'erreur en matière de dol est admise beaucoup plus largement qu'en matière d'erreur vice du consentement. Ainsi, une simple erreur sur la valeur de la chose suffit pour que cette condition soit remplie. En l'espèce, une telle erreur existe bien puisque les estampes valent cent fois le prix pour lequel elles ont été vendues, et se double d'ailleurs d'une erreur sur leur qualité substantielle, à savoir leur authenticité. Cette condition est donc remplie (examen de la première condition avec application en l'espèce).

Toutefois, cette erreur a-t-elle été provoquée par des manœuvres frauduleuses émanant du cocontractant de M. Fauguerne ? (examen de la deuxième condition requise par la règle).

En matière de dol, les manœuvres provoquant l'erreur peuvent être positives (mise en scène, déguisement, etc.), mais peuvent également consister en un mensonge, voire en un silence (on parle alors de réticence dolosive).

En l'espèce, ce que l'on pourrait reprocher à l'acheteur c'est d'avoir tu le fait que Babouc était un peintre célèbre et que ses estampes valaient beaucoup plus, dans la mesure où il semble pouvoir être fortement présumé que l'acheteur, étant un collectionneur averti des œuvres de cette artiste, connaissait cette réalité au jour de la vente. Se pose donc la question de savoir si le silence gardé par l'acheteur sur ces éléments pourrait constituer une réticence dolosive.

La réponse à cette question nous était fournie par la jurisprudence et plus particulièrement par deux arrêts importants. Le premier est un arrêt de la première chambre civile du 3 mai 2000 portant sur une affaire similaire à l'espèce. Un vendeur avait demandé l'annulation pour dol d'une vente de 85 photographies de Baldus pour un prix unitaire de 1 000 francs, après avoir appris la grande notoriété dont jouissait en réalité ce photographe et les répercussions qui en découlaient sur la valeur réelle des clichés (environ vingt fois supérieure !). Dans cette affaire, il résultait des circonstances de la cause que l'acheteur, bien que taisant à son vendeur la notoriété de Baldus, savait pertinemment qu'il contractait pour un prix dérisoire. Aussi, la cour d'appel n'avait-elle pas hésité à annuler le contrat pour réticence dolosive. Un pourvoi fut formé contre cette décision. Le problème de droit posé à la Cour de cassation était identique à celui que pose notre affaire : l'acheteur qui n'informe pas le vendeur de la valeur réelle de la chose objet du contrat commet-il un dol par réticence susceptible d'entraîner l'annulation du contrat ? À cette question la Cour de cassation répondit par la négative, cassant ainsi l'arrêt de la cour d'appel pour violation de l'article 1116 du code civil, au motif qu'aucune obligation d'information ne pesait sur l'acheteur (exemple type de la citation d'une solution jurisprudentielle nécessaire à la résolution de la piste envisagée). Dans un arrêt de la troisième chambre civile en date du 17 janvier 2007, la Cour de cassation a exclu la possibilité d'annulation d'un contrat de vente de terrains pour dol par réticence, alors même que l'acquéreur était un professionnel de l'immobilier. Cependant certains arrêts étaient en sens contraire.

La question n'est toujours pas tranchée.

La solution apportée par le nouvel article 1137 est ambiguë : « Constitue également un dol la dissimulation intentionnelle par l'un des contractants d'une information dont il sait le caractère déterminant pour l'autre partie ». On pourrait déduire de ce texte qu'il ouvre l'annulation pour dol en cas d'erreur appréciation économique, si cette erreur a été provoquée. Mais la réticence est liée à l'obligation d'information. Or l'article 1112-1 exclut que l'information porte sur l'estimation de la valeur de la prestation.

L'annulation du contrat pour dol par réticence est donc incertaine.

Remarque : reportez-vous à la fiche d'arrêt reproduite supra pour comprendre à quel point les fiches d'arrêt que vous aurez élaborées tout au long de l'année peuvent se révéler utiles le jour de l'examen !

Au regard de cette solution jurisprudentielle, et en raison de la similitude des faits qui ont conduit à son adoption par rapport à ceux qui nous sont soumis, il semblerait que le silence gardé par l'acheteur de M. Fauguerne sur la notoriété de Babouc et la valeur réelle des estampes ne constitue pas une réticence dolosive permettant d'obtenir l'annulation du contrat. Cette piste s'avère donc inopérante (application de cette solution jurisprudentielle au cas qui vous est soumis en raison de la similitude des faits).

- **Récapitulatif général**

Au final donc, seule l'invocation d'une erreur sur la qualité essentielle des estampes, tenant à la notoriété de leur auteur, pourrait permettre à M. Fauguerne d'obtenir l'annulation du contrat et leur restitution par voie de conséquence.

Le commentaire d'arrêt

Qu'est-ce que commenter un arrêt ?

Commenter un arrêt, c'est expliquer le problème de droit qui a été soumis à une juridiction, la réponse qui lui a été apportée, et porter une appréciation sur le raisonnement juridique qui a été tenu. Le commentaire repose sur une analyse méthodique et minutieuse de la décision, notamment des motifs de la Cour de cassation, et sur une comparaison des résultats de l'analyse avec les connaissances théoriques acquises préalablement.

Exercice souvent préféré des enseignants, en raison des exigences de qualité de rigueur, de logique et de finesse d'analyse qu'il requiert, le commentaire d'arrêt est redouté par la plupart des étudiants. Il est vrai qu'il permet de vérifier le niveau des connaissances, mais aussi et surtout l'aptitude au raisonnement juridique.

Parmi l'ensemble des décisions de justice, émanant des juridictions d'ordre judiciaire, les arrêts de la Cour de cassation se prêtent parfaitement au commentaire. Il est rare que soit donné à un examen le commentaire d'une décision de justice émanant d'une autre juridiction, cour d'appel ou juridiction du premier degré. Nous partirons donc du postulat que vous aurez à commenter un arrêt émanant de la Cour de cassation.

Dans les mois qui précèdent votre examen, vous devez commencer à savoir « lire » un arrêt de la Cour de cassation. Vous devez connaître le sens du vocabulaire juridique utilisé, la portée de certaines expressions. L'objectif essentiel de votre commentaire est en effet d'expliquer et d'apprécier l'arrêt qui vous est soumis, et cela en utilisant les connaissances que vous avez acquises grâce aux cours qui vous ont été dispensés et aux séances de travaux dirigés.

Vous devez donner le sens de la décision et porter une appréciation.

L'explication que l'on attend de vous est que vous montriez de quelle façon les juges ont qualifié les faits qui leur étaient soumis, quelles sont les règles qu'ils ont choisi d'appliquer, quelles sont celles qu'ils ont écartées, quelles difficultés ils ont éventuellement rencontrées dans l'application de ces règles.

I/ Comment se préparer au commentaire avant l'examen ?

Vous devez apprendre à lire un arrêt. Pour cela, vous veillerez à maîtriser rapidement le vocabulaire et à comprendre comment est structuré un arrêt. Accessoirement, vous vous aiderez de lectures.

A – La maîtrise du vocabulaire et de la structure des arrêts

1 • Le vocabulaire technique

Vous serez amené à lire et à comprendre un texte, le plus souvent relativement court, dans lequel figurent des mots et des expressions techniques. Du fait de l'effort de simplification de la langue juridique, les arrêts récents sont plus accessibles que les décisions anciennes. Il n'en reste pas moins que la clarification opérée reste limitée pour un étudiant de deuxième année. Il vous faudra vous-même utiliser certains termes techniques et ce à bon escient. Vous devez être rigoureux dans l'utilisation des termes juridiques que vous employez. On attend de tout étudiant de deuxième année qu'il connaisse exactement le sens des mots qu'il utilise.

Il y a bien sûr des termes dont le sens ne vous échappe plus (Cour de cassation, chambre, cour d'appel, assemblée plénière, chambre mixte, rejet, grief, attendu, branche, moyen...). Mais il y en a d'autres auxquels vous n'avez peut-être pas fait attention.

Lisez la liste qui suit. Soyez particulièrement attentifs. Lorsque le sujet vous sera donné, vous aurez à faire face à une difficulté d'analyse de la décision rendue. Nous vous proposons donc, en tout premier lieu, de vérifier, bien avant votre examen, que vous connaissez parfaitement le sens de certains termes.

• **Arrêt confirmatif** : Se dit d'un arrêt de cour d'appel lorsque la Cour approuve la décision des juges du premier degré. Dans le cas inverse, l'arrêt est dit **arrêt infirmatif**.

• **Cassation totale :** La Cour de cassation annule entièrement l'arrêt de la cour d'appel. La Cour de cassation peut aussi approuver cette décision sur certains points, et décider de l'annuler sur d'autres : il y a alors **cassation partielle**.

• **Cas d'ouverture :** Vous savez que pour faire un pourvoi, il faut se trouver dans un cas d'ouverture. Cela implique que lorsque la Cour de cassation casse un arrêt, elle peut le faire pour différentes raisons – que vous devez toujours rechercher – et que l'auteur du pourvoi reproche toujours certaines choses à la cour d'appel. Connaissez-vous les principaux cas d'ouverture à cassation ?

La Cour de cassation peut considérer que les textes – ou les principes généraux du droit – ont été mal appliqués, mal interprétés ou mal choisis par la cour d'appel. Il y a **violation de la loi**. La portée de l'arrêt est alors considérable. La violation de la loi se subdivise en deux cas principaux :

– La violation de la loi par fausse interprétation de la loi : le juge du fond a dû, pour statuer, prendre parti sur une difficulté d'interprétation d'un texte alors que cette difficulté n'était pas encore tranchée, au jour où il statuait, par la Cour de cassation ou ce juge a donné une interprétation différente de celle déjà exprimée par la Cour de cassation. À cette occasion, la Cour de cassation énonce un principe nouveau dans l'interprétation des textes litigieux.

– La violation de la loi par fausse application ou refus d'application de la loi : Dans ce cas, il n'y a pas de problème d'interprétation des textes dont la portée a été fixée par la jurisprudence. Il apparaît seulement qu'à partir des faits matériellement établis et correctement qualifiés, les juges du fond ont fait une mauvaise application de la loi au prix d'une erreur le plus souvent grossière, ou qu'ils ont ajouté à la loi une condition qu'elle ne pose pas, ou bien qu'ils ont refusé d'en faire une application à une situation qui manifestement rentrait dans son champ d'application.

Plus subtilement, il peut être reproché à la cour d'appel d'avoir appliqué le bon texte, de l'avoir bien interprété, mais cela en prenant appui sur des faits insuffisants : on parle alors de **manque de base légale**. Le défaut de base légale est constitué par une insuffisance de motivation de la décision attaquée qui ne permet pas à la Cour de cassation de contrôler la régularité de la décision ou plus précisément de vérifier que les juges du fond ont fait une application correcte de la règle de droit. C'est donc un grief qui s'attache davantage à la motivation de la décision qu'au fond de celle-ci. Mais les juges du fond ont tout de même motivé leur décision, sinon il y aurait cassation pour défaut de motifs.

Lorsqu'il y a cassation pour manque de base légale, la Cour vise l'article de la loi dont l'application n'est pas justifiée ; elle indique les circonstances de fait que les juges auraient dû rechercher avant de se prononcer. Pour apprécier la portée de l'arrêt, il faut donc faire état du texte qui a été choisi – et partir du principe qu'il a été bien choisi – puis comprendre quelles sont les conditions d'application du texte qui dans l'affaire n'ont pas été suffisamment respectées. Le **défaut de réponse à conclusion** correspond à l'hypothèse suivante : un plaideur invoquait certains points devant la cour d'appel. Ces points sont peut-être bons, peut-être pas. En tous les cas, la cour d'appel n'y a pas répondu. Or elle est obligée de répondre à tous les arguments mis en avant dans les conclusions. À défaut de réponse, il y aura censure de la Cour de cassation, qui ne dit pas pour autant si l'argument est bon ou mauvais. On ne peut de ce fait apprécier la portée d'un tel arrêt. La Cour de cassation peut également considérer que le problème ne la regarde pas : il s'agit d'une question de fait qui relève de l'**appréciation souveraine des juges du fond**. À vous de bien mettre en valeur ce refus de contrôle.

- **À bon droit** : La Cour de cassation approuve le raisonnement de la cour d'appel et fait savoir que le motif retenu est parfaitement bien fondé. Elle corrobore l'interprétation retenue. Généralement, on analyse cette formule comme révélant un arrêt de principe.
- **Substitution de motifs** : La Cour de cassation rejette le pourvoi, mais elle n'approuve pas les motifs retenus par la cour d'appel. Elle justifie la décision attaquée en substituant à un motif inexact un motif de droit qui n'avait pas été explicitement invoqué par les parties.
- **Demande initiale** : Une prétention est soumise au juge ; elle déclenche l'instance. Elle s'oppose à la **demande incidente** qui se greffe sur une procédure déjà commencée.
- **Demande reconventionnelle** : Le défendeur au procès initial ne se contente pas de présenter ses moyens de défense ; il est devenu à son tour demandeur.

*

Savez-vous que l'on doit dire :
- que quelqu'un forme un pourvoi ?
- qu'on interjette appel ?
- qu'on assigne en justice ?

Savez-vous que l'on ne doit jamais dire d'un arrêt de la Cour de cassation qu'il confirme un arrêt d'appel (la Cour de cassation rejette un pourvoi) ?

2 • La structure d'un arrêt

Nous n'insisterons pas sur la structure grammaticale, que vous maîtrisez normalement dès la fin de la première année. Vous connaissez la présentation traditionnelle de l'argumentation des juges rédigée dans la forme traditionnelle des « attendu que… » et « considérant que… ». Vous savez que la construction adoptée permet de **distinguer les motifs du dispositif**.

– Exemple pour un arrêt de rejet :

Motifs : La Cour; – sur les deux moyens réunis : – Attendu que… ; que… ; Mais attendu que… ; que… ;

Dispositif : Par ces motifs : – rejette le pourvoi formé contre l'arrêt rendu le… par la cour d'appel de…

– Exemple pour un arrêt de cassation :

Motifs : Vu… la Cour; – attendu que…, que… ; – attendu que;

Dispositif : Par ces motifs – casse l'arrêt…

Familiarisez-vous avec la structure logique. À vous de vérifier que vous savez parfaitement analyser l'ensemble des propositions qui constituent les motifs d'une décision. Savez-vous bien découvrir la partie de la décision relatant les faits de la cause ? Le déroulement de la procédure ? Les prétentions et les moyens des parties ? Les motifs de la cour d'appel ? Ceux de la Cour de cassation ?

On appelle **moyen** le soutien nécessaire de la demande et de la défense. De façon simplifiée, on peut dire qu'un moyen est l'argument utilisé par une partie. Cet argument peut se subdiviser en plusieurs parties : on parle alors de **branches**.

*

Un arrêt de la Cour de cassation présente des particularités. Savez-vous ce qu'est un visa ? Un attendu de principe ? Un chapeau ?

Le **visa** est l'indication, dans une décision de justice, de la règle de droit à laquelle elle se réfère. *Ex. : Vu l'article 1347 du code civil…* Tous les arrêts de cassation ont nécessairement un visa.

Tous les arrêts importants de la Cour de cassation ont un **attendu de principe**, car la Cour de cassation juge la conformité de la décision déférée à la loi : il faut donc rappeler la loi avant de sanctionner son application ou de maintenir la décision des juges du fond. Tous les arrêts de cassation ne comprennent pas d'attendu de principe, également appelé « chapeau ».

Cet attendu est le plus souvent placé en haut, juste au-dessous du visa.

La Cour de cassation exerce sa mission d'harmoniser la jurisprudence et de clarifier les problèmes d'interprétation de la loi, combler les lacunes ou dissiper les passages obscurs de la loi. L'attendu de principe comprend une règle de droit dite jurisprudentielle ou prétorienne. Cette règle de droit répond aux caractères de la règle de droit. Elle s'ajoute le plus souvent aux règles de droit énoncées par le législateur et les autres sources formelles du droit.

Il arrive aussi que l'attendu ne fasse que reprendre le contenu du texte énoncé au visa. La Cour de cassation exerce ici un contrôle disciplinaire. Elle censure le raisonnement des juges qui ont ignoré le sens exact de la règle de droit et elle leur rappelle de manière solennelle. Elle rappelle que la loi ordonne. Qu'une loi claire doit être appliquée à la lettre. Cet attendu a pour objet d'énoncer, de manière abstraite et concise, la règle de droit qui a pu être violée (arrêt de cassation) ou respectée (arrêt de rejet) par la décision attaquée.

L'attendu est rédigé en termes généraux et abstraits.

Attention : les étudiants ont souvent tendance à oublier l'existence du visa et ne songent à faire état des attendus de principe que lorsqu'ils sont dans le corps de l'arrêt. Vous devez absolument exploiter l'existence du visa et du chapeau. Il faut en parler dans l'introduction, bien sûr, mais surtout dans le corps même du devoir.

Exemple de visa suivi d'un attendu de principe :

« Vu l'article 1371 du code civil; attendu que les quasi-contrats sont les faits purement volontaires de l'homme dont il résulte un engagement quelconque envers un tiers… »

La Cour de cassation, dans un attendu de principe, ne reproduit que rarement le texte visé ; le plus souvent, elle donne une interprétation du texte. Il est donc essentiel à la fois de se référer au texte visé et à la règle déduite de ce texte par la Cour de cassation.

*

Dans un arrêt de rejet, on trouve :

- la décision de la cour d'appel (la cour d'appel a décidé telle chose pour telle raison);
- les arguments de l'auteur du pourvoi;
- le rejet du pourvoi, avec **éventuellement**, mais rarement, un motif, notamment lorsqu'il y a une substitution de motifs.

Schéma d'un arrêt de rejet :

– La Cour; – Attendu que... ; Mais attendu que... ;

– Par ces motifs : – Rejette le pourvoi formé contre l'arrêt de... rendu le...

L'attendu qui énonce le rejet débute par la formule « mais attendu que... ». Vous trouvez après la réfutation, par la Cour de cassation, des arguments du pourvoi.

Dans un arrêt de cassation, on trouve :

- la décision de la cour d'appel ainsi que les raisons de sa décision,
- la décision de cassation; les raisons de la cassation. Attention à bien repérer le visa et le chapeau éventuel.

Mais **on ne trouve pas les moyens du pourvoi**.

Schéma d'un arrêt de cassation :

– La Cour; – Attendu que... ; Attendu que... ;

– Par ces motifs : – Casse et annule l'arrêt rendu par... le..., et renvoie devant la cour d'appel de...

B – L'aide par les lectures

Rappelons une évidence : vous devez avant toute chose apprendre vos cours et vos travaux dirigés. Les connaissances théoriques sont indispensables pour réaliser des exercices pratiques. Les manuels peuvent vous aider au stade de la préparation des travaux dirigés, pour approfondir un point de droit et pour avoir une vision générale. Que penser de la lecture de notes ou d'observations faites à propos d'arrêt ?

Le commentaire d'arrêt a pour objet d'expliquer et d'apprécier la solution donnée par une juridiction à un problème juridique qui lui a été soumis. Il se rapproche donc de la note d'arrêt dans laquelle un professeur ou un praticien, spécialiste d'une question, va éclairer les juristes sur le sens, la valeur, la portée d'une décision. Le commentaire d'arrêt, surtout lorsqu'il se situe dans le cadre d'un examen, ne doit bien sûr pas être confondu avec les notes d'arrêt que vous pouvez trouver dans les recueils de jurisprudence. Ces notes, également appelées observations, sont élaborées par des professionnels, des spécialistes et sont destinées à d'autres spécialistes de la question à propos de laquelle a été rendue la décision de justice. L'auteur d'une note fait état de réflexions qui lui sont inspirées par tel ou tel aspect de la solution qui a été donnée dans l'affaire. Ces réflexions sont, bien sûr, en partie « techniques » en ce sens que l'arrêtiste « décortique » l'arrêt pour en faire ressortir tel ou tel aspect. Mais elles sont aussi personnelles : l'arrêt est souvent l'occasion pour l'annotateur d'exposer ses propres idées sur la façon dont l'affaire aurait pu être traitée.

Lorsque vous lisez des notes, vous devez donc partir des idées suivantes : d'une part, l'annotateur n'est pas, comme vous, limité par l'obligation d'analyser tous les éléments de la décision rendue. Dans certains cas, des questions, jugées sans intérêt par un arrêtiste, le sont pour un étudiant de deuxième année. On attendrait de vous que vous en fassiez le commentaire. D'autre part et surtout, l'annotateur, dans le commentaire qu'il effectue, a un niveau juridique qui est loin d'être le vôtre et pousse son analyse au maximum. Cela n'est donc pas le même type de travail qui vous est demandé.

Les notes sont une aide en ce sens qu'elles vous forment au raisonnement juridique. Elles participent à l'accroissement de vos connaissances acquises grâce aux cours et travaux dirigés. Prenez-les comme un outil de travail; ne cherchez pas à faire la même chose, ce serait hors de votre portée...

II/ Comment appréhender le sujet et le traiter ?

A – Lecture et recensement des éléments importants contenus dans l'arrêt

La phase de préparation se fait sur brouillon. Votre perspective doit être de ne rien négliger en recensant toutes les informations contenues dans le texte même de l'arrêt.

Le temps qui vous est imparti pour rédiger votre devoir est bref (généralement 3 heures). Vous devez donc apprendre à bien le gérer. Il est hors de question de faire un brouillon avec des phrases. Il va falloir lire la décision de façon détaillée ; construire le commentaire.

Vous rédigerez, correctement et directement sur votre copie d'examen, votre commentaire.

Une proposition pour une épreuve de trois heures : lecture = 15-20 minutes ; construction du commentaire = 1 heure ; rédaction = 1 h 30 ; relecture = 10 minutes. Ne sacrifiez jamais la phase de relecture. Vous devez vous fixer comme impératif de faire un devoir sans faute d'orthographe.

La lecture approfondie est évidemment le travail de base. Plusieurs lectures sont bien sûr indispensables. **S'il y a quelque chose dans l'arrêt que vous ne comprenez pas au départ, n'occultez pas ce problème, au contraire. C'est probablement là que se situe un des points sur lequel un commentaire est attendu.**

Vous serez toujours attentif à **la date** de la décision : c'est un élément déterminant pour apprécier correctement sa portée exacte. Vous regarderez aussi **la chambre** de la Cour de cassation ou la formation particulière dont émane la décision. En principe les arrêts de droit des obligations émanent des chambres civiles. Si vous avez un arrêt de la chambre sociale ou de la chambre commerciale, il y a là une particularité à signaler.

Vous serez bien sûr alerté par le fait d'avoir à commenter un arrêt de **l'assemblée plénière**. Vous savez qu'il s'agit d'un arrêt dont la portée est considérable. À vous d'exposer cette portée.

Au niveau de l'analyse de la décision, vous serez particulièrement vigilant, sur votre brouillon, à dégager d'abord le ou les problèmes de droit qui se posent, puis, par rapport aux problèmes de droit, les deux thèses opposées.

Si vous avez à commenter un arrêt de rejet, vous aurez d'un côté la position de la cour d'appel, de l'autre celle de l'auteur du pourvoi, que la Cour de cassation n'approuve pas. La Cour de cassation justifie le rejet du pourvoi et explique pourquoi l'arrêt de la cour d'appel mérite d'être retenu. Repérez clairement le cas d'ouverture à cassation qui était soulevé et que la Cour de cassation refuse de retenir. Pour chaque moyen, ce cas peut être spécifique. Si la Cour de cassation se retranche derrière le pouvoir souverain des juges du fond, c'est qu'elle refuse de considérer qu'il s'agit d'un problème de droit. Il s'agit d'un élément de fait, qui échappe à son contrôle.

Si vous avez à commenter un arrêt de cassation, la décision oppose deux argumentations, celle développée par la cour d'appel et celle de la Cour de cassation qui l'emporte et justifie l'annulation de l'arrêt déféré. Les arguments de l'auteur du pourvoi n'apparaissent pas car ils ont convaincu la Cour de cassation de censurer la cour d'appel. Repérez pourquoi la Cour de cassation casse l'arrêt (violation de la loi ? manque de base légale ? défaut de réponse à conclusion ?).

Sur votre brouillon, faites figurer les argumentations côte à côte : à chaque aspect de la décision de la cour d'appel, y a-t-il un argument en sens opposé ? Méfiez-vous bien sûr lorsque la décision de la cour d'appel vous est relatée à travers le pourvoi qui a peut-être déformé la décision de la cour d'appel. Quant aux arguments de l'auteur du pourvoi, ils sont plus ou moins valables. N'oubliez pas que pour « gagner » son procès, l'auteur du pourvoi met en avant des arguments qui peuvent être de valeurs très inégales ! S'il s'agit d'un arrêt de cassation, les thèses en présence sont celles de la Cour de cassation et de la cour d'appel. À vous de bien rechercher systématiquement si, face à chaque motif de la cour d'appel correspond un motif de la Cour de cassation. Alors même qu'il y a cassation totale, il peut arriver que la Cour de cassation ne s'intéresse qu'à un seul aspect de la décision de la cour d'appel.

Il vous appartient de comprendre l'arrêt de façon à dégager les argumentations qui s'opposent et se répondent. Que l'arrêt soit de rejet ou de cassation, le classement des informations contenues doit faire apparaître :

- les arguments qui se « répondent » : la cour d'appel dit ceci ; la Cour de cassation répond à cette argumentation. En d'autres termes, la cour d'appel a dit blanc ; la Cour de cassation répond qu'elle n'est pas d'accord pour le blanc : il fallait dire noir ;
- les arguments qui ne se répondent pas. Par exemple : la cour d'appel a utilisé un motif et on ne sait pas du tout ce qu'en pense la Cour de cassation. La cour d'appel a dit blanc ; on ignore si la cassation implique que la Cour de cassation estime, sur ce point, qu'il fallait dire noir.

Groupez les arguments relatifs à chaque demande. Faites bien apparaître ceux qui se répondent ; ceux qui ne se répondent pas ; pensez à bien noter l'origine des thèses (argument avancé par une partie ; argument avancé par une partie mais repris à son compte par la cour d'appel ; motif de la Cour de cassation). N'oubliez surtout pas le visa.

L'analyse est importante : elle prépare et structure votre commentaire. Tout votre devoir va reposer sur ce travail de départ. Écrivez cependant le strict minimum sur votre brouillon. Mettez essentiellement des repères qui vous permettent d'identifier les arguments. Ne recopiez pas des phrases de l'arrêt. L'objectif est d'alléger la rédaction de vos notes de brouillon et à travers des mots-clés, de préparer avec clarté la construction de votre devoir.

À partir des notes sommaires, vous allez devoir rechercher les éléments qui vont vous permettre de fournir la substance à votre commentaire. Pour cela, vous allez dégager les problèmes juridiques et faire un plan détaillé.

B – Compréhension de l'arrêt et de son intérêt (recherche du sens, de la valeur et de portée)

Pour faire un bon commentaire, il faut avoir quelque chose d'intéressant à dire. Il va donc falloir chercher les éléments qui vous fournissent la matière de votre commentaire. À travers les faits, les prétentions, et les arguments, vous allez retrouver la qualification juridique du contentieux et son intérêt. Votre réflexion ira dans trois directions : vous donnerez le sens de la décision, vous l'expliquerez par rapport à la règle de droit visée, puis vous essayerez de réfléchir aux conséquences de la décision qui vous est soumise. À partir de là vous construirez le plan de votre commentaire.

Il est classique d'expliquer aux étudiants que trois aspects de la décision peuvent contribuer à les aider dans leur démarche : le sens, la valeur et la portée de l'arrêt doivent être dégagés. Cette division est commode. Elle est un peu arbitraire. Ne vous inquiétez pas si vous ne parvenez pas toujours à séparer les trois étapes. Prenez les explications qui suivent comme un outil de travail, sans chercher à atteindre la perfection.

1 • Sens de la décision

Dégager le sens d'un arrêt est le travail essentiel. Votre examinateur doit s'assurer que vous avez parfaitement compris la solution qui a été donnée à la question de droit qui était posée au départ.

Donner le sens d'une décision, c'est, de façon simple, pouvoir dire : X… a dit ceci, a prétendu cela. Y… a répondu ceci, a prétendu cela. La cour d'appel a estimé telle chose, la Cour de cassation, telle autre.

A priori, c'est un exercice qui devrait être évident. Il est pourtant difficile pour un jeune étudiant de bien comprendre une décision. Le style judiciaire et la structure grammaticale d'une décision obéissent à des règles traditionnelles spécifiques. En d'autres termes, la méthode qui est utilisée par les techniciens que sont les magistrats doit être connue par les étudiants de façon suffisamment sûre pour que le sens même de la décision puisse être donné. On attend de vous que vous expliquiez les faits comme le raisonnement juridique.

Il est possible que le problème soumis soit parfaitement formulé en termes juridiques. Mais l'inverse se rencontre souvent. Il va falloir reconstituer tous les raisonnements qui ont été menés, montrer s'il existe des points qui restent obscurs.

Expliquer la décision, c'est bien sûr expliquer ce qui est arrivé, d'où est né le conflit. Mais ceci est finalement assez anecdotique et bien sûr, vous n'aurez pas à vous attarder sur cet aspect des choses. C'est surtout expliquer le raisonnement qui a été suivi : les faits exposés ont été qualifiés. Comment l'ont-ils été ? Quelles sont les règles juridiques auxquelles on a fait appel ? Quelle règle a donné lieu à une difficulté d'interprétation ? Quel sens a été retenu ?

Il va falloir trouver un équilibre, éviter la paraphrase, sans verser dans l'exposé théorique. Ce sont les deux écueils extrêmes.

2 • Valeur de la décision

Les étudiants ont tendance à considérer que ce qui est écrit par la Cour de cassation est forcément bien et que tout ce qui est dit épuise le sujet. Le commentaire se réduit alors à de la paraphrase : on reprend les formules de l'arrêt en changeant la place d'une virgule ou d'un mot. On ne fait que répéter ce qu'exprime, de façon plus concise et brillante, la Cour de cassation elle-même ou l'auteur du pourvoi ou la cour d'appel. Si un étudiant fait de la paraphrase, c'est parfois par manque de confiance ou excès d'humilité devant la décision.

Il ne lui vient pas à l'idée que tout ce qui est écrit dans une décision de justice n'est pas forcément correct. Pour éviter la paraphrase, il vous faut donc vous débarrasser de ce travers et avoir suffisamment confiance en vous pour critiquer utilement le raisonnement qui a été tenu, en démontrer les points forts et les faiblesses. Partez toujours de l'idée que, si le sujet a été choisi, ce n'est pas bien sûr par hasard, mais parce qu'il présente un intérêt réel pour tester votre niveau.

C'est à ce stade que l'on explique si un arrêt est un arrêt de principe ou un arrêt d'espèce.

Posez-vous la question : pourquoi ce sujet m'a-t-il été donné ? Qu'ai-je appris en cours et en travaux dirigés qui en rend l'étude particulièrement intéressante au titre d'un examen ? Une fois que vous aurez admis que vous êtes apte à critiquer, au bon sens du terme, une décision, il ne vous reste plus qu'à bien prendre de la distance pour donner des explications cohérentes et judicieuses : c'est exposer la valeur de l'arrêt.

Une fois que vous avez bien compris la décision, vous allez devoir retrouver le texte et l'interprétation qui en a été donnée, puis porter une appréciation.

Recherchez le texte en cause. Que savez-vous à ce sujet ? Qu'apporte la décision ?

Une appréciation doit être donnée. Dans le cadre d'un examen, c'est une appréciation juridique qui est attendue. Le juge a appliqué telle règle. Il a proposé telle interprétation ; il a comblé telle ou telle lacune.

Que savez-vous de cette règle ? Son application dans l'affaire est-elle correcte ? Vous avez appris certaines choses au sujet de la règle. Que penser de ce qui a été décidé par rapport à ce que l'on vous a enseigné ?

Vous devez être à même de dire si l'interprétation des lois est admissible au regard de ce que vous connaissez des textes et de la jurisprudence. Vous avez des connaissances sur le sujet et vous allez donc les exposer dans un objectif précis : dire si la solution de l'arrêt est correcte en comparaison de ce que vous savez sur la question. Vous aurez besoin d'avoir des connaissances générales, puisqu'il faudra replacer l'arrêt dans son contexte, et spéciales, techniques, parfois même pointues, pour pouvoir apprécier la valeur de la décision.

Recherchez le droit positif. Que savez-vous de la loi ? De la jurisprudence ? Des idées doctrinales ? L'interprétation retenue est-elle conforme à la lettre du texte ou à l'esprit du texte tel que la jurisprudence l'a dégagé ? Si vous avez déjà étudié un arrêt qui posait un problème similaire, estimez-vous que la solution apportée dans l'affaire qui vous est soumise est identique ?

Pensez pour établir une comparaison juste à utiliser les faits. Étaient-ils similaires, ou au contraire y a-t-il une différence ? S'il y a effectivement des différences de faits, cela justifie-t-il des raisonnements différents ?

S'il y a application à une situation nouvelle, l'extension qui est réalisée vous paraît-elle fondée ? Autrement dit, cette extension consacre-t-elle des opinions préconisées par la doctrine ?

S'il y a refus d'application à une situation nouvelle, que penser de ce refus ?

Des raisonnements sont peut-être particulièrement étranges, ou trop concis ; d'autres n'ont pas été faits. Il va falloir dire ce que vous en pensez. La règle de droit peut avoir été mal choisie. À vous de le dire et de proposer d'autres fondements. En apportant quelque chose de plus à ce qu'une simple lecture apporte, vous montrez que vous maîtrisez la lecture de la jurisprudence, le dit et le non-dit de la Cour de cassation. Vous valorisez votre commentaire en mettant à profit les connaissances que vous avez assimilées au cours de vos enseignements et de vos lectures. En résumé, le travail à faire est le suivant : on part des thèses en présence, on vérifie les thèses par rapport au droit positif, on les confronte aux règles connues.

Ce n'est que très accessoirement et éventuellement, que vous aurez à dire si la décision vous semble fondée sur le plan de l'équité. La décision est-elle juste sur le terrain extrajuridique : moral ou religieux ? Évitez de développer cet aspect des choses. Bien sûr, réfléchir à l'aboutissement concret des choses est essentiel. Vous avez voulu devenir juriste parce que vous avez un certain idéal de la justice. Mais dans le cadre d'un examen, ce que l'on attend de vous, c'est avant tout que vous puissiez démontrer que vous avez des connaissances techniques.

3 • Portée de la décision

Lorsqu'on est étudiant, apprécier une décision de justice, c'est surtout en dégager la valeur. Mais peut-être parviendrez-vous à atteindre un stade supplémentaire, celui de l'appréciation de la portée de la règle, c'est-à-dire de l'incidence de la position adoptée sur d'autres règles de droit.

Généralement, les arrêts de rejet n'ont pas une grande portée. Lisez bien l'attendu : si vous avez les formules « la cour d'appel a pu dire que » ou « a pu décider que », la portée est faible. S'il est faible car la Cour ne fait que répéter une solution maintes fois retenue, à vous de le dire. Inversement, si vous avez un arrêt de cassation pour violation de la loi, l'arrêt a une portée certainement très importante. Si vous avez la formule « substitution de motifs », la portée est aussi certainement intéressante à dégager.

Pour comprendre ce qu'est la portée d'un arrêt, vous pouvez prendre l'image d'un château de cartes. Chaque décision de justice est, symboliquement, une carte. Parfois, la décision que vous avez à commenter est la première carte du château : elle est à la base de la construction de tout un système juridique. Il va falloir alors imaginer toutes les autres cartes que les juges seront amenés à poser. Cette hypothèse concerne surtout de nouveaux textes qui donnent lieu à interprétation : le législateur vient d'adopter une loi nouvelle ; le juge interprète un des articles de cette loi. Quelles sont les répercussions de cette interprétation sur les autres textes ? En droit des obligations, cette hypothèse se rencontre assez rarement.

On peut, en revanche, vous donner à commenter un arrêt déjà ancien, qui a été précisément à la base d'une construction jurisprudentielle. En quelque sorte, le château existe déjà et c'est d'ailleurs lui dont la construction vous a été expliquée en cours. On vous donne une des cartes de base qui ont permis que toutes les autres cartes soient posées. De telles décisions sont des décisions « classiques », des « grands arrêts ». Leur portée est grande puisqu'elles ont entraîné ultérieurement d'autres constructions, soit jurisprudentielles, soit législatives. Il va falloir expliquer comment, à partir de la décision commentée, s'est construit le château. *Par exemple, imaginons qu'en droit de la responsabilité délictuelle, l'on vous donne à commenter l'arrêt* Desmares *qui avait un temps exclu la possibilité que la faute de la victime puisse être une cause d'exonération partielle de la responsabilité du gardien de la chose, seule la force majeure, cause d'exonération totale, pouvant être prise en compte. Vous devriez bien sûr expliquer l'arrêt en lui-même, l'état de la jurisprudence avant cet arrêt et, enfin et surtout, que cet arrêt a conduit à l'adoption d'une loi sur l'indemnisation des victimes d'accident de la circulation…*

En résumant, disons que vous exposez ce qu'il y avait avant l'arrêt lui-même et ce qu'il y a eu après.

On peut vous proposer de commenter une décision qui, à l'époque où elle a été rendue était susceptible d'anéantir une jurisprudence (de renverser le château de cartes). En faisant le bilan de l'ensemble de la jurisprudence au jour où vous vous placez, vous expliquez si les prévisions se sont réalisées. *Ainsi, imaginons que vous devez aujourd'hui commenter l'arrêt* Bertrand *sur l'exonération de la responsabilité des père et mère (Civ. 2e, 19 févr. 1997,* Bull. civ. *II, no 56). Vous aurez à expliquer comment cette décision qui « objectivise » la responsabilité des père et mère a été suivie d'autres décisions qui sont toutes allées dans le même sens.*

Parfois, le juge a simplement posé une carte au-dessus du château. Rien ne bouge, l'édifice est solide. À vous de le démontrer. Dans d'autres cas, la carte posée fait tomber une partie du château, voire le château tout entier. La façon dont la règle juridique a été interprétée est nouvelle ou contraire au sens habituellement donné. De ce fait, d'autres règles sont remises en cause. La décision commentée va donc contribuer à faire évoluer le droit ou à le modifier.

Dégager la portée d'un arrêt est un exercice difficile pour un étudiant de deuxième année : pour pouvoir dire que telle décision entraîne tel changement, il faut bien connaître l'état actuel du droit positif. Il est pourtant possible que vous soyez à même de faire cette sorte d'appréciation.

Les arrêtistes qui font des notes d'arrêt sont eux parfaitement rodés à cette technique. C'est pourquoi il est intéressant de lire des notes car c'est l'occasion que vous avez de découvrir cet aspect particulier du commentaire.

Il est un cas où l'on attend précisément de vous l'étude de la portée, c'est lorsque l'on vous donne à commenter une décision récente qui constitue un revirement de jurisprudence. Vous devrez alors comparer la décision rendue par rapport au droit antérieur, mais aussi réfléchir à toutes les répercussions possibles de l'arrêt.

Insistons cependant sur l'idée que la plupart des arrêts qui sont soumis à des étudiants de deuxième année sont des décisions s'insérant dans un contexte juridique sans le modifier en profondeur. Pour poursuivre la comparaison, on pose une carte, le château ne tombe pas. Mais que pouvez-vous dire des cartes qui sont autour ? De celle qui vient d'être posée ? Vous avez là l'occasion de démontrer que vous savez réfléchir, mais aussi que vous savez beaucoup de choses…

C – Construction du commentaire

Après une introduction dans laquelle figure l'analyse, vous commentez l'arrêt grâce à un développement présenté dans un plan en deux parties si possible, elles-mêmes divisées en deux sous-parties. Vous n'avez pas besoin de faire de conclusion générale.

Il n'y a pas de plan type pour chaque décision. Le plan se construit à partir des résultats de la recherche des problèmes juridiques posés. On ne peut pas proposer de plan standard, pour la raison simple que le plan dépend du fond de l'affaire. **Un commentaire doit être lié au contenu même de l'arrêt : les divisions ne doivent pas être superficielles**. Le plan en deux parties divisées en deux sous-parties est assez souvent facile à respecter dans un commentaire d'arrêt. Cela dit, si vraiment vous estimez qu'un plan en trois parties favorise la clarté de l'exposé, vous pouvez déroger à l'usage du plan en deux parties. L'essentiel n'est en effet pas de se plier à une coutume, mais bien de faire la démonstration que vous avez compris l'arrêt, que vous parvenez à mettre en évidence son sens et sa valeur. Ne cherchez pas à être original. Trouvez un ordre logique.

Pour résoudre le litige, des arguments ont été mis en avant. Il faut trouver ces arguments et dégager les réponses apportées par les magistrats. Vous devez formuler en termes juridiques la ou les questions soulevées dans l'arrêt. Si l'arrêt commenté est un arrêt de cassation, le visa utilisé ainsi que le chapeau éventuel sont, bien sûr, des éléments précieux pour « découvrir » le problème et en débattre. Dans les arrêts de rejet, on ne trouve pas généralement de référence aux textes appliqués. À vous donc de reconstituer le raisonnement juridique à travers les réponses qui sont données.

Une affaire a été soumise à des juges. Vous allez poser le problème non seulement dans l'espèce, mais de façon très générale. Identifier les règles auxquelles on a fait appel soit de manière expresse, soit de façon implicite est décisif. Vous devez rappeler les bases du raisonnement : indiquez le texte concerné ou le principe général, puis les solutions traditionnelles. Comparez-les avec l'arrêt. Pour cela, reportez-vous aux textes concernés. Faites fonctionner votre mémoire : avez-vous connaissance d'arrêts rendus qui ont traité ce type de problème ? Ont-ils donné une solution identique ? Le rapprochement avec d'autres espèces est évidemment indispensable pour enrichir votre commentaire. Pour chaque question de droit, vous devez recenser les divers éléments de la discussion en elle-même, et régulièrement « revenir » à l'arrêt en expliquant les implications qui découlent des exposés théoriques sur l'arrêt lui-même. C'est à partir de tout cet ensemble que vous construirez votre plan.

Le plan va être élaboré en respectant les objectifs mêmes de tout commentaire : on doit retrouver, par rapport aux problèmes dégagés, le sens, la valeur et éventuellement la portée de l'arrêt.

Selon que le sens, la valeur, voire aussi la portée de l'arrêt prêtent à discussion, on subdivisera ce qui pose problème. L'essentiel du commentaire doit être articulé par le plan. Tout ne doit pas être dit à la fin de la première partie ; la seconde n'aurait alors aucun intérêt.

Ne cherchez pas désespérément un plan original. Aidez-vous de l'arrêt, tout simplement. S'il y a deux moyens dans l'arrêt, et que les deux points sont intéressants, chaque partie du commentaire sera construite autour d'un moyen.

Le plan détaillé doit bien sûr précéder le choix de vos intitulés et la confection de votre introduction.

Pour « trouver » chacune de vos deux parties et vos sous-parties, partez toujours des thèses en présence. Pour chaque problème, vous avez deux thèses (au minimum), ce qui fait que généralement il n'y a pas de problème pour trouver les sous-parties. Évitez absolument d'utiliser l'intitulé suivant : I. *La position de la cour d'appel* II. *La position de la Cour de cassation. Il faut « habiller » les intitulés.*

Imaginons par exemple que la Cour de cassation, dans une affaire quelconque, soit favorable à une indemnisation, contrairement à la cour d'appel, et que ce soit là le cœur de l'un des problèmes posés par l'arrêt. Vous avez décidé d'appeler votre première partie : I. *L'indemnisation.*

Vos deux sous-parties peuvent de manière très simple s'intituler : A. *Le principe d'indemnisation ;* B. *Le refus d'indemnisation.*

III/ Comment rédiger ? (conseils spécifiques de rédaction)

Reportez-vous aux conseils généraux. Nous faisons ici état de ce qui est spécifique aux commentaires d'arrêts. Un commentaire est composé d'une introduction dans laquelle figurent l'analyse de l'arrêt, le ou les problèmes juridiques posés et l'annonce du plan. Ce plan est en lui-même très structuré. Il se divise en deux parties divisées en deux sous-parties.

A – Conseils pour l'exposé introductif (analyse de la décision ; annonce du plan)

Une remarque accessoire : même si la répétition des mots « Cour de cassation » peut vous paraître lassante, évitez les expressions synonymes telles « Haute Juridiction », « Cour régulatrice du droit », « hauts magistrats ». Ces termes, utilisés par les professeurs et les praticiens, sont un peu précieux dans une simple copie d'étudiant. Prohibez l'expression « Cour suprême » qui a un sens spécifique.

Vous devrez, dans votre introduction, exposer succinctement l'analyse de la décision. Des conseils vous auront été donnés pendant le semestre par vos chargés de travaux dirigés, que vous devez respecter. Il va falloir, dans cette analyse succincte extraire de la décision l'essentiel. On retrouve naturellement les rubriques classiques.

Après une phrase introductive générale, ou dans la même phrase vous faites état des renseignements relatifs à la juridiction qui a rendu la décision, ainsi que sa date. Ne cherchez pas l'originalité.

Exemple : Le présent arrêt traite d'un problème relatif à la responsabilité des père et mère… Ou La Cour de cassation, dans cet arrêt en date du…, a rendu un arrêt particulièrement novateur en ce qui concerne la responsabilité des père et mère…

Aussitôt après, vous présentez l'analyse de l'arrêt, vous posez le ou les problèmes juridiques, puis vous annoncez votre plan.

1 • Faits et procédure

L'exposé des faits puis de ce qui a donné lieu à un litige, doit être présenté par ordre chronologique.

Attention : seuls les faits pertinents doivent être relatés. Toute la difficulté est évidemment de savoir ce qui est essentiel ou non... *Prenons un exemple. Vous avez un arrêt qui traite d'un problème de vente de voiture. Savoir qu'il s'agit d'une voiture est important ; savoir que la voiture est rouge ne l'est pas... sauf si le rouge a été érigé en une qualité substantielle de la chose entrée dans le champ contractuel, car alors ce point sera nécessaire à la suite de vos développements.*

L'identification des parties, ainsi que l'objet de la ou des demandes, leur fondement sera relevé pour chaque étape de la procédure.

Remarquons que si le sujet est bien un arrêt de la Cour de cassation, vous n'aurez que rarement des détails sur la procédure en première instance. Même si vous en avez, ne vous attardez pas. Vous êtes désormais en deuxième année. On n'attend pas de vous une analyse détaillée de plusieurs pages. *Par exemple, vous avez repéré la formule « Par arrêt confirmatif » sans trouver d'allusion à la décision de première instance. Inutile d'écrire dans votre analyse : « nous ignorons la décision des premiers juges, nous savons simplement que les juges d'appel ont confirmé la décision ». Contentez-vous de dire que la cour d'appel a confirmé le jugement de première instance :* votre correcteur part du principe que vous savez ce que cela veut dire. L'opposition entre les juridictions, l'accord entre les juges du premier degré et ceux de la cour d'appel seront éventuellement signalés davantage dans le corps du commentaire.

On englobe dans cette partie tout ce qui a trait au litige : identification des parties, objet de la demande (ce qui est réclamé), fondement de la demande (la règle invoquée au soutien de cette demande) et ce aux différents stades.

Vous devez être spécialement vigilants sur la recherche du fondement juridique de la demande. Assez souvent, le fondement est textuel : il s'agira presque toujours d'un article du code civil. Le fondement peut être plus théorique, une règle ou un principe général du droit tel que *fraus omnia corrumpit*. Mais il peut n'y avoir aucun texte : la règle de droit invoquée doit alors être désignée par vous. Si vous hésitez, car il semble y avoir ambiguïté sur ce point dans l'arrêt, alors dites qu'on peut hésiter. Autrement dit, la recherche du fondement juridique de la demande devient un élément du commentaire, et cela car il existe un doute sur la question. Ne traitez pas ce point dans l'analyse, mais dans le commentaire proprement dit. Contentez-vous dans l'introduction de préciser que l'on ignore le fondement de la demande. *Vous savez, à lire l'arrêt, qu'en cour d'appel M. X... a demandé l'annulation du contrat litigieux et des dommages-intérêts. La cour d'appel a fait droit à la demande d'annulation. Vous avez beau lire et relire l'arrêt, vous ne savez pas quel a pu être le fondement (erreur ? lésion ? etc.). Dans l'analyse, dites clairement : « On ignore le fondement de la demande. » Dans le commentaire, vous aurez à exploiter cet élément en émettant des hypothèses sur le fondement probable de l'annulation.*

2 • Exposé de la décision des premiers juges et de la solution de la Cour de cassation

Vous pouvez considérer que le déroulement de la procédure et les décisions intervenues avant que ne soit saisie la Cour de cassation sont des éléments de faits ou bien décider que les faits s'arrêtent au premier procès. Peu importe votre choix : l'essentiel est que les prétentions et les arguments des parties soient clairement exposés.

À ce stade, la difficulté la plus courante consiste à définir ce qui doit être exposé et ce qui ne doit pas l'être.

S'il s'agit d'un arrêt de rejet : selon le même principe, exposez brièvement la décision de la cour d'appel, et seulement ensuite les arguments du pourvoi. Une phrase suffira pour expliquer qu'il y a eu rejet. Si votre décision est brève, le plus simple est de présenter d'abord la décision de la cour d'appel – chaque motif de l'arrêt d'appel sera résumé –, puis chaque moyen du pourvoi de façon synthétique.

S'il s'agit d'un arrêt de cassation : exposez la décision de la cour d'appel puis les raisons de la cassation. Attention : vous devez impérativement faire état du visa. Citez les textes qui sont visés. S'il y a un chapeau, vous avez deux solutions : soit le chapeau est court et vous le recopiez intégralement, sans oublier un mot et en le mettant entre guillemets; soit le chapeau est long, vous ne le recopiez pas; vous ne le résumez pas, car chaque mot compte dans la formulation retenue. Vous expliquez que la Cour de cassation rend un arrêt de principe dans lequel figure un chapeau qui fera l'objet précisément de votre commentaire.

Si la décision est plus longue, il n'est pas question de faire deux pages d'analyse. C'est à vous de procéder, avec le plus de soin possible à une présentation résumée. Dans ce cas, rappelez-vous que tout ce qui n'a pas été présenté dans cette analyse succincte devra l'être dans le corps du devoir. Lorsqu'on vous explique que vous ne devez pas « oublier » l'arrêt, il s'agit spécialement de cela.

3 • L'annonce des problèmes juridiques posés et du plan

Après l'exposé de la décision, vous dégagerez le problème de droit posé, ou les problèmes. Vous devez retrouver la qualification juridique du contentieux. Puis vous annoncerez votre plan. Distinguez clairement ces deux étapes.

Faites attention à vos intitulés : ils doivent être suffisamment indicatifs pour couvrir l'ensemble des points que vous abordez. Évitez de faire des phrases. Rappelez-vous que le vocabulaire juridique est précis. Mettez en évidence les intitulés retenus par des chiffres pour les parties (I, II) et par des lettres pour les sous-parties (A, B).

Exemple : vous devez commenter l'arrêt Perruche relatif à la question de l'enfant né handicapé et de la faute médicale ayant empêché la mère de faire une interruption de grossesse (Ass. plén., 17 nov. 2000, Bull. civ. *n° 9). Le problème juridique est le suivant : un enfant peut-il être indemnisé lorsqu'en raison des fautes commises par des médecins pendant la grossesse, sa mère, non informée des risques d'avoir un enfant atteint d'une maladie particulièrement grave, n'a pu procéder à une interruption de grossesse ? Le plan est alors variable. Tout dépend du niveau attendu, lequel est fonction du contenu du cours et des travaux dirigés. Ce qui est sûr, c'est que l'on attend aussi de vous que vous fassiez état de l'article L. 114-5 du code de l'action sociale et des familles qui a exclu l'indemnisation et, éventuellement, de la jurisprudence de la Cour européenne des droits de l'homme qui a suivi (si et seulement si celle-ci a été examinée en cours ou en travaux dirigés).*

Exemples de plan :

I. Le lien de causalité ; II. Le préjudice subi par l'enfant

I. La nature délictuelle de l'action de la victime; II. Les conditions de l'indemnisation

I. Le principe de la réparation; II. L'enjeu (ou : les critiques), etc.

I. L'indemnisation par la Cour de cassation; II. La jurisprudence combattue par la loi

B – Conseils pour la rédaction du devoir

Vous devez procéder à une alternance entre l'exposé des connaissances théoriques et l'explication du contenu de la décision.

Il va falloir trouver un équilibre, éviter de faire un exposé théorique. On attend de vous que vous utilisiez intelligemment vos connaissances théoriques. Mais vous n'avez pas à réciter totalement votre cours. Imaginons par exemple que vous ayez à commenter un arrêt qui porte sur une des trois conditions d'application de l'article 1240 (faute, lien de causalité, dommage). Un exposé théorique consisterait à étudier la totalité des trois conditions, alors que deux d'entre elles n'ont aucun intérêt par rapport à l'arrêt. Seule la condition qui est discutée dans l'affaire doit l'être, et ce de façon complète; les autres conditions ne devront être traitées que de façon succincte, essentiellement pour vérifier qu'effectivement l'arrêt que vous commentez ne les concerne pas. Vous devez donc isoler les problèmes envisagés par la décision et seulement cela.

Une fois ciblé le problème qui est au cœur de l'arrêt (*ex. : la faute*) il va falloir être habile en « collant » à l'arrêt : il ne faut pas réciter pendant plusieurs pages tout ce que vous savez sur la notion de faute. Vous ne devez jamais perdre de vue votre arrêt et, de façon régulière, passer de l'exposé théorique à la décision et réciproquement. Aidez-vous de l'espèce; si vous ne l'évoquez pas régulièrement, c'est que vous glissez vers l'exposé théorique.

Une des façons de bien revenir régulièrement à l'arrêt, est de vérifier systématiquement la position retenue dans l'affaire pour chaque aspect de la règle de droit. Si vous avez bien compris ce que nous avons dit, vous devez reconstituer le raisonnement juridique. Signalez à chaque fois ce qu'il en est dans l'arrêt. Autrement dit, vous n'avez pas dans l'arrêt tous les éléments de façon systématique. C'est à vous précisément d'exposer les étapes qui ont été suivies. L'argumentation qui est retenue par la Cour de cassation est d'importance capitale : vous ferez bien attention à préciser à chaque fois sa position. Elle est l'instrument qui vous permet de mesurer la portée qu'il faut attribuer à la décision.

La réponse apportée est peut-être très claire. Elle est peut-être obscure. Dites s'il y a plusieurs sens possibles. N'hésitez pas à poser des hypothèses, à démontrer que des interrogations subsistent. Il arrive que l'arrêt soit limpide sur un point, mais pas sur d'autres. Si le raisonnement repose sur différents points, expliquez ce qui semble avoir été déterminant.

Attention : il pourrait arriver que l'arrêt ne porte que sur un point (*ex. : la faute*) alors que si un deuxième point avait été étudié (*ex. : le lien de causalité*), le litige aurait présenté une tournure différente. Ce cas de figure, qui concerne l'hypothèse où des aspects juridiques ne sont pas abordés dans une affaire se traite de manière particulière. Il s'agit de faire état du « non-dit » par la décision. C'est en reconstruisant tout le raisonnement que vous mettez en lumière ce non-dit, pourtant déterminant dans l'affaire. Il faut donc y consacrer un développement. On peut à la limite faire une sous-partie, ou envisager le problème dans la conclusion. Il est parfois admis de faire une partie sur le non-dit lorsque le devoir est construit avec un plan en trois parties.

Reportez-vous à ce que nous avons dit sur « le petit bonus de la bonne copie », en matière de consultation : c'est exactement le même type de problème.

Le commentaire dirigé

Le commentaire dirigé consiste à présenter et expliquer un arrêt en répondant à plusieurs questions relatives à cet arrêt et qui vous sont posées par l'auteur du sujet. C'est un exercice de type pratique qui tend à se développer depuis quelques années.

L'objectif de cet exercice est de vérifier vos connaissances, votre capacité à comprendre un arrêt, les notions et mécanismes juridiques auxquels il fait référence, votre capacité de réflexion, et enfin votre capacité de synthèse, tout en vous guidant dans l'interprétation de la décision.

C'est un exercice moins difficile que le commentaire d'arrêt « libre » (c'est-à-dire le commentaire d'arrêt classique). Vous êtes en effet guidés dans votre travail. Vous ne risquez donc guère de faire du hors sujet, ou des contresens. Il vous faut en effet répondre aux questions sans avoir à trouver les problèmes qui ont été soulevés dans l'affaire ou qui sont suscités par cet arrêt. Vous n'avez pas non plus à vous préoccuper de bâtir un plan, ni à vous préoccuper de faire, de ce fait, des chapeaux introductifs ou des transitions à vos développements.

Mais, cela ne signifie pas pour autant que l'exercice soit facile. Il recèle en effet certains pièges et nécessitera forcément de vous que vous sachiez lire et comprendre un arrêt. De ce fait, tous les conseils donnés pour la préparation au commentaire d'arrêt devront avoir été assimilés. Votre travail étant guidé, cette facilité qui vous est « offerte » rejaillit sur la qualité attendue de vos réponses. À questions claires et précises, il vous faudra apporter des réponses claires, précises et… justes.

Comment aborder l'épreuve ?

Il faut répondre à chaque question dans l'ordre indiqué dans l'énoncé. Vous traiterez tout ce qui est demandé, mais rien que ce qui est demandé. Aussi, il vous faudra bien lire l'énoncé de chaque question et le respecter.

Les réponses aux questions devront être détaillées, approfondies, justifiées, claires, et illustrées éventuellement.

Vous constaterez que pratiquement toujours, le commentaire dirigé implique que vous ayez exposé les faits, la procédure suivie, le problème juridique posé à la Cour de cassation et la solution qu'elle lui apporte. Vous comprendrez donc que dans les réponses que vous apporterez ensuite aux autres questions, il est essentiel de vous référer continuellement à l'arrêt (sauf indication contraire expressément formulée dans l'énoncé d'une question).

Très souvent, le commentaire dirigé débute par une première question : celle de savoir quels ont été les faits de l'affaire, la procédure suivie, et le sens de l'arrêt. Il s'agit là simplement pour vous de procéder à une analyse classique de la décision : votre examinateur s'assure que vous savez lire un arrêt, que vous avez parfaitement compris la solution qui a été donnée, dans l'affaire, à la question de droit qui a été posée au départ. Rappelons que donner le sens d'une décision, c'est, de façon simple, pouvoir dire : X... a dit ceci, a prétendu cela. Y... a répondu ceci, a prétendu cela. La cour d'appel a estimé telle chose, la Cour de cassation telle autre. Il n'est pas question à ce stade de vous plonger dans une analyse exhaustive et approfondie de la décision. Il s'agit simplement de procéder à une analyse du même type que celle qui introduit le commentaire d'arrêt classique. Sur ce point, nous vous renvoyons à la méthode qui concerne ce type d'épreuve.

Ensuite, viennent les questions qui ont été inspirées par l'arrêt. Il ne s'agit pas de faire des développements purement théoriques, en récitant votre cours. Certes, vous devrez exposer des connaissances solides, mais il vous faudra en plus revenir à l'arrêt pour illustrer et justifier vos réponses.

Certaines questions concernent directement le sens même de l'arrêt. Il est assez facile d'y répondre, si vous avez bien compris la décision et que vous connaissez la partie de cours afférente au problème posé. *Imaginons par exemple que vous ayez à commenter un arrêt relatif à l'annulation d'un contrat de vente pour erreur. Il vous est demandé « Quelles sont les caractéristiques de l'erreur commise par l'acquéreur ? »*. Pour répondre à cette question, il vous faudra partir des indications de l'arrêt pour décrire cette erreur et pour pouvoir ensuite la qualifier *(par exemple : S'agit-il d'une erreur sur*

méthodologie

la substance ? Sur les qualités substantielles ? Sur la valeur ? Sur les motifs ? etc.).

D'autres questions peuvent en revanche être d'ordre purement théorique. *Par exemple : Qu'est-ce que le forçage d'un contrat ?* Dans ce cas, il vous faudra répondre d'une manière générale et abstraite, puis vous efforcer d'illustrer, le cas échéant, vos développements par des références à la décision qui vous est soumise. À travers ce type de questions est abordé ce qui, dans un commentaire d'arrêt classique, relève de la portée de l'arrêt. En quelque sorte, l'examinateur vous guide et vous expose les différents axes de réflexion que doit susciter l'arrêt.

La dissertation

L'objet de la dissertation est d'exposer des règles de droit relatives à une question en les explicitant et en discutant tant de leur contenu que de leur évolution passée et à venir.

La dissertation obéit à une logique tout à fait particulière car elle se coule dans un moule très figé : une introduction conséquente ; deux parties ; elles-mêmes subdivisées chacune en deux sous-parties. Il n'y a, en revanche, pas de conclusion.

I/ L'objectif poursuivi : faire une démonstration

Pour être à même de rédiger une dissertation, vous devez en comprendre la technique aussi bien au niveau de la forme que du fond.

A – La forme

Votre premier objectif, au niveau de la forme, est de vous faire comprendre. Pour cela, vous utiliserez non seulement un style clair et précis, mais vous ordonnerez les développements de votre devoir selon un plan structuré. La structure préétablie de la dissertation juridique ne laisse pas de place à l'imaginaire. On est éloigné de la dissertation littéraire sur le modèle que vous avez pratiqué au lycée. Il vous est demandé de distinguer différents aspects d'une question en construisant votre dissertation d'une façon rationnelle, en coordonnant les différents ensembles. Tout doit s'enchaîner de manière logique, sans qu'il soit nécessaire de faire des marches arrière ou des anticipations maladroites qui renvoient à des études ultérieures. Bref, la construction même du devoir est fondamentale. C'est sur sa qualité que vous serez jugé en premier lieu. Quel que soit le contenu du devoir, cette construction élaborée doit respecter la structure suivante :

Introduction

*1*re *partie : I….; deux sous-parties : A….; B. …*

*2*e *partie : II….; deux sous-parties : A….; B. …*

Les parties sont matériellement indiquées par les chiffres « I » et « II » et les sous-parties par les lettres « A » et « B ». Elles reçoivent un titre, qui est mentionné de façon à le détacher du corps du texte. L'idée même d'un plan en deux parties divisées en deux sous-parties vous paraîtra peut-être très ou trop rigoureuse. Prenez la règle comme un soutien de méthode qui vous permet d'approfondir vos idées en les regroupant à partir d'un plan qui devrait, grâce à une division fort simple, être clair et facile à comprendre. Suivez l'usage. Il a démontré son efficacité. Ne vous en écartez que si la division en deux parties ne s'impose vraiment pas à l'évidence et serait très superficielle : faites alors un plan en trois parties. Naturellement, si vous arrivez à un plan en quatre parties, le problème est réglé : à partir de quatre parties, on peut toujours revenir à deux parties divisées en deux sous-parties… Il y a toujours possibilité de rassembler par groupe de deux vos quatre parties en partant d'idées communes… En principe, il faut aussi faire deux sous-parties. Tâchez de respecter la règle des deux sous-parties.

B – L'objet de la discussion

Si un plan rigoureux est exigé, c'est parce que toute dissertation a pour objet une démonstration. Le plan est un soutien, il permet de suivre un fil conducteur. Vous allez vous confronter à une question déterminée, en exposant les règles applicables ou en discutant d'un problème juridique. L'objet de la discussion peut être très vaste.

Imaginons par exemple que vous ayez comme sujet : « L'objectivation de la responsabilité civile ». La substance même de votre devoir est très étendue. La responsabilité civile se divise en responsabilité contractuelle et responsabilité délictuelle; la responsabilité contractuelle renvoie à la distinction obligation de moyen/obligation de résultat; la responsabilité délictuelle renvoie elle aussi à des divisions : responsabilité du fait personnel, responsabilité du fait d'autrui (ce dernier type de responsabilité se subdivisant lui-même…).

Mais la substance même peut être fort réduite. *Ex. : le dol; la responsabilité du commettant…, ce qui peut, de prime abord, vous inquiéter (que vais-je pouvoir dire ? comment traiter un sujet qui ne correspond qu'à une toute petite partie du cours ?).* Pourtant, que les règles de base soient très nombreuses ou se réduisent à quelques textes, la manière de procéder doit rester la même. Il va falloir que vous les exposiez au mieux en respectant la règle du plan en deux parties. Pour pouvoir expliquer le contenu des règles de droit, fort générales, vous aurez besoin de la jurisprudence. Il est important d'intégrer dans votre devoir l'essentiel de ce qui vous a été enseigné en cours comme en travaux dirigés : les arrêts étudiés doivent être « exploités » dans votre dissertation. En proposant des exemples concrets, vous expliquez comment les principes juridiques exposés sont utilisés dans la pratique, s'ils permettent parfaitement de résoudre les difficultés... Vous montrez par là même que vous savez raisonner et que vous avez bien compris les enjeux de telle ou telle qualification, de telle ou telle interprétation d'un texte... Il ne s'agit donc pas de réciter votre cours, mais, grâce à un plan éclairant, de faire une démonstration intéressante. Pour qu'elle le soit, il va falloir commencer par énoncer une proposition. L'objet de votre devoir sera de vérifier cette proposition.

Par exemple, vous avez à traiter comme sujet l'objectivation de la responsabilité. Vous avez décidé, par rapport à vos connaissances, que vous pouviez démontrer que le droit de la responsabilité s'orientait de plus en plus vers l'objectivation, mais qu'il restait encore des zones obscures, voire même des hypothèses où la responsabilité était subjective. La proposition de départ est la suivante : le droit de la responsabilité tend à devenir une responsabilité de plein droit, mais n'y parvient pas totalement. L'idée est simple. Mais on ne vous en demande pas plus : vous n'êtes qu'en deuxième année, et votre examinateur n'attend pas de vous une démonstration originale et compliquée. Votre devoir va consister à démontrer cette proposition tout en la justifiant.

De ce fait, vous devez, au cours de votre préparation, dégager l'objet même de votre démonstration. Votre problématique figurera dans l'introduction qui, dès lors, est la partie la plus importante du devoir. C'est à l'intérieur de votre introduction que figure votre proposition. Vous y expliquez les idées de base qui sont les vôtres, sur lesquelles vous allez appuyer votre démonstration. L'annonce du plan doit être aisée : l'objet de vos deux parties est simplement de rentrer dans le détail technique de votre démonstration. Vous allez, en deux temps, démontrer votre affirmation initiale. À l'intérieur de chacun de vos développements, en deux temps (vos deux parties), on doit retrouver la même logique : l'idée de base que sous-tend chacune d'elle doit, à nouveau, faire l'objet d'une démonstration en deux temps (vos deux sous-parties).

En principe, il n'est nul besoin de conclure : tout au plus pourriez-vous résumer de manière maladroite ce qui a été dit. On ne fait une conclusion que lorsqu'on a une idée originale « d'ouverture » vers une question intéressante, en lien avec le sujet. En quelque sorte, un nouveau sujet se pose, qui pourrait faire l'objet d'un autre devoir... (comparer : « le petit bonus » de la bonne copie). Les connaissances nécessairement limitées d'un étudiant de licence rendent difficile l'élaboration d'une telle conclusion. Le plus simple pour vous est de partir de l'idée que vous n'aurez pas à en rédiger.

De quoi devez-vous parler ? Vous connaissez la règle du jeu : il s'agit de traiter la totalité du sujet mais sans faire du hors sujet : tout le sujet, mais rien que le sujet.

Après avoir lu attentivement le sujet, vérifiez que vous en comprenez tous les termes. Dans certains cas, la compréhension est immédiate (*ex. : la responsabilité des père et mère*). D'autres fois, vous aurez des difficultés (*ex. : L'objectivation de la responsabilité. Qu'est-ce qu'une responsabilité objective ? Est-ce la même chose qu'une responsabilité pour faute objective ? Est-ce synonyme de la responsabilité de plein droit ?, etc.*).

Si la définition même du sujet vous pose problème, vous avez deux possibilités :

– soit la difficulté peut être surmontée aisément. Vous expliquez dans l'introduction ce qu'il en est. Vous prenez alors le temps d'écarter certaines définitions pour en retenir d'autres ou une seule ;

– soit la difficulté ne peut être dépassée : la définition est le cœur même du sujet. Votre problématique consiste alors, précisément, à expliquer que plusieurs démarches peuvent être retenues et que le thème du sujet comme son environnement varient suivant la conception retenue. Il est assez rare qu'un enseignant donne une telle catégorie de sujet à de jeunes étudiants.

Ayez au démarrage une vision large du sujet : englobez le maximum de problèmes à traiter en ayant en tête les secteurs de votre cours qui sont concernés. Puis faites le tri, en conservant ce qui vous paraît rentrer dans le cadre du sujet. Si vous avez un doute, prenez le temps de peser votre décision. N'hésitez pas, dans l'introduction, à justifier les raisons qui vous conduisent à éliminer tel ou tel point.

II/ Comment appréhender le sujet théorique ?

Puisqu'il faut diviser votre sujet en deux parties, vous aurez deux possibilités pour votre démonstration :

- soit votre sujet est entièrement susceptible d'être mis en valeur à travers deux idées qui se complètent ou s'opposent ;
- soit votre sujet est dominé par une idée unique. La démonstration en est faite en examinant dans le détail deux aspects du droit positif qui traduisent cette idée.

À vous de découvrir si le sujet qui vous est proposé rentre dans la première ou la deuxième catégorie.

Selon la difficulté du sujet et l'objectif poursuivi par l'examinateur, le sujet théorique s'étend de la question de cours au sujet comparatif en passant par le sujet de synthèse.

A – De la question de cours au sujet de synthèse

1 • La question correspondant exactement à un point du cours

La question posée par le sujet théorique peut correspondre à une partie de votre cours (*ex. : Les vices du consentement; La responsabilité civile des père et mère…*). Il ne s'agit pas alors de réciter par cœur la partie du cours que vous avez apprise. Vous risqueriez d'être déçu par la note. Bien sûr, tout ce que vous savez ou presque devra figurer dans le devoir; mais il faut d'autres choses en plus.

Partez de l'idée que sur un sujet assez pointu, qui a été entièrement traité en cours, il est fondamental de replacer la question posée dans son contexte.

Il arrivera d'ailleurs que ce contexte général soit déjà précisé, en partie, dans l'intitulé même du sujet. *Exemple : l'erreur sur les qualités essentielles.* La question est donc sélectionnée de manière précise, mais vous savez déjà qu'il faudra replacer cette question dans le cadre plus général de l'information du contractant. Avant d'envisager le thème en lui-même, il faut faire le lien avec des théories plus vastes : les vices du consentement, le consentement lui-même, les conditions de formation du contrat, etc., bref sur tous les éléments qui constituent des références indispensables pour bien traiter le sujet.

Ne vous étendez pas sur ce point.

L'exemple donné introduit d'ailleurs l'idée que les points très généraux trouvent presque toujours leur place dans l'introduction. Il ne faut pas les développer, car vous feriez du « hors-sujet ».

Ainsi, un sujet comme celui de la responsabilité civile des père et mère a comme intérêt majeur actuellement de vous permettre de parler de l'évolution de la jurisprudence vers l'objectivation de la responsabilité. Il faut donc construire votre devoir en faisant des rapprochements avec d'autres domaines qui ont connu ou connaissent de nos jours des évolutions analogues (ou inversement, très différentes). Il faudra en conséquence faire un lien avec les évolutions de la responsabilité du fait des préposés, mais aussi avec l'évolution de l'article 1384, alinéa 1 (responsabilité du fait des personnes que l'on a sous sa garde…), voire même avec les obligations de résultat dans le domaine contractuel.

Vous devez donc être très vigilants lorsque vous construisez votre devoir. Pour éviter de réciter votre cours par cœur, élaborez votre plan de façon à ce qu'il incorpore tous ces éléments. *Une des deux parties ou une sous-partie de la deuxième partie peut, par exemple, être bâtie autour de l'idée que l'évolution de la responsabilité des père et mère s'inscrit dans un courant plus général d'objectivation de la responsabilité, ce qui vous permettra de faire un rapprochement avec d'autres cas de responsabilité. Ou bien, au contraire, vous pouvez souligner l'originalité de la responsabilité des père et mère.*

Dans l'un ou l'autre cas, vous voyez que nous avons une idée unique, qui va pouvoir être démontrée en examinant en détail la traduction en droit positif de cette idée. Le plan est simple, puisqu'il est construit à partir des conditions de mise en jeu de la responsabilité des père et mère et de l'exonération (*ex. de plan :* I. *La responsabilité des père et mère et la responsabilité personnelle de l'enfant;* II. *L'exonération de la responsabilité des père ou mère*).

Attention : il ne s'agit pas de faire une partie ou une sous-partie sur les autres cas de responsabilité, mais bien de faire un rapprochement, ce qui n'est pas la même chose. *Par exemple, si vous faites une partie intitulée : la responsabilité personnelle de l'enfant, condition de la responsabilité des père et mère ? Il s'agit ici de faire état de la jurisprudence* Levert *(cf. Civ. 2e, 10 mai 2001). Il est intéressant de faire une comparaison avec la responsabilité des commettants : en ce domaine, il est exigé que le préposé engage sa responsabilité* *personnelle pour que le commettant soit responsable. Il faut aussi faire un rapprochement avec la responsabilité du fait des personnes dont on doit répondre*. Naturellement, le développement sur le premier point (l'arrêt *Levert*) sera plus conséquent que le reste.

Prenez le temps de bien mettre en valeur tous les aspects de la question en ayant une vision large du sujet. Cela dit, vous n'aurez peut-être rien d'autre à rajouter que ce que vous avez retenu du cours. S'il n'y a rien à ajouter ni à supprimer, le plus simple est, effectivement, de partir exclusivement de la partie du cours que vous connaissez. Inutile d'inventer des choses. Réfléchissez à ce que vous pourriez essayer de démontrer. Faites un effort de pédagogie en expliquant clairement ce que vous avez retenu.

2 • Le sujet correspondant à une notion transversale du cours

L'intitulé du sujet théorique peut désigner aussi une notion transversale de votre cours, une notion qui a plusieurs significations et qui est dotée de plusieurs régimes juridiques. *Exemple : le dol. Pour le seul droit des obligations, le dol a deux sens. Dans la formation du contrat, il désigne l'erreur provoquée, cas d'ouverture de l'annulation du contrat fondée sur l'article 1137 du code civil. Dans l'exécution du contrat, le dol traduit le refus d'exécuter ses obligations et son établissement se répercute sur le régime de la responsabilité contractuelle.* L'intérêt essentiel du sujet consiste ici à dégager les apports et les ambiguïtés de la réforme du droit des contrats.

L'intitulé désigne donc un sujet plus ou moins vaste dans son ampleur : certains « balayent » différentes parties du cours. Il faut alors faire une synthèse des règles de droit pour en présenter l'essentiel à partir d'idées. C'est un exercice périlleux pour un étudiant de deuxième année et qui est plus souvent réservé aux étudiants de master. L'effort de construction de la dissertation est dans ce cas fondamental. Essayez de découvrir quelques « idées-force » qui serviront à vos développements. Le plan doit être élaboré à partir de ces idées. Vous devrez tout à la fois analyser le droit positif en expliquant les points les plus importants et faire une synthèse pour démontrer quelque chose ou faire un exposé cohérent de la question posée. Soyez surtout attentifs à ne pas perdre de temps. Modifiez la grille de répartition du temps : conservez les deux tiers de ce temps à la rédaction. Surtout, n'écrivez pas le texte sur un brouillon. Le temps d'élaboration du plan détaillé de la dissertation a pour objet de choisir les éléments de démonstration les plus convaincants.

En somme, ce sujet fait moins appel à votre capacité d'analyse qu'un sujet pratique. Dites-vous que l'examinateur cherche, en donnant un sujet théorique, à vérifier que vous avez assimilé les grands principes et les mécanismes principaux qui caractérisent la discipline enseignée. Vous devez montrer que vous avez des connaissances exactes et réfléchies. Replacez bien sûr la question dans un contexte plus général. Vous ne pouvez parvenir à cela que si vous avez acquis une vision globale du droit des obligations. Nous avons dit qu'il fallait apprendre le plan de cours. Il faut aussi, à la fin de chaque semestre, avoir réfléchi aux orientations du droit. Pour cela, les cours et manuels qui présentent les règles de droit sont des outils précieux car ils vous aident à comprendre de façon transversale l'évolution de certaines matières.

Vous devez maîtriser l'essentiel du cours ainsi que son actualité. C'est pourquoi vous devez intégrer la jurisprudence. Nous avons, à plusieurs reprises, insisté sur le fait que vous devez savoir citer des arrêts. C'est le moment d'utiliser cette technique ! Jetez un rapide coup d'œil aux attendus qui sont présentés dans votre code sous les arrêts. Faites fonctionner votre mémoire et sélectionnez judicieusement les arrêts les plus intéressants par rapport au sujet. N'hésitez pas à sélectionner quelques arrêts que vous connaissez. Choisissez-les en raison de leur intérêt pour votre démonstration.

Dans la présentation de votre démonstration, n'hésitez pas à faire appel à la traditionnelle division thèse/antithèse. La première partie peut, par exemple, être consacrée à démontrer une première idée; au sein de cette première partie, vous énoncez la thèse (A) puis l'antithèse (B). En d'autres termes, vous expliquez qu'il y a une opposition entre deux conceptions des règles juridiques ou des conceptions que l'on s'en fait.

Par exemple, vous avez comme question : l'indemnisation du préjudice de l'enfant né handicapé en cas d'impossibilité pour la mère de procéder à une interruption de grossesse. Vous êtes amené, parce que tel a été votre choix (lequel est fonction du contenu de l'enseignement reçu) à faire une partie sur le préjudice indemnisable (I) *et l'autre sur le lien de causalité* (II). *S'agissant de la deuxième partie, la thèse consiste à démontrer que le lien de causalité existe* (A. première sous-partie)*; l'antithèse, que ce lien de causalité n'existe pas* (B. deuxième sous partie). *On découvre aisément, à* *partir de la construction des deux sous-parties l'intitulé possible de cette deuxième partie elle-même :* II. *Le débat sur le lien de causalité. Cette deuxième partie peut être divisée ainsi : la reconnaissance du lien de causalité* (A)*; la négation du lien de causalité* (B). On peut faire la même chose pour le préjudice indemnisable, mais c'est déjà plus difficile. Bien sûr, il est possible de bâtir la première division de votre devoir à partir de cette proposition thèse (I) antithèse (II). *On pourrait faire une partie « pour » la solution retenue par l'arrêt* Perruche *et une partie « contre » l'arrêt* Perruche et la solution retenue par la loi du 4 mars 2002 : I. *La consécration du droit à indemnisation* II. *Le refus d'indemnisation.*

La division de tout un devoir sur le thème pour/contre n'est cependant pas évidente. Vous risquez de limiter par là votre démonstration.

B – Du sujet de cours au sujet comparatif

1 • Le sujet divisé en deux questions de cours

Certains sujets proposés ont pour but de vous faire comparer deux règles de droit, deux mécanismes juridiques ou deux institutions. *Ex. : Le dol; la bonne foi.* Ces notions ont chacune un sens et un régime juridiques différents selon qu'on les rencontre au moment de la formation du contrat ou au moment de son exécution. Dans la mesure où c'est à vous de rechercher le large domaine d'application de ces notions, l'accent n'est pas mis sur la comparaison, même si elle peut apparaître au cours de votre développement. Vous pouvez les traiter successivement, en insistant sur le rôle spécifique de chacune des institutions. Partez de l'idée que ce type de sujet est rare, car cela revient à traiter deux sujets ; le plan est donc préétabli.

2 • Le sujet comparatif

Lorsque le sujet oppose clairement deux mécanismes, tout le devoir doit être construit sur cette opposition. La comparaison est l'articulation du devoir.

Exemple : Responsabilité contractuelle et responsabilité délictuelle. Ce type de sujet vous fera réfléchir sur ce qui rapproche les mécanismes et sur ce qui les oppose. C'est à vous de mettre en valeur les convergences et les divergences de leur régime. Il est exclu, bien sûr, de traiter les mécanismes l'un après l'autre. Exemple de plan interdit : Responsabilité contractuelle (I) *et Responsabilité délictuelle* (II). *Parfois, ce sont les points communs qui vont l'emporter; les différences seront faibles au point de devoir être seulement signalées dans l'introduction. À vous d'articuler tout le devoir sur une idée de base. S'il n'existe pas de différence majeure entre les deux types de responsabilité, votre démonstration peut être : les deux responsabilités sont soumises à des règles quasi identiques. la question est : comment le démontrer ? La réponse peut être : la responsabilité pour faute* (I) *et la responsabilité pour risque* (II)...

Gardez à l'esprit que la difficulté de ce genre de sujet théorique le rapproche du sujet pratique : il fait appel à votre capacité d'analyse et requiert que vous le traitiez en résolvant la problématique qu'il pose.

Une variété du sujet comparatif est la dissertation sur l'évolution d'un point de droit. Il est évident que le plan chronologique – avant tel arrêt (I); après tel arrêt (II); avant telle loi (I); après telle loi (II) – encourt le même reproche que celui que nous évoquions, à savoir de séparer les institutions. La seule solution consiste à faire une comparaison en dégageant des thèmes. Thème par thème, vous établissez un parallèle entre les règles antérieures et les règles postérieures.

III/ Comment construire la dissertation ?

Vous retiendrez que l'articulation du plan en deux parties à partir d'une idée unique ou de deux idées est une règle quasi impérative. À l'intérieur de chaque partie, vous devez subdiviser. Le plan que vous avez choisi a pour objet de vous permettre de démontrer quelque chose, d'examiner les différents aspects du problème que vous avez à traiter.

La matière même que vous traitez sera divisée et regroupée en deux thèmes principaux, qui vont donc soit s'opposer, soit se compléter, soit servir à la démonstration d'une idée unique. Si vous choisissez de faire un devoir construit autour de deux idées qui s'opposent, vous n'hésiterez pas à utiliser la méthode classique thèse/antithèse. Pensez alors à bien préciser les différents points que comporte chaque partie. Peut-être sera-t-il nécessaire, au sein de chaque sous-partie, de faire plusieurs sous-divisions. Dans ce cas ne les annoncez pas.

Faites un plan simple, clair qui vous permet de distinguer les deux thèmes. Surtout, veillez à ce que le contenu de chaque partie coïncide avec le titre donné. Il est fréquent de constater que le titre est très éloigné du contenu… Essayez d'équilibrer vos deux parties : chacune des deux parties doit correspondre à un développement important du sujet. Faites attention à ne pas traiter en dernier un aspect fondamental du sujet et à toujours avoir quelque chose d'intéressant à dire dans chaque partie. Équilibrez dans la mesure du possible les deux parties. Veillez à ce que le contenu de chacune d'elle corresponde à son intitulé : vérifiez-le une dernière fois au moment de la relecture.

Ne cherchez pas désespérément des intitulés ou des démonstrations originales. Au contraire : restez « classiques ». N'hésitez pas à reprendre des intitulés de votre cours ou ceux que vous avez eu l'occasion d'utiliser en faisant un commentaire d'arrêt.

Bien sûr, il existe des plans « bateaux » que l'on peut utiliser dans un certain nombre de cas. On citera à cet égard :

– *principes (I) ; exceptions (II) ;*
– *conditions (I) ; effets (II) ;*
– *nature (I) ; régime (II) ;*
– *fond (I) ; forme (II).*

Cela dit, méfiez-vous des plans préétablis. L'essentiel est toujours de trouver l'objet de votre démonstration : c'est elle qui conditionne le plan que vous retenez.

Si vous optez pour une construction d'un devoir autour de deux aspects complémentaires d'une question, n'oubliez pas de préciser, dans l'introduction, ce qui ne se rattache pas à ces deux aspects complémentaires.

Pour construire votre devoir de manière complète, faites une liste de toutes les questions qui se rapportent à votre sujet. Délimitez-le avec précision, en éliminant tout ce qui se rattache au simple environnement juridique (faites une rapide allusion à cet environnement dans votre introduction). Distinguez les différents points que comporte la matière à traiter. Regroupez-les autour de deux thèmes principaux. Vérifiez que vous avez une idée parfaitement nette de votre fil conducteur, c'est-à-dire de l'objet même de votre démonstration.

Divisez ensuite chaque thème en deux sous-parties. La structure interne peut être descriptive. Vous penserez à faire des transitions pour éviter qu'on ne passe pas brutalement d'un point à un autre. Au fur et à mesure de votre rédaction, revenez régulièrement à l'objet de cette démonstration.

Vous serez particulièrement vigilant au moment de la rédaction de l'introduction. Celle-ci part d'un postulat : le lecteur est censé ne rien savoir de la question posée – il ne connaît même pas le sujet –, mais il est censé être juriste et dès lors avoir une culture juridique suffisante pour vous comprendre.

L'introduction a dès lors pour but de permettre d'informer ce lecteur du sujet qui va être traité, et de l'objet de la démonstration, qui apparaît à travers votre plan.

Le sujet :

Vous annoncez la question traitée, en la situant dans son environnement. *Exemple : si vous avez comme sujet l'affaire* Perruche, *vous expliquerez que le sujet concerne le droit de la responsabilité. En revanche, vous ne direz pas qu'il s'agit d'une question de responsabilité délictuelle, car la nature juridique de la responsabilité des médecins à l'égard de l'enfant est l'une des questions qui s'est posée dans l'affaire. Si vous souhaitez éliminer cette question, faites-le dans l'introduction, mais après l'avoir traitée succinctement, et en justifiant votre choix. Vous évoquerez la réaction du législateur, inverse de la solution jurisprudentielle.*

Évitez de reproduire purement et simplement le sujet. Essayez de l'amener en douceur. Vous pouvez pour cela commencer par évoquer le secteur concerné, puis progressivement resserrer ce domaine pour parvenir au sujet lui-même (technique dite de « l'entonnoir »).

Définissez éventuellement ces termes. Cela dit, vous n'avez pas à définir les termes juridiques connus : de ce fait il est rare en deuxième année que l'on attende de vous des définitions de termes techniques.

Une façon d'amener en douceur le sujet est de le faire à travers l'annonce de son intérêt. Il faut en effet rechercher les raisons pratiques ou/et théoriques pour lesquelles le sujet vous a été donné. En indiquant pourquoi la question mérite d'être traitée, vous pouvez aussi mettre des jalons pour l'annonce de votre démonstration. Vous profitez de cette occasion pour suggérer les idées-force qui vont animer votre démonstration.

La démonstration :

Vous indiquez l'orientation de votre devoir. Si nécessaire, vous citerez les textes concernés, les sources des règles de droit étudiées au soutien de la présentation de l'objet même de votre étude, à condition néanmoins que cela ne soit pas trop long. Dans le cas contraire, abordez cet aspect du sujet dans le corps du devoir.

N'oubliez pas que le plan adopté doit apparaître comme découlant de votre démonstration, comme la conséquence normale des idées que vous avez dégagées. La démonstration étant précisée, vous annoncez les deux parties qui constituent l'articulation de votre plan. On n'annonce pas dans l'introduction les deux sous-parties de chaque partie. Il faut faire une annonce spécifique après l'intitulé de chaque partie. Si au sein de chaque partie, vous avez des sous-divisions, ne les faites pas apparaître de manière spécifique par des lettres ou des chiffres.

Si la question posée peut être comprise de façons différentes, vous expliquez le choix que vous avez fait, en signalant les autres possibilités qui s'offraient à vous et que vous n'avez pas souhaité retenir.

Lorsque vous passez à la rédaction, soyez spécialement attentifs à ne pas perdre de vue votre démonstration. Vérifiez régulièrement que vos affirmations coïncident avec vos idées et veillez à ce que vos idées ne changent pas en cours de route. Nuancez vos propos si besoin afin de montrer au lecteur que vous restez maître du développement.

La recherche documentaire

I/ Sources de documentation

Nous avons dit à plusieurs reprises que votre cours et les documents de travaux dirigés constituent la base de votre travail. Cette documentation de base est irremplaçable. Vous pouvez la compléter par des manuels ou traités, ou en consultant les principales revues.

A – Les manuels et traités

En début d'année vous sera communiquée une bibliographie. Vous devrez faire un choix. Au stade de la licence, un seul suffira probablement. Pour opérer votre choix, il est évident que les recommandations de l'enseignant chargé du cours constituent un élément important. L'approche personnelle qu'il fait du droit des obligations lui paraît plus ou moins compatible avec tel ou tel manuel. Il est rare cependant que l'enseignant ne vous propose qu'un seul manuel. Prenez donc le temps d'en consulter plusieurs, avant de prendre l'habitude de travailler régulièrement dans l'un d'eux.

Les besoins sont variables d'un étudiant à l'autre : ouvrage élémentaire utile pour faire des révisions rapides, ouvrage approfondi pour préparer les travaux dirigés… Le style est évidemment propre à chaque auteur et vous apprécierez peut-être tel type de rédaction et moins tel autre. Lisez des extraits, repérez celui qui vous paraît le plus compréhensible (sans vous attacher au nombre de pages). Prenez bien sûr un ouvrage mis à jour.

Bibliographie indicative

A. Bénabent, *Droit des obligations*, 18e éd., LGDJ, 2019.

R. Cabrillac, *Droit des obligations*, 14e éd., Dalloz, coll. « Cours », 2020.

P. Delebecque et F.-J. Pansier, *Droit des obligations*, vol. 2, 8e éd., Litec, 2018.

M. Fabre-Magnan, *Droit des obligations*, t. 1 : Contrat et engagement unilatéral, 5e éd., PUF, 2019.

M. Fabre-Magnan, *Droit des obligations*, t. 2 : Responsabilité civile et quasi-contrats, 4e éd., PUF, 2019.

B. Fages, *Droit des obligations*, 9e éd., LGDJ, 2019.

J. Flour et J.-L. Aubert, *Droit civil : les obligations*, t. I : L'acte juridique, 16e éd. Sirey, coll. « Université », 2014.

J. Flour et J.-L. Aubert, *Droit civil : les obligations*, t. II : Le fait juridique, 14e éd. Sirey, coll. « Université », 2011.

P. Le Tourneau (dir.), *Droit de la responsabilité et des contrats 2018-2019*, 11e éd., Dalloz, coll. « Dalloz Action », 2018.

P. Malaurie, L. Aynès et P. Stoffel-Munck, *Droit des obligations*, 10e éd., LGDJ, 2018.

S. Porchy-Simon, *Droit des obligations 2021*, 13e éd., Dalloz, coll. « HyperCours », 2020.

F. Terré, P. Simler, Y. Lequette et F. Chénedé, *Droit civil. Les obligations*, 12e éd., Dalloz, coll. « Précis », 2018.

H. Capitant, F. Terré et Y. Lequette, François Chénedé, *Les grands arrêts de la jurisprudence civile*, t. II : *Obligations, contrats spéciaux, sûretés*, 13e éd., Dalloz, coll. « Grands Arrêts », 2015.

B – Les revues

Il est rare que les étudiants de deuxième année de licence se familiarisent avec les revues. Il est fréquent d'attendre la troisième année ou le master. Prenez tout de même l'habitude de fréquenter les bibliothèques et de découvrir les revues les plus couramment utilisées par les juristes. À ce titre, vous devez connaître :

– le *Recueil Le Dalloz*, revue hebdomadaire. Sa présentation a varié au fil des années. Il est de ce fait judicieux d'apprendre à retrouver un arrêt commenté dans cette revue, qui est indiquée dans les références sous le sigle *D.* ;

– la revue *Juris-Classeur*, revue connue sous le sigle *JCP* ;

– la *Revue trimestrielle de droit civil* (*RTD civ.*). À remarquer que les arrêts qui y sont commentés ne figurent pas dans la revue.

L'importance du droit des obligations conduit à ce que tous les arrêts marquants soient régulièrement présentés dans ces revues. Mais d'autres domaines du droit sont aussi concernés. Il existe des revues spécifiques au droit des obligations (*Revue des contrats* par exemple), mais elles ne portent que sur une partie seulement du programme et sont réservées aux spécialistes de la matière.

La consultation des trois principales revues juridiques peut donc être assez rapide. Familiarisez-vous à leur lecture ; apprenez à utiliser les tables, à faire des recherches rapides et efficaces.

Avec l'utilisation régulière d'un ou de deux manuels, complétée le cas échéant par des extraits des principales revues – mais seulement sur les points qui concernent le programme du droit des obligations – votre base documentaire sera largement suffisante.

II/ La documentation informatisée

La documentation figurant sous une forme informatisée a connu ces dernières années un essor important. Vous devez ordinairement trouver dans la documentation traditionnelle sur support papier les informations qui vous sont nécessaires pour votre formation universitaire : ne vous perdez pas de ce fait dans des recherches inutiles. L'intérêt de la documentation informatisée pour vous consiste à vous familiariser assez vite avec un outil dont vous aurez peut-être et même sûrement besoin dans votre vie professionnelle, voire peut-être lors d'études universitaires plus approfondies (mémoire de troisième cycle et bien sûr thèse de doctorat). Les sites accessibles par le réseau Internet et consacrés en tout ou partie à des informations de nature juridique sont à la fois très nombreux (et en réalité innombrables si on y ajoute les sites sur les droits nationaux étrangers) et extrêmement diversifiés.

Pour en tirer un réel profit, vous devrez vous astreindre à une expérimentation personnelle, grande consommatrice d'heures : autant dire que nous ne sommes guère convaincus de l'intérêt d'une telle expérimentation pour un jeune juriste. Votre temps de travail sera souvent bien mieux employé à étudier sérieusement la matière dans un bon manuel. Mais, comme pour les cédéroms il est judicieux de commencer un tout petit peu à s'initier à cette source documentaire. Il est probable qu'elle sera un bon instrument de travail lors de votre future activité professionnelle.

Il serait déraisonnable de prétendre donner autre chose que quelques très grandes orientations de repérage.

Certains sites sont mis en place par des autorités publiques et présentent donc l'avantage de permettre un accès gratuit aux informations qu'ils contiennent. Dans cette catégorie le site *www.legifrance.gouv.fr* peut servir de référence, et peut être particulièrement recommandé aux étudiants, puisqu'il permet d'accéder à un très grand nombre de textes, codifiés ou non. La consultation de ce site permet donc de vérifier rapidement, et dans son dernier état, un article de code ou de loi dans un domaine pour lequel on ne dispose pas d'une version papier. En outre, ce site permet d'accéder à de la jurisprudence émanant du Conseil d'État ou de la Cour de cassation. Il permet également de consulter le *Journal officiel de la République française*, les bulletins officiels émanant des ministères et les décisions des autorités administratives indépendantes. Ce site ouvre ensuite l'accès à des sites juridiques sélectionnés permettant d'obtenir des informations complémentaires fort intéressantes. Il en est ainsi pour les sites de l'Assemblée nationale et du Sénat et surtout pour les sites diffusant de la documentation juridique émanant de l'Union européenne. Compte tenu de l'importance prise par les règles de source européenne, cette facilité d'accès est un réel avantage dans la recherche documentaire, par comparaison avec une recherche classique sur support papier. Dans une même perspective généraliste, on peut également signaler le site *www.jurifrance.com* (payant) qui, outre des informations similaires à celles figurant sur le site Legifrance, permet l'accès à un fond de décisions de justice tout à fait considérable, non seulement de la Cour de cassation mais également des cours d'appel, ce qui constitue une ressource documentaire de premier plan.

D'autres sites ont été créés par les éditeurs juridiques et proposent le plus souvent d'accéder à certaines de leurs publications (existant déjà en support papier et/ou cédéroms) et ajoutent des informations liées à l'actualité législative ou jurisprudentielle (correspondent à ce type par exemple *www.juris-classeur.com*). Leur consultation régulière permet à un professionnel du droit de suivre efficacement cette actualité et de repérer les nouveautés qui concernent son domaine de compétence.

Souvent, les bibliothèques universitaires bénéficient d'un abonnement (fort onéreux) permettant un accès gratuit au site pour l'ensemble de leurs étudiants.

Des sites spécifiques, dédiés principalement au droit des affaires, sont également accessibles mais bien sûr supposent un paiement (par abonnement ou à la consultation).

*

Ces sites sont en pleine évolution. Certains peuvent apparaître, disparaître ou changer de propriétaire au gré des mouvements qui affectent ce secteur d'activité, aussi sensible que l'ensemble du domaine de l'édition. L'étudiant ne pourra pas, en toute hypothèse, invoquer l'impossibilité d'accéder à l'information juridique pour tenter de justifier une faiblesse dans un travail qui lui serait demandé lors de son cursus universitaire.

Pour conclure, nous dirons qu'il est utile de vous initier à toutes ces formes modernes de communication, mais que vous devez rester très circonspect dans leur usage.

Le contrat

› *Dissertation*

L'application dans le temps de la réforme du droit des contrats

Thème principal

Réforme du droit des contrats

Mots-clés

Sources du droit, Application de la loi dans le temps, Conflits de lois dans le temps, Droit transitoire, Rétroactivité

Sujet donné et corrigé établi par

Thomas Piazzon, Maître de conférences, Université Panthéon-Assas (Paris II)

Premier semestre 2018-2019

› Préparation

Analyse du sujet

Longtemps attendue, la réforme opérée par l'ordonnance du 10 février 2016 n'a certes pas bouleversé le droit français des contrats. Mais elle n'en constitue pas moins une profonde évolution de celui-ci, les diverses consécrations de jurisprudences bien assises s'accompagnant de véritables innovations et de quelques ruptures remarquables avec les solutions passées. Au regard de ces évolutions, la question de l'application dans le temps des dispositions nouvelles revêt donc un intérêt pratique considérable. L'objet du sujet proposé est de présenter de manière ordonnée les solutions applicables, lesquelles résultent non seulement de l'ordonnance de 2016, mais encore de sa loi de ratification du 20 avril 2018. En modifiant le texte adopté par le Gouvernement deux ans plus tôt, cette loi se trouve en effet à l'origine d'une complication des règles de conflits de lois dans le temps applicables à la réforme du droit des contrats.

Plan du corrigé

I/ Les principes
A – L'entrée en vigueur différée de la réforme
B – L'application aux contrats conclus après la date d'entrée en vigueur de la réforme
II/ Les exceptions
A – L'application immédiate de certaines dispositions nouvelles
B – L'application rétroactive de certaines dispositions nouvelles

› Corrigé

Initiée à l'occasion de la célébration du bicentenaire du code civil en 2004, la réforme du droit français des contrats a connu une longue phase de genèse, des « avant-projet Catala » et de l'Académie des Sciences morales et politiques (« projets Terré ») jusqu'aux différentes versions préparatoires de l'ordonnance à venir (2008, 2011 et 2013) et au vote de la loi d'habilitation du 16 février 2015, accompagnée, dix jours plus tard, du dernier projet d'ordonnance (25 févr. 2015). Durant ces dix années, la doctrine comme les praticiens ont eu tout loisir de commenter les textes projetés et d'en proposer l'enrichissement. Au terme de cette longue période, le Gouvernement a adopté l'ordonnance n° 2016-131 du 10 février 2016 portant réforme du droit des contrats, du régime général et de la preuve des obligations, texte qui a modifié en profondeur le Titre III du Livre III du code civil, dont le contenu formel n'avait que peu évolué depuis 1804. Si l'ordonnance de 2016 n'a pas révolutionné notre droit des contrats, en particulier parce que la Cour de cassation avait su le faire évoluer, elle n'en est pas moins à l'origine de solutions nouvelles, clarifiant ici des jurisprudences parfois incertaines (par exemple au sujet de la rencontre des volontés qui forme le contrat) ou posant là des règles qui rompent clairement avec le passé (comme celles relatives à la théorie de l'imprévision).

Alors que certains auteurs avaient plaidé pour une « ratification sèche », c'est-à-dire sans modification, du texte de l'ordonnance (N. Molfessis, *JCP* 2017. 1045), le Parlement, reprenant la main en bout de course après avoir abdiqué sa compétence au profit du Gouvernement en 2015, a au contraire décidé d'ajouter certaines dispositions et d'en modifier d'autres, à l'occasion du vote de la loi n° 2018-287 du 20 avril 2018 ratifiant l'ordonnance de 2016. Il est vrai que la tentation était grande de corriger certaines imperfections des textes issus de l'ordonnance. Mais la loi de 2018 est allée bien au-delà de cette ambition limitée. Aussi la réforme du droit français des contrats résulte-t-elle de ces deux textes adoptés à deux ans d'intervalle, le second parachevant les détails d'une œuvre dont l'essentiel résulte du premier.

Comme toute réforme législative, spécialement lorsque celle-ci revêt une telle ampleur, la réforme du droit des contrats pose nécessairement la question des conditions de son application dans le temps. Les juristes savent que cette matière fondamentale n'est pas des plus simples, même si de nombreux travaux doctrinaux – en tête ceux de Roubier, dans la première moitié du XXe siècle – ont beaucoup contribué à l'éclairer. Ainsi savons-nous que la portée de l'article 1er du code civil, siège étroit de la matière, mérite d'être précisée en ce qui concerne le domaine spécifique du droit des contrats. Selon ce texte, modifié en 2004, « les lois [...] entrent en vigueur à la date qu'[elles] fixent ou, à défaut, le lendemain de leur publication ». L'application de cette règle à la matière contractuelle présente deux particularités. La première est partagée avec de nombreuses autres situations juridiques et tient à ce que le contrat a naturellement vocation à déployer ses effets dans le temps ; au regard de la loi nouvelle, d'innombrables contrats font ainsi figure de situations juridiques *en cours*. La seconde particularité est plus spécifique au contrat : par essence, celui-ci constitue un acte de prévision, une emprise sur l'avenir que la loi nouvelle ne saurait atteindre sans risquer de mettre à mal ou de ruiner les attentes potentielles des parties, leurs prévisions légitimes.

Conscients de cet enjeu, le Gouvernement et le Parlement, coauteurs de la réforme de 2016-2018, ont pris soin d'envisager expressément les conditions d'application dans le temps de celle-ci, comme le permet logiquement, à titre de principe, l'article 1er du code civil. Deux articles gouvernent ainsi les solutions du droit positif : d'une part l'article 9 de l'ordonnance de 2016, d'autre part l'article 16 de la loi de 2018 – le second texte ayant notamment pour objet de modifier le contenu du premier, ce qui constitue une figure assez singulière en droit transitoire. Plutôt bien conçus, ces deux articles ne laissent que peu de place aux doutes. Ils posent deux principes parfaitement clairs (I) qui sont assortis de deux séries d'exceptions aux contours bien délimités (II).

I/ Les principes

Le législateur a d'abord prévu une entrée en vigueur différée de la réforme (A). Il a ensuite précisé que celle-ci ne s'applique qu'aux seuls contrats conclus à compter de cette date d'entrée en vigueur (B).

A – L'entrée en vigueur différée de la réforme

Il est depuis longtemps d'usage, pour les réformes législatives importantes, de différer leur date d'entrée en vigueur dans le but de laisser aux praticiens (qu'ils soient juges, avocats, juristes d'entreprise, etc.) le temps de s'adapter à la nouvelle donne. Sans surprise, ni l'ordonnance de 2016 ni la loi de 2018 n'ont entendu déroger à cette sage tradition. Bien qu'elle soit par nature considérée comme meilleure que l'ancienne, la loi nouvelle a besoin de temps pour être intégrée par ceux auxquels elle s'adresse, avant d'être appliquée – et peu importe que la réforme ait été discutée depuis dix ans : il suffirait, pour se convaincre de la nécessité d'un tel délai, de constater que les textes finalement adoptés en 2016 et 2018 présentent un certain nombre de différences, parfois importantes, avec le contenu des derniers projets présentés en 2013 ou en 2015. Ainsi l'article 9, al. 1er, de l'ordonnance du 10 février 2016 prévoit-il que ses dispositions « entreront en vigueur le 1er octobre 2016 »; ainsi l'article 16, I, de la loi du 20 avril 2018 décide-t-il, dans le même sens, que « la présente loi entre en vigueur le 1er octobre 2018 » – deux délais de quelques mois, somme toute assez courts, que la pratique a pu mettre à profit pour s'adapter aux nouvelles dispositions, par exemple en ce qui concerne la phase de formation du contrat (les nouveaux articles 1112 s. du code civil posant quelques solutions novatrices relatives aux négociations contractuelles, aux théories de l'offre et de l'acceptation, etc.).

Il résulte de ces dispositions législatives transitoires qu'en matière contractuelle, le *droit positif* (expression parfois trompeuse...) est formé – en principe – de trois corps de règles distincts qui ont vocation à être appliqués successivement : d'abord le droit antérieur à la réforme de 2016 (qui conserve sa « positivité » pour les contrats conclus avant le 1er octobre 2016, V. *infra*, B), ensuite le droit que l'on peut qualifier d'« intermédiaire » (application de la seule ordonnance de 2016, pour la période du 1er octobre 2016 au 30 septembre 2018) et, enfin, le droit issu de la loi de 2018 ratifiant l'ordonnance de 2016 (à partir du 1er octobre 2018). Les juristes devront donc se montrer vigilants pour déterminer, dans chaque cas d'espèce, la loi applicable au contrat.

Selon la doctrine, qui cite en ce sens une décision de jurisprudence ancienne (Civ. 3e, 23 mars 1977, no 75-14.708, en matière de vente d'immeuble à construire), rien n'empêche cependant les parties au contrat, d'un commun accord, de soumettre leur convention aux dispositions nouvelles non encore entrées en vigueur (qu'elles soient issues de l'ordonnance de 2016 ou de la loi de 2018), dans les deux phases où leur application est différée (soit du 10 février au 30 septembre 2016, en ce qui concerne l'ordonnance, et du 20 avril au 30 septembre 2018, s'agissant de la loi de 2018). Ainsi les parties qui ont conclu leur contrat au mois de juillet 2016 ont pu valablement soumettre celui-ci aux dispositions issues de l'ordonnance publiée au *JO* mais non encore entrée en vigueur. En dehors de cette concorde anticipatrice (et sauf exceptions prévues par les textes eux-mêmes; V. *infra*, II), la portée de l'entrée en vigueur différée des textes nouveaux se veut absolue.

À dire vrai, cet absolutisme n'avait cependant rien d'évident, du moins pour certains auteurs imaginatifs, à la lecture de l'article 9 de l'ordonnance de 2016 dans sa rédaction d'origine. Celle-ci se contentait en effet de reporter l'entrée en vigueur de la réforme au 1er octobre 2016, sans exclure *de manière expresse* que les contrats en cours à cette date puissent se voir appliquer certaines dispositions nouvelles. La loi de 2018 a toutefois refermé cette brèche en réaffirmant sans ambiguïté que les textes nouveaux ne sont applicables qu'aux contrats *conclus* à compter de la date d'entrée en vigueur de la réforme.

B – L'application aux contrats conclus après la date d'entrée en vigueur de la réforme

Ici se situe le cœur des dispositions transitoires de l'ordonnance de 2016 et de la loi de 2018. Selon le deuxième alinéa de l'article 9 de l'ordonnance, « les contrats conclus avant cette date [1er oct. 2016] demeurent soumis à la loi ancienne [...] ». De la même façon, la loi du 20 avril 2018 dispose, en son article 16, I, al. 2, que la plupart des textes du code civil qu'elle modifie (art. 1110, 1117, 1137, 1145, 1161, 1171, 1223, 1327 et 1343-3 ainsi que les art. L. 112-5-1 et L. 211-40-1 du code monétaire et financier) « sont applicables aux actes juridiques conclus ou établis à compter de son entrée en vigueur [1er oct. 2018] ». Cela concerne par exemple la nouvelle définition donnée au contrat d'adhésion (art. 1110), la consécration de la fameuse jurisprudence *Baldus* (art. 1137, al. 2) ou encore la modification des règles applicables à la réduction de prix (art. 1223).

Cette solution prudente, justifiée par l'impératif de sécurité des transactions, est tout à fait conforme aux principes classiques applicables aux conflits de lois dans le temps. La matière contractuelle est en effet dominée par le principe dit de *survie de la loi ancienne* : le contrat, acte de prévision, ayant été par hypothèse conclu au regard du droit en vigueur au moment où les parties ont échangé leur consentement, la loi nouvelle ne saurait l'atteindre, dès lors qu'elle est postérieure à cette date charnière. Ainsi le contrat sera-t-il soumis soit au droit antérieur à l'ordonnance de 2016 s'il a été *conclu* avant le 1er octobre 2016, soit à l'ordonnance (mais non à la loi de 2018) s'il a été *conclu* dans la période « intermédiaire » (1er oct. 2016-30 sept. 2018), soit à l'ordonnance telle que modifiée par la loi de 2018 s'il a été *conclu* à compter du 1er octobre 2018. Pour connaître la date de conclusion du contrat, qui déterminera la loi qui lui est applicable, il convient, selon toute évidence, de retenir la loi applicable au moment de l'*échange des consentements*, c'est-à-dire la loi en vigueur au moment où l'offre a rencontré l'acceptation – selon le schéma inchangé du mode de formation des contrats (du moins pour les contrats consensuels). À cet égard, relevons qu'une complication pourrait surgir, au moins en théorie, du fait que l'ordonnance a fait évoluer les solutions applicables à la détermination du moment de conclusion des contrats à distance (v. nouvel art. 1121 C. civ., qui retient la théorie de la réception de l'acceptation par l'offrant, alors que la jurisprudence antérieure paraissait incertaine, semblant exiger parfois que l'offrant ait été informé de l'acceptation ; v. Civ. 3e, 16 juin 2011, n° 09-72.679).

En dehors de cette complication très éventuelle, les dispositions de l'ordonnance de 2016 semblaient parfaitement claires : la volonté du législateur était de soumettre aux anciennes dispositions du code civil les contrats conclus jusqu'au 30 septembre 2016 (sauf volonté contraire exprimée par les parties ; V. *supra*, A). Pourtant, au lendemain de la publication de l'ordonnance, une partie de la doctrine n'a pas craint de soutenir que certaines dispositions nouvelles devaient pouvoir être appliquées aux contrats en cours au 1er octobre 2016 *en ce qui concerne leurs effets*. Cette opinion, peu conforme à la lettre de l'article 9 de l'ordonnance, se fondait sur certaines jurisprudences décidant que des considérations d'ordre public (parfois qualifiées d'impérieuses) peuvent justifier une application immédiate de la loi nouvelle aux contrats en cours (v. par ex. Civ. 3e, 9 févr. 2017, n° 16-10.350, en matière de baux commerciaux). De même était avancée la théorie dite des « effets légaux » qui, potentiellement plus large, permet d'appliquer la loi nouvelle aux contrats en cours dès lors que la disposition considérée est conçue comme un pur effet de la loi, indépendamment de la volonté des parties. Présente dans les travaux de Roubier, cette théorie est parfois retenue en droit français, par exemple par le Conseil constitutionnel, pour justifier une application anticipée de la loi (par ex. Cons. const. 23 janv. 2015, n° 2014-441/442/443 QPC, *Mme Michèle C. et autres* ; V. aussi Civ. 3e, 17 nov. 2016, n° 15-24.552, au sujet d'un bail d'habitation). Ne pourrait-on pas ainsi considérer, par exemple, que la consécration de la théorie de l'imprévision (nouvel art. 1195 C. civ.) peut s'appliquer aux contrats conclus avant le 1er octobre 2016 ? Cette position doctrinale était dangereuse pour la sécurité juridique, dans la mesure où les prévisions des parties sont toujours censées intégrer le cadre législatif applicable au contrat au moment où celui-ci est conclu. Si, concluant leur contrat avant le 1er octobre 2016, les parties n'y ont pas intégré une clause de renégociation (*hardship*), c'est qu'elles excluaient cette possibilité et il n'y a dès lors aucune raison de les soumettre au nouvel article 1195, dont elles ne pouvaient envisager l'application à leur accord au regard de la lettre de l'article 9 de l'ordonnance. Aussi la loi du 20 avril 2018 (art. 16, III) a-t-elle opportunément balayé cette position doctrinale en complétant l'article 9 de l'ordonnance de 2016, lequel prévoit désormais que les contrats conclus avant le 1er octobre 2016 demeurent soumis à la loi ancienne, « y compris pour leurs effets légaux et pour les dispositions d'ordre public » (al. 2 *in fine*). Pour mieux couronner cette solution, le Parlement a précisé qu'elle « *est applicable à compter du 1er octobre 2016* » (art. 16, III, al. 2) ce qui interdit rétroactivement de retenir la théorie des effets légaux ou de faire appel à des considérations d'ordre public pour anticiper l'application de la réforme dans la période « intermédiaire », comme *a fortiori* pour celle antérieure au 10 février 2016.

En dehors des exceptions prévues par la loi (v. *infra*, II), on doit toutefois signaler qu'il n'est pas exclu que le principe de survie de la loi ancienne, posé par la réforme de 2016-2018, soit contourné par la jurisprudence qui demeure libre d'interpréter le droit ancien *à la lumière des dispositions nouvelles* – ce qui revient indirectement à anticiper l'application de celles-ci, du fait de la rétroactivité naturellement attachée à la jurisprudence. Cette figure n'est pas restée longtemps inédite, puisque la Cour de cassation a décidé de l'utiliser dès 2017 au sujet de la théorie des nullités, en cas d'inobservation de règles de forme (Cass., ch. mixte, 24 févr. 2017, n° 15-20.411, anticipant l'application du nouvel art. 1179 C. civ.). On notera, au sujet des promesses unilatérales de vente, que la Cour a au contraire refusé d'opérer un tel revirement au sujet de la sanction applicable à la rétractation du promettant, malgré les vœux appuyés d'une bonne partie de la doctrine (v. Civ. 3e, 6 déc. 2018, nos 17-21.170 et 17-21.171 ; comp. art. 1124, al. 2, C. civ.) : les promesses conclues avant le 1er octobre 2016 demeurent par conséquent soumises à l'ancienne jurisprudence *Consorts Cruz* de 1993.

Cette survie de la loi ancienne, posée à titre de principe par l'ordonnance de 2016 et la loi de 2018, n'est toutefois pas systématique. Elle souffre certaines exceptions précisément énumérées par ces textes.

II/ Les exceptions

Elles consistent soit dans l'application immédiate de certaines dispositions prévue par l'ordonnance de 2016 (A), soit dans l'application rétroactive d'autres règles qui sont expressément qualifiées d'interprétatives par la loi de 2018 (B).

A – L'application immédiate de certaines dispositions nouvelles

Selon le deuxième alinéa de l'article 9 de l'ordonnance du 10 février 2016, « les dispositions des troisième et quatrième alinéas de l'article 1123 et celles des articles 1158 et 1183 sont applicables dès l'entrée en vigueur de la présente ordonnance », soit dès le 1er octobre 2016, y compris aux contrats conclus antérieurement et en cours à cette date.

Ces exceptions – qui constituent de véritables innovations par rapport au droit antérieur – concernent les « actions interrogatoires », selon l'expression forgée par la doctrine, encore que le terme d'action ne doive pas être ici entendu au sens que lui donne le droit de la procédure civile. Il s'agit à chaque fois, pour un sujet de droit, d'en interroger un autre sur la réalité d'une situation juridique ou sur l'usage qu'il compte faire d'une prérogative contractuelle. Ainsi le nouvel article 1123, al. 3, du code civil permet-il au tiers qui entend contracter avec le promettant d'interroger par écrit le bénéficiaire d'un pacte de préférence au sujet de l'existence du pacte et de sa volonté éventuelle de s'en prévaloir. Selon l'alinéa suivant, « l'écrit mentionne qu'à défaut de réponse dans ce délai, le bénéficiaire du pacte ne pourra plus solliciter sa substitution au contrat conclu avec le tiers ou la nullité du contrat » (al. 4). Cette « action », sous forme d'interpellation écrite, permet de dissiper l'incertitude qui peut entourer une situation juridique. Son application immédiate aux pactes de préférence conclus avant le 1er octobre 2016 ne bouscule en rien les prévisions juridiques des parties et ne remet donc pas en cause la sécurité des transactions. Il s'agit simplement, en effet, d'offrir au tiers un outil lui permettant de vérifier l'efficacité de son droit. Bien que cette procédure novatrice soit encore entourée d'un halo de mystère (que la Cour de cassation devra dissiper), son application aux seuls contrats futurs n'aurait rien changé à cette situation. D'un point de vue théorique, il est d'ailleurs d'usage de considérer que les lois de procédure (ici une procédure *contractuelle*) sont d'application immédiate aux situations juridiques en cours.

Forgé sur la même enclume, l'article 1183 nouveau du code civil prévoit qu'« une partie peut demander par écrit à celle qui pourrait se prévaloir de la nullité soit de confirmer le contrat soit d'agir en nullité dans un délai de six mois à peine de forclusion. [...] » (al. 1er) ; il ajoute que « l'écrit mentionne expressément qu'à défaut d'action en nullité exercée avant l'expiration du délai de six mois, le contrat sera réputé confirmé » (al. 2). Une atteinte aux prévisions du contractant qui disposait d'un long délai pour agir au jour de l'entrée en vigueur de l'ordonnance n'est pas ici à exclure. Mais entre ce mal et la volonté d'écarter l'épée de Damoclès que peut constituer pendant cinq ans le droit d'agir en nullité, le législateur a tranché, dans un sens qui ne paraît pas déraisonnable, en faveur de l'application immédiate de la procédure nouvelle aux contrats en cours. Enfin, la même solution a été retenue, en matière de représentation, par le nouvel article 1158 du code civil : « Le tiers qui doute de l'étendue du pouvoir du représentant conventionnel à l'occasion d'un acte qu'il s'apprête à conclure, peut demander par écrit au représenté de lui confirmer, dans un délai qu'il fixe et qui doit être raisonnable, que le représentant est habilité à conclure cet acte ». Aucune prévision potentielle n'est cette fois susceptible d'être déjouée par l'application de cette règle aux situations en cours, son objet étant précisément, tout au contraire, de garantir une meilleure sécurité juridique – preuve que celle-ci n'a pas toujours à redouter les lois nouvelles !

Plus délicate semble être la situation lorsque la loi nouvelle entend régir le passé ; cette rétroactivité n'en est pas moins justifiée dans certaines hypothèses, comme le montrent les dispositions transitoires de la loi du 20 avril 2018.

B – L'application rétroactive de certaines dispositions nouvelles

Étrangère à l'ordonnance du 10 février 2016, la rétroactivité est au contraire utilisée par la loi de 2018 qui (outre la question des modifications rétroactives qu'elle apporte aux dispositions transitoires de l'ordonnance de 2016, V. *supra*, I, B) dispose, en son article 16, I, al. 3, que « les modifications apportées par la présente loi aux articles 1112, 1143, 1165, 1216-3, 1217, 1221, 1304-4, 1305-5, 1327-1, 1328-1, 1347-6 et 1352-4 du code civil ont un caractère interprétatif ». Selon la définition posée par la Cour de cassation, qui exerce sur ce point un contrôle de qualification, la loi interprétative est celle qui « se borne à reconnaître, sans rien innover, un droit préexistant qu'une définition imparfaite a rendu susceptible de controverses » (par ex. Civ. 3e, 27 févr. 2002, no 00-17.902).

Or, par nature, une disposition légale interprétative semble bien présenter un caractère rétroactif – ou même « super-rétroactif », pour reprendre une célèbre expression d'Henri Mazeaud (*D.* 1977. chron. 1), puisqu'une telle disposition est traditionnellement considérée comme applicable aux instances en cours ; elle confère rétroactivement au texte interprété le sens qu'il est censé avoir eu depuis son origine. Selon la jurisprudence de la Cour de cassation, cette équation n'est toutefois pas parfaite, puisque la rétroactivité des lois expressément qualifiées d'interprétatives supposerait que celles-ci soient justifiées par un impérieux motif d'intérêt général (Cass., Ass. plén., 23 janv. 2004, no 03-13.617). Faute d'un tel motif, la rétroactivité devrait être écartée.

S'agissant des dispositions visées par l'article 16, I, al. 3, de la loi de 2018, la grande majorité d'entre elles semblent effectivement destinées à corriger des erreurs de plume du Gouvernement, auteur de l'ordonnance de 2016. Ainsi l'article 1352-4 du code civil est-il par exemple modifié, au sujet des restitutions, pour mettre sa lettre défaillante en conformité avec son esprit le plus évident. D'autres corrections ont pour objet de préciser le contenu d'une règle dans un sens qui ne faisait guère de doute (ex. : art. 1165, al. 2, qui précise que le juge peut être saisi d'une demande de résolution du contrat en cas d'abus dans la fixation unilatérale du prix). Ces dispositions, à l'évidence, pourront s'appliquer rétroactivement aux contrats conclus à compter du 1er octobre 2016.

La chose est moins certaine pour d'autres modifications interprétatives apportées par la loi du 20 avril 2018 aux textes du code civil issus de l'ordonnance. Entre certainement dans cette catégorie, par exemple, la réécriture de l'article 1143 du code civil qui, à propos de l'abus de dépendance, a précisé que cet état doit être caractérisé « à [...] l'égard » du cocontractant – là où l'ancienne rédaction suggérait un champ d'application plus large... Est-ce à dire que les juges pourraient s'opposer à l'application rétroactive de cette modification, laquelle ne pourrait donc pas concerner les contrats conclus entre le 1er octobre 2016 et le 30 septembre 2018 ? La décision du législateur paraît tout de même contraire et, comme le souligne un auteur, « la volonté de clarifier sans tarder les incertitudes dues à l'ordonnance répond dans l'ensemble à d'»impérieux motifs d'intérêt général» » (S. Gaudemet, « Ratification de la réforme du droit des obligations : le droit transitoire », *RDC* juin 2018).

Face aux nombreuses évolutions du droit français dont l'ordonnance de 2016 et la loi de 2018 sont porteuses sur le fond, il fallait espérer que la question de leur application dans le temps serait réglée avec soin. Dans l'ensemble, il paraît que tel a bien été le cas, dans un sens qui préserve largement, en outre, les prévisions juridiques antérieures à la réforme que les contractants ont pu établir.

Le contrat

› *Dissertation*

Le juge et le contrat

Document autorisé : code civil

Thème principal

Juge et contrat

Mots-clés

Contrat, Contenu, Équilibre, Sanction, Pouvoir judiciaire

Sujet donné et corrigé établi par

Christophe Juillet, Professeur, Université Paris Descartes

Premier semestre 2019-2020

› Préparation

Analyse du sujet

Par son intitulé, la présente dissertation constitue un sujet très classique du droit des contrats. Il a pour ambition de mettre en valeur la capacité de chaque étudiant à balayer l'intégralité du cours pour y recenser les différentes illustrations du sujet, les classer et les regrouper autour de certaines lignes directrices. Au regard de l'étendue du sujet, il n'était pas attendu des étudiants qu'ils décrivent, dans le menu détail, les conditions et les effets de toutes les institutions mentionnées dans leur copie, ni qu'ils portent un jugement sur leur bien-fondé.

Plan du corrigé

I/ Un asservissement traditionnel
  A – La formation du contrat
  B – L'exécution du contrat
II/ Une émancipation progressive
  A – L'existence des prestations
  B – Le contenu des prestations

› Corrigé

En dépit des évolutions jurisprudentielles ou législatives dont il a pu faire l'objet, le droit civil français des contrats repose sur une conception libérale des échanges économiques dans laquelle chaque individu est considéré comme étant le plus à même de défendre ses propres intérêts. Dans cette perspective, le contrat, défini comme un accord de volontés en vue de créer, de modifier, de transmettre ou d'éteindre des obligations, en bref de créer des effets de droit, est considéré comme étant la chose des seules parties puisqu'il est précisément censé correspondre à ce qu'elles ont jugé être le meilleur pour satisfaire leurs besoins. C'est ce qui explique la place prépondérante de la volonté dans la formation du contrat mais aussi la force dont ce dernier est doté une fois l'accord de volontés formé. *A contrario*, cette conception du contrat, qui fait la part belle aux parties, a également pour conséquence de laisser le juge en marge de celui-ci. Qu'il s'agisse des juges du fond ou même des juges de cassation, leur rôle traditionnel est essentiellement de faire respecter la volonté sans jamais s'y immiscer, pour que perdure l'intérêt du contrat pour les parties. On observe d'ailleurs, dans ce rôle restreint du juge, une sorte de déclin au travers de ce que l'on appelle la déjudiciarisation du contrat. Ainsi, lorsque le contrat est mal formé, les parties peuvent elles-mêmes en prononcer la nullité ; lorsque le contrat est mal exécuté, le créancier peut lui-même en prononcer la résolution. De ce point de vue, le recours au juge est de moins en moins impérieux.

Toutefois, depuis le code civil de 1804, le libéralisme juridique a été mis en défaut par la réalité pratique. La multiplication des contrats de masse, les déséquilibres structurels entre la force économique respective de chaque partie ou encore l'avènement du contrat d'adhésion dans lequel une partie fixe unilatéralement les conditions du contrat sans négociation possible de la part de l'autre, constituent autant de facteurs pouvant faire douter de la pertinence du libéralisme. Dans de telles situations, on peut en effet se demander, non seulement, si le contrat constitue bien le meilleur instrument de satisfaction des intérêts de toutes les parties, mais aussi, par voie de conséquence, si le juge ne devrait pas être doté de pouvoirs plus importants pour voler au secours des plus faibles. C'est ce qu'a pensé le législateur avec l'avènement du droit de la consommation et du droit de la concurrence. Mais la question demeure de savoir ce qu'il en est droit commun des contrats.

Pendant longtemps, le législateur a hésité à réformer en profondeur le droit commun des contrats tel que nous l'ont légué les rédacteurs du code civil. C'est donc la jurisprudence qui, la première, a jugé utile de sortir de son rôle traditionnel pour protéger les parties faibles. Sous couvert d'interprétation des textes issus du code de 1804, interprétation dont la légitimité a pu justement être discutée, la Cour de cassation a reconnu au juge un certain nombre d'occasions et de pouvoirs pour entrer dans le contrat. Il suffit, pour s'en convaincre, de rappeler la jurisprudence relative aux clauses limitatives de responsabilité, initiée par l'arrêt *Chronopost* de 1996, par laquelle la Haute juridiction a reconnu au juge, en dehors de tout texte, le pouvoir d'éradiquer les clauses limitatives de responsabilité imposées par une partie et paraissant excessives pour l'autre. Plus récemment, le législateur a réformé le droit civil des contrats par l'ordonnance du 10 février 2016 et la loi de ratification du 20 avril 2018. Cette réforme est inspirée par une double philosophie d'efficacité économique du contrat et de justice sociale vis-à-vis des parties. D'un côté, l'efficacité économique prône l'éviction du juge pour éviter les lenteurs et le coût d'un procès mais, d'un autre côté, la justice sociale milite en faveur d'une protection des plus faibles dans laquelle le juge tient une place de premier ordre. La réforme du droit des contrats pose donc la question de savoir quelle est, désormais, la place du juge à l'égard du contrat et, comme par un jeu de miroir, ce qu'il reste du fondement libéral du contrat abandonnant celui-ci aux parties. L'analyse du droit positif montre alors que si le juge doit toujours demeurer respectueux du contrat, son pouvoir d'intrusion dans la sphère contractuelle ne cesse de s'accroître. L'asservissement traditionnel (I) laisse place à une émancipation progressive (II).

I/ Un asservissement traditionnel

Fondé sur le libéralisme juridique, l'asservissement du juge vis-à-vis du contrat signifie que lorsqu'il est appelé à intervenir, le premier doit être respectueux du second ou, pour le dire autrement, que l'accord de volontés doit s'imposer au juge. Cet asservissement se manifeste aussi bien lors de la formation du contrat (A) que lors de son exécution (B).

A – La formation du contrat

Au stade de la formation du contrat, le rôle du juge n'est pas totalement passif. Mais son asservissement au contrat résulte de ce que son rôle est strictement limité à la sanction des engagements imparfaitement formés. On comprend en effet que si le contrat doit demeurer la chose des parties et être pleinement obligatoire à leur égard, c'est à la condition qu'il ne souffre pas d'un vice dans sa formation. À défaut, le contrat doit être annulé ce qui, sauf accord de volontés des parties en ce sens, relève de l'office du juge. Mais là s'arrête son rôle. S'il peut sanctionner le comportement des parties par la responsabilité civile, il n'a pas le pouvoir de refaire le contrat pour le rendre conforme aux exigences des conditions de validité. Son rôle est en quelque sorte binaire : laisser vivre le contrat ou l'anéantir mais en aucun cas imposer aux parties un contrat auquel elles n'ont pas donné leur accord.

Dans le même esprit, le libéralisme juridique interdit au juge de s'immiscer dans l'équilibre voulu par les parties. Les choses et les services n'ayant d'autre valeur que celle que les parties veulent bien leur donner, le juge se retrouve privé de toute possibilité d'apprécier la concordance des prestations que se doivent les parties. À ce titre, comme depuis 1804, le juge n'a pas le pouvoir de contrôler la lésion c'est-à-dire le déséquilibre objectif entre les droits et les obligations des parties. Plus précisément encore, la lésion ne peut être une cause de nullité du contrat à moins que le législateur n'en ait disposé autrement. Pour la même raison, l'ordonnance du 10 février 2016 a codifié une jurisprudence fermement établie en vertu de laquelle l'erreur sur la valeur, qui procède d'une mauvaise évaluation faite par les parties, ne peut être une cause de nullité. Décider le contraire reviendrait à autoriser le juge à rechercher une équivalence objective entre les prestations ce qui, justement, lui est interdit pour préserver l'accord de volontés.

Ainsi, au stade de la formation du contrat, il apparaît très clairement que le rôle traditionnel du juge est relativement limité et que le contrat constitue bien la chose des parties. Il n'en va pas différemment au stade de l'exécution du contrat.

B – L'exécution du contrat

C'est sans doute au stade de l'exécution du contrat, lorsque celui-ci est valablement formé, que l'asservissement du juge à son égard apparaît dans toute sa lumière. Il se remarque, premièrement, en ce qui concerne l'interprétation du contrat. En effet, d'un point de vue théorique, il existe deux méthodes pour interpréter un acte : une méthode subjective, qui vise à découvrir ce qu'ont réellement voulu les parties, et une méthode objective, qui recherche ce que des individus moyens, normalement raisonnables, auraient voulu. Le droit français admet ces deux méthodes. Mais, pour ne pas dénaturer l'accord de volontés, il les a hiérarchisés en obligeant le juge à n'utiliser la méthode objective que si la méthode subjective se révèle infructueuse. D'ailleurs, ce respect de la volonté des parties est renforcé par l'interdiction faite au juge de dénaturer les termes clairs et précis de l'acte. Sauf à encourir la cassation pour dénaturation, la décision des juges du fond interprétant souverainement un contrat ne peut pas devenir un prétexte à refaire ce que les parties ont clairement exprimé. Là encore, la volonté des parties est protégée.

Deuxièmement, l'asservissement du juge se manifeste au travers des sanctions de l'inexécution du contrat. Ces sanctions sont au nombre de cinq : exception d'inexécution, exécution forcée, résolution, réfaction et responsabilité contractuelle. Parmi ces cinq sanctions, l'exécution forcée tient une place à part. En effet, en ce qu'elle vise à faire respecter les engagements du débiteur et donc à ce qu'ont voulu les parties, elle bénéficie d'une certaine primauté. S'il apparaît que l'exécution ne se heurte à aucune impossibilité ou aucune disproportion entre le coût pour le débiteur et l'intérêt pour le créancier, le juge n'a pas le pouvoir d'en apprécier l'opportunité et de préférer une autre sanction. Si telle est la demande du créancier, il est tenu de condamner le débiteur à exécuter le contrat. Au demeurant, selon certains arrêts, à supposer que le créancier invoque une autre sanction, le débiteur peut encore offrir de se libérer en nature afin, là encore, de donner toute sa vigueur au lien contractuel.

Enfin, troisièmement, il faut évoquer la question des pouvoirs du juge lorsqu'une des parties se comporte de mauvaise foi. Le juge peut naturellement la condamner à des dommages-intérêts. Mais de longue date, notamment en matière de clause résolutoire, la jurisprudence admet aussi qu'il puisse priver la prérogative contractuelle de ses effets lorsqu'elle est mise en œuvre de mauvaise foi. Toutefois, et c'est ici que se manifeste l'asservissement du juge, dans un important arrêt de 2007, la Cour de cassation a interdit au juge de sanctionner la mauvaise foi d'une partie en portant atteinte à la substance des droits et des obligations nés du contrat. La sanction de la mauvaise foi ne saurait conduire le juge à remettre en cause du noyau dur du contrat.

En définitive, on l'observe, le contrat demeure assez largement la chose des parties. Le rôle du juge est de faire respecter ce qu'ont voulu les parties mais certainement pas d'interférer dans le contrat pour substituer à la volonté des parties sa propre appréciation du contrat. Pourtant, le droit positif témoigne d'une lente évolution vers un pouvoir renforcé du juge. On assiste à une émancipation progressive.

II/ Une émancipation progressive

Au fur et à mesure que la pratique contractuelle a affaibli le dogme du libéralisme, législateur et jurisprudence ont fait évoluer le rôle du juge. Celui-ci n'est plus totalement asservi à la volonté des parties mais invité à s'en émanciper en analysant l'équilibre du contrant. Parfois, il le fait uniquement dans le but de savoir si le contrat est valable ou, au contraire, s'il encourt la nullité. Ainsi en va-t-il en matière de lésion, lorsque celle-ci est exceptionnellement admise comme cause de nullité, en matière d'erreur sur la valeur provoquée par un dol ou encore en matière de violence économique. Mais le plus souvent, le rôle du juge va encore plus loin puisqu'il est appelé à substituer sa propre vision de l'équilibre contractuel à celui arrêté d'un commun accord par les parties. Le contrat cesse d'être la chose des seules parties pour devenir un peu celle du juge, lequel exerce une influence directe tant sur l'existence des prestations (A) que sur leur contenu (B).

A – L'existence des prestations

L'influence du juge sur l'existence des prestations nées du contrat n'est pas nouvelle. Mais elle s'est considérablement développée. Parfois, le juge est amené à enrichir le contrat de certaines obligations que les parties n'avaient pas pris la peine de stipuler. C'est ainsi qu'est née, dès le début du XXe siècle, l'obligation de sécurité dans le contrat de transport. Par la suite, l'enrichissement du contrat par le juge s'est considérablement développé puisque non seulement l'obligation de sécurité a contaminé beaucoup d'autres contrats, mais en outre, d'autres obligations complétives ont vu le jour comme les obligations d'information ou de conseil. Pour bien montrer que cet enrichissement du contenu contractuel faisait sortir le juge de son rôle traditionnel, certains auteurs ont pu parler de véritable « forçage du contrat » car, à l'analyse, il est certain que la volonté des parties, même implicite, ne permet pas d'affirmer que l'obligation a été véritablement voulue par elles.

D'autre fois, au contraire, le juge est amené à appauvrir le contenu du contrat en supprimant un certain nombre de clauses stipulées par les parties et qui, dans une vision classique du contrat, participent de son équilibre global. Il ne s'agit donc pas de clauses intrinsèquement illicites mais de clauses qui deviennent illicites par l'influence qu'elles exercent sur l'équilibre contractuel. C'est le cas, en particulier, des clauses dites abusives c'est-à-dire celles qui créent un déséquilibre significatif entre les droits et les obligations des parties. Initialement réservée aux contrats conclus entre un professionnel et un consommateur, la chasse aux clauses abusives a été étendue, en 2016, aux contrats de droit commun pourvu, cependant, que la clause ait été soustraite à toute négociation. Dans tous les cas, le juge a le pouvoir de réputer la clause non écrite, c'est-à-dire de l'expurger du contrat. De la même façon, consacrant la jurisprudence forgée à partir de la fin du XXe siècle, l'ordonnance de 2016 a permis au juge de réputer non écrite une clause qui vide l'obligation essentielle de sa substance, au premier rang desquelles on trouve les clauses limitatives de responsabilité. Dans tous les cas, qu'il s'agisse des clauses abusives ou des clauses vidant l'obligation essentielle de sa substance, le juge est invité à contrôler l'équilibre voulu par les parties et, en réputant la clause non écrite, à imposer un autre équilibre aux parties. Mais là ne s'arrête pas l'émancipation progressive du juge, lequel exerce aussi une influence sur le contenu même des prestations.

B – Le contenu des prestations

De plus en plus, le juge est appelé à contrôler l'étendue de certaines prestations et à en corriger lui-même les excès en la modifiant. Dans certaines hypothèses, l'influence du juge sur le contenu des prestations est indirecte. Tel est le cas en matière de contrôle du prix fixé unilatéralement par l'une des parties lors de l'exécution du contrat. S'il constate que le prix a été fixé abusivement, le juge n'a pas le pouvoir de le réviser lui-même ; il ne peut pas en modifier le montant. En revanche, il peut condamner l'auteur de ce prix à réparer le préjudice que l'abus a causé à l'autre partie. Ainsi, par le jeu de la responsabilité civile, l'auteur de la fixation du prix sera condamné à verser, à l'autre partie, des dommages-intérêts qui viendront se compenser avec le prix dû. D'un strict point de vue économique, c'est un peu comme si le juge avait lui-même réduit le prix abusif. Mais juridiquement, la réduction du prix n'est qu'indirecte.

Dans d'autres hypothèses, plus nombreuses, l'influence du juge sur le contenu des prestations s'exerce de façon beaucoup plus directe. Ainsi, depuis les années 1970, le juge a le pouvoir de réviser les clauses pénales manifestement dérisoires ou, surtout, manifestement excessives. La révision judiciaire des clauses pénales n'est rien d'autre qu'une réécriture de la clause par le juge, pour la fixer à un montant qui lui paraît objectivement plus juste. Ce pouvoir du juge se manifeste également en matière de réfaction, c'est-à-dire de la réduction du prix proportionnelle à l'inexécution. En même temps qu'elle a consacré cette sanction en droit commun des contrats, l'ordonnance de 2016 a invité le juge à fixer lui-même l'étendue de la réduction du prix lorsque les parties ne parviennent pas à se mettre d'accord. La valeur de la prestation réellement fournie devient alors appréciée par le seul juge. Pour finir, il est impossible de ne pas évoquer la question de l'imprévision. Mettant fin à une jurisprudence séculaire, l'ordonnance de 2016 a, en effet, conféré au juge le pouvoir de réviser le contrat pour cause d'imprévision. Lorsque l'évolution imprévisible des circonstances ayant présidé à la conclusion du contrat rend l'exécution de ce dernier beaucoup plus onéreuse pour une partie, le juge peut, là encore, être amené à fixer lui-même l'étendue des prestations que se devront désormais les parties. À nouveau, l'équilibre du contrat n'est plus celui voulu par les parties mais celui que le juge aura estimé le plus juste et le plus objectif. Le contrat n'est plus seulement la chose des parties ; c'est aussi, dans une certaine mesure, celle du juge.

Le contrat

Thème principal

Équilibre contractuel

Mots-clés

Imprévision, Clauses créant un déséquilibre significatif, Clauses abusives, Capacité, Obligation précontractuelle d'information, Clauses de renégociation, Clauses d'indexation, Lésion, Vices du consentement

Sujet donné par

Laurent Bloch, Professeur, Université de Pau et des Pays de l'Adour

Corrigé établi par

Cédric Édouard, Doctorant contractuel, Université de Pau et des Pays de l'Adour

Premier semestre 2018-2019

› *Dissertation*

L'équilibre contractuel

› Préparation

Analyse du sujet

Le sujet à traiter était transversal et exigeait de la part de l'étudiant de chercher dans la totalité du cours les différents éléments utiles à sa résolution. La difficulté principale pouvait être de ne pas percevoir le lien qui pouvait être mis en lumière entre des notions classiquement abordées sous un autre angle et ainsi occulter une partie du sujet. En effet, si certains éléments, comme l'imprévision, les clauses abusives ou encore la clause privant de sa substance l'obligation essentielle du débiteur, pouvaient paraître assez évidents puisque directement liés à l'intitulé du sujet ; d'autres, comme les vices du consentement, la capacité ou encore l'obligation précontractuelle d'information, devaient être analysés sous le prisme de l'équilibre contractuel. Le travail de définition dudit équilibre était donc essentiel en introduction, et une mise en perspective avec la réforme du droit des contrats du 10 février 2016 était nécessaire, et pouvait d'ailleurs être un fil rouge tout au long de la copie. Une fois rassemblés les éléments en lien avec la notion d'équilibre contractuel, la construction du plan était relativement aisée, le découpage formation/exécution du contrat apparaissant assez rapidement.

Plan du corrigé

I/ Une traditionnelle prise en compte du déséquilibre lors de la formation du contrat

A – La prévention du déséquilibre initial

B – La sanction du déséquilibre initial

II/ Une correction renouvelée du déséquilibre survenu en cours d'exécution du contrat

A – Une correction du déséquilibre effectuée par les parties

B – Une correction du déséquilibre opérée par le juge

› Corrigé

« Dans les contrats synallagmatiques, le défaut d'équivalence des prestations n'est pas une cause de nullité du contrat, à moins que la loi n'en dispose autrement ». L'article 1168, issu de la réforme du droit des obligations du 10 février 2016, admet ainsi que le contrat qui fait naître des obligations réciproques n'a pas vocation à imposer qu'elles soient équivalentes. Toutefois, si l'équivalence des prestations n'est en principe pas exigée, de nombreuses dispositions semblent à tout le moins garantir un certain équilibre dans la mécanique contractuelle.

L'équilibre contractuel est donc à distinguer de l'équivalence des prestations. Cette dernière notion se réfère davantage aux obligations nées du contrat, qui seraient entendues comme devant être objectivement égales, tandis que l'équilibre contractuel pourrait quant à lui embrasser une définition plus large. Elle inclurait tant la personnalité des parties qui ont souhaité, par un accord de volonté, mutuellement s'engager l'une envers l'autre, que les obligations qui en sont nées et les circonstances dans lesquelles le contrat sera amené à être exécuté. Il est ainsi possible d'envisager l'équilibre de manière purement objective, c'est-à-dire en l'assimilant à une équivalence presque « comptable » des prestations, ou encore de le définir plus subjectivement, en l'associant à l'équilibre tel que voulu par les parties lors de la conclusion du contrat. La question du respect de l'équilibre contractuel implique nécessairement de se demander dans quelle mesure le déséquilibre pourrait être évité.

Cela a été évoqué, par principe, la sanction du déséquilibre objectif ne semble pas admise. Les parties peuvent donc *a priori* consentir à un contrat objectivement déséquilibré. Toutefois, il apparaît que dans certains cas, notamment lorsque le déséquilibre devient significatif, le droit vienne admettre un rétablissement de l'équilibre du contrat. Né d'un accord de volonté, et par principe intangible et irrévocable, il peut parfois leur être soustrait, du fait de l'intervention du juge, dans les cas qui sont prévus par les textes. Ces derniers sont le fruit d'une évolution jurisprudentielle qui a consisté à enrichir le contrôle de l'équilibre du contrat au stade de sa formation, tout en le déplaçant aussi au stade de son exécution. Si des mécanismes correctifs pouvaient exister en 1804, comme l'octroi de délais de grâce ou encore le contrôle des clauses pénales, l'accent était davantage mis sur la protection du consentement des parties : la prise en compte de l'économie du contrat, ainsi que l'émergence d'une forme de « justice contractuelle » qui s'est aussi développée sous l'influence grandissante du droit de la consommation, a permis au juge de s'immiscer au sein du contrat et de rétablir l'équilibre rompu, et la réforme de 2016 semble avoir entériné cette mouvance. La protection de la partie faible est donc un enjeu à prendre en compte dans l'analyse de l'équilibre contractuel, mais ne saurait la résumer, puisque la plupart des corrections ont vocation à s'appliquer à tout cocontractant.

De plus, la sanction du déséquilibre par l'intrusion du juge dans le contrat pourrait entrer en contradiction avec le principe de la force obligatoire : les parties ayant librement choisi de s'engager, le contrat devrait être intangible et ne pouvoir être modifié que de leur seule volonté, que ce soit lors de son exécution ou que le problème provienne d'un élément présent lors de sa formation. Or, la modification par le juge du contrat déjà formé en vue de rétablir l'équilibre du contrat peut ainsi heurter de front la prévisibilité attendue par les parties au contrat. On ne saurait se contenter d'une telle analyse. En effet, en rétablissant l'équilibre contractuel, le juge reconstruit le contrat tel qu'il aurait dû être lors de sa formation, ou en permet la juste exécution. Il renforce ainsi sa force obligatoire puisqu'il peut permettre sa survie ou sanctionner sa naissance lorsque le contrat ne correspond pas à l'équilibre qui aurait été normalement voulu par les parties *ab initio*. Ces divers mécanismes de protection rendent donc l'ensemble du système cohérent et efficace, en ménageant un juste équilibre entre le respect du contrat tel qu'il a été voulu par les parties, et la garantie d'une certaine justice contractuelle.

Ainsi, traditionnellement, le déséquilibre est pris en compte dans certains cas dès la formation du contrat (I). Mais il est aussi corrigé également au stade de son exécution (II).

I/ Une traditionnelle prise en compte du déséquilibre lors de la formation du contrat

Lors de la formation du contrat, le déséquilibre était traditionnellement pris en compte, et ce depuis 1804, et pouvait se manifester par deux aspects distincts. D'une part, un aspect préventif, où il est plutôt question d'instituer des mécanismes permettant d'éviter la naissance du déséquilibre lors de la formation du contrat (A). D'autre part, dans le cas où le déséquilibre serait quand même apparu, on admet sa sanction (B).

A – La prévention du déséquilibre initial

Certains moyens ont été mis en œuvre par le législateur de 1804 en vue de prévenir un éventuel déséquilibre qui pourrait apparaître dès la formation du contrat. L'objectif est ainsi de permettre aux parties d'avoir une pleine conscience de leur engagement initial, et des obligations qui pèseront sur elles après la naissance de la relation contractuelle. Parmi eux, on retrouve notamment la question de la capacité juridique (1), mais aussi l'obligation précontractuelle d'information (2).

1 • Un équilibre assuré par la capacité des parties au contrat

Les dispositions relatives à la capacité sont désormais codifiées aux articles 1145 à 1152 du code civil suite à la réforme du droit des contrats du 10 février 2016, qui reprend pour l'essentiel les dispositions antérieures, en ajoutant toutefois la question de la capacité juridique des personnes morales. Les mineurs non émancipés et les majeurs protégés sont ainsi considérés comme étant incapables de contracter. L'objectif est de protéger l'incapable de ses propres errances, mais aussi le cocontractant qui aurait contracté avec lui sans le savoir. C'est ainsi une mesure préventive qui vise à éviter la naissance d'un déséquilibre, dans la mesure où on va poser une interdiction de principe de contracter à destination des personnes qui ne seraient *a priori* pas en mesure d'évaluer l'étendue de leur propre engagement ou celui de leur cocontractant, voire même qui n'auraient pas la conscience de s'engager. La qualité du cocontractant est ainsi prise en compte : un incapable ne saurait consentir à un contrat objectivement trop déséquilibré, puisqu'il lui est impossible d'appréhender l'existence d'un tel déséquilibre. Dans le même ordre d'idée, on peut retrouver la consécration de l'obligation précontractuelle d'information.

2 • Un équilibre assuré par l'information des parties au contrat

D'abord issue du dol par réticence, puis autonomisée par la jurisprudence et enfin entérinée par le projet de réforme à l'article 1112-1, l'obligation précontractuelle d'information a vocation à s'appliquer à tout cocontractant. Si elle ne porte certes pas sur la valeur de la prestation, et ne concerne que les informations qui ont un lien avec le contenu du contrat ou la qualité des parties, il n'en demeure pas moins que le caractère déterminant du consentement est central. Ainsi, à travers cette idée, la protection de l'équilibre contractuel à titre préventif est aussi assurée : l'information de chaque partie au contrat sur les obligations qui en naîtront leur permet d'en prendre la mesure, et d'avoir la conscience d'un éventuel déséquilibre dès sa naissance. Un rétablissement initial de l'équilibre, ou du moins une acceptation consciente du déséquilibre sont par ce biais garantis. Cette appréciation peut toutefois être nuancée, lorsque l'on prend en compte les différentes obligations d'information spéciales qui peuvent exister, notamment en droit de la consommation. Une surabondance d'informations, outre le fait de constituer une lourde charge pour le professionnel, n'est pas toujours de nature à assurer une protection efficace du consentement du consommateur : l'équilibre contractuel n'est donc pas toujours totalement garanti de ce point de vue. Quoi qu'il en soit, si le déséquilibre devait naître du contrat sans avoir été consenti, des sanctions peuvent permettre d'y remédier.

B – La sanction du déséquilibre initial

Une fois le déséquilibre né, il peut être ensuite sanctionné. D'abord, il l'est dans certaines circonstances lorsqu'il est objectivement significatif (1). Ensuite, la sanction peut découler du fait que le déséquilibre dont il est question n'a pas été consenti par le cocontractant qui en est la victime (2).

1 • La sanction du déséquilibre objectivement significatif

Dans le cas où le déséquilibre initial serait significatif, une résurgence des fonctions de la cause objective est prévue à l'article 1169. En effet, dans le cadre d'un contrat à titre onéreux qui générerait, dès sa formation, une obligation dont la contrepartie serait illusoire ou dérisoire, se verrait sanctionner par la nullité. Le contrat radicalement déséquilibré, de manière objective, n'a donc pas lieu d'exister, puisque la partie qui souhaitait s'engager de manière réciproque se verrait-elle seule obligée.

La sanction du déséquilibre significatif né dès la formation du contrat est aussi assurée par le mécanisme de la lésion. Le déséquilibre est dans ce cas purement objectif, et vaut pour les contrats à titre onéreux, synallagmatiques et commutatifs, mais n'est sanctionné que dans peu de cas et sous certaines conditions, qui tiennent principalement à la qualité des personnes ou du bien dont il est question. On retrouve ainsi l'action en rescision pour lésion à l'article 1674 dans le cadre de la vente immobilière, lorsque le vendeur est lésé de plus des sept douzièmes du prix de vente. Il est possible d'observer que dans ce cas, c'est bien la disproportion objective entre la valeur du bien et le prix auquel il a été effectivement vendu dont il est question. On sanctionne donc le déséquilibre objectivement significatif, parce qu'il s'agit d'un contrat qui porte sur un bien particulier que le législateur a souhaité protéger. La rescision pour lésion est aussi applicable dans un contrat conclu par un incapable, ce qui permet de sanctionner le contrat déséquilibré tant parce qu'il l'est objectivement, que parce qu'il n'a pas été consciemment consenti.

2 • La sanction du déséquilibre non consenti

Outre la rescision pour lésion dans un contrat conclu par un incapable, la sanction des vices du consentement est elle aussi un moyen de sanctionner le déséquilibre apparu dès la naissance du contrat. Déjà prévus en 1804, puis largement étendus par la jurisprudence, ils suivent une même logique désormais codifiée à l'article 1130, qui dispose que « l'erreur, le dol ou la violence vicient le consentement lorsqu'ils sont de telle nature que, sans eux, l'une des parties n'aurait pas contracté ou aurait contracté à des conditions substantiellement différentes ». Ainsi, lorsqu'une partie voit son consentement entaché d'un vice, elle peut acquiescer à un contrat déséquilibré sans en avoir conscience, auquel elle n'aurait jamais consenti en l'absence d'un tel vice. La jurisprudence a élargi les champs de chacun de ces vices, en passant de l'erreur sur la substance à l'erreur sur les qualités essentielles, des manœuvres dolosives à la réticence dolosive ou encore de la violence physique ou morale à la violence économique voire à « l'abus de dépendance » avec la réforme de 2016. Une protection accrue du consentement des parties permet ainsi, dès la naissance du contrat, de s'assurer au mieux de leur conscience de s'engager et les protège des déséquilibres dont elles n'auraient pas eu conscience. Mais l'équilibre contractuel peut aussi être rompu en cours d'exécution du contrat, et pourra ainsi être corrigé.

II/ Une correction renouvelée du déséquilibre survenu en cours d'exécution du contrat

Dans certaines situations, notamment lorsque le contrat s'étale sur un certain laps de temps, il peut avoir été équilibré dès sa formation mais devenir déséquilibré au cours de son exécution du fait d'un changement de circonstances. Si le code civil de 1804 envisageait assez peu ce genre de situations, la jurisprudence est venue progressivement construire de nombreuses solutions en vue de rétablir l'équilibre contractuel, entérinées et même renforcées par l'ordonnance du 10 février 2016. Il s'agira ainsi de corriger une telle situation, ce qui est possible par deux biais : d'une part, les parties peuvent elles-mêmes se charger du rétablissement de l'équilibre (A) ; d'autre part, le juge peut intervenir dans certains cas pour corriger le déséquilibre (B).

A – Une correction du déséquilibre effectuée par les parties

Dès la conclusion du contrat, les parties peuvent avoir anticipé la naissance éventuelle d'un déséquilibre, et souhaité mettre en place des dispositifs pour tenter d'y remédier (1). Mais suite à l'ordonnance du 10 février 2016, le législateur est venu imposer de surcroît une véritable obligation de renégociation du contrat déséquilibré (2).

1 • Une correction contractuellement anticipée par les parties

Dans un contrat de longue durée, les parties peuvent avoir inséré des clauses permettant d'adapter le contrat aux changements de circonstances économiques, qui pourraient mettre en danger la survie du contrat en faisant peser sur l'une des parties au contrat des charges qu'elle n'avait initialement pas envisagées, déséquilibrant ainsi la relation contractuelle.

Parmi ces clauses, on trouve notamment les clauses d'indexation, ou clauses d'échelle mobile, qui permettent de parer à une éventuelle dépréciation monétaire. Certes encadrées car portant atteinte au principe du nominalisme monétaire, elles sont entérinées par l'ordonnance à l'alinéa 2 de l'article 1343 et stipulent que le montant de l'obligation de somme d'argent évoluera automatiquement en fonction de la variation d'un indice de référence préalablement choisi par les parties, en principe lié à l'objet du contrat et publié par un organisme public ou privé. Ainsi, le déséquilibre qui serait né d'une dépréciation monétaire sera corrigé sans que les parties n'aient à modifier le contrat, le changement de circonstances ayant été anticipé dès sa naissance.

D'autres clauses d'adaptation peuvent aussi être prévues, comme des clauses de « *hardship* », ou clauses de révision de prix, qui interviennent pour permettre à une des parties de demander une renégociation des termes du contrat suite à un changement de circonstances économiques qui aurait généré un déséquilibre. Dans le même ordre d'idée, des clauses de force majeure peuvent aussi la prévoir pour adapter le contrat à cet événement fortuit qui aurait normalement mis fin contrat. Ces différentes clauses font naître deux obligations : une obligation d'entrer en négociation, qui est une obligation de résultat, et une obligation de négocier de bonne foi pour aboutir à une modification du contrat, qui, quant à elle, est de moyens. L'objectif est ainsi d'assurer la survie du contrat en corrigeant contractuellement le déséquilibre qui serait né en cours d'exécution. L'ordonnance du 10 février 2016 vient poser, en renfort de ces mécanismes contractuels, une obligation légale de renégocier le contrat déséquilibré.

2 • Une obligation légale de renégocier le contrat devenu déséquilibré

Même si la jurisprudence n'était pas totalement claire sur la question, on avait pu déduire qu'elle pouvait imposer, en cas d'imprévision, une obligation de renégociation du contrat. En effet, dans un arrêt de la 1re chambre civile du 15 mars 2004, même si elle ne l'admettait pas en l'espèce, certains auteurs avaient pu considérer qu'une telle obligation pouvait être déduite en adoptant une interprétation *a contrario* des termes de l'arrêt.

Quoi qu'il en soit, l'article 1195, alinéa 1er, vient très clairement poser cette obligation légale, en posant trois conditions cumulatives. D'abord, qu'un « changement de circonstances imprévisible lors de la conclusion du contrat » soit caractérisé, ensuite, que ce changement ait rendu l'exécution du contrat « excessivement onéreuse » pour une partie, et enfin que cette dernière n'ait pas choisi d'en assumer le risque. La question d'un déséquilibre contractuel est donc clairement sous entendue, notamment dans la formulation de la deuxième condition. La partie qui en est victime n'est certes pas contrainte de demander la renégociation, mais lorsqu'elle opte pour cette possibilité, l'autre partie pourra être sanctionnée si elle s'y refuse. En effet, dans ce dernier cas, ou si les renégociations sont un échec, le déséquilibre pourra être corrigé ensuite par le juge.

B – Une correction du déséquilibre opérée par le juge

Lorsqu'une situation d'imprévision survient, l'ordonnance du 10 février 2016 a pu ainsi consacrer la possibilité pour le juge de réviser le contrat, à la demande d'une des parties sous certaines conditions (1). Mais cette nouveauté n'évince pas les cas traditionnels dans lesquels le juge pouvait intervenir en vue de rétablir l'équilibre contractuel par la mise en lumière de nouvelles obligations ou par la suppression de certaines clauses contenues dans le contrat (2).

1 • La possible révision du contrat pour imprévision demandée au juge

Dans le cas d'une imprévision, comme en dispose l'article 1195, alinéa 2, si les parties n'ont pas réussi elles-mêmes à s'accorder pour renégocier le contrat, et qu'elles ne demandent pas d'un commun accord au juge de le réviser, la demande pourra être effectuée par une seule. La saisine du juge, et sa capacité à réviser le contrat est ainsi subsidiaire, puisque conditionnée explicitement à un désaccord préalable des parties au contrat. L'objectif demeure le respect des principes d'intangibilité du contrat, et de la non-immixtion du juge dans ce dernier, qui ne sont transgressés que lorsque son déséquilibre et la mésentente des parties peuvent mettre en danger sa pérennité.

Cette solution posée par la réforme du 10 février 2016 va ainsi à rebours de la jurisprudence antérieure qui, malgré l'assouplissement qui a pu être évoqué, refusait traditionnellement la révision du contrat par le juge. Ce refus initié par l'arrêt *Canal de Craponne* du 6 mars 1876 n'est donc pas entériné, ce qui initie par ailleurs un rapprochement avec l'acceptation admise dès 1916 par le Conseil d'État. Toutefois, le juge judiciaire avait tout de même admis son intrusion dans le contrat dans bien d'autres cas, qui ont été quant à eux consacrés par l'ordonnance.

2 • La permanence d'une intervention du juge dans les obligations nées du contrat

L'une des premières manifestations du pouvoir intrusif du juge dans le rétablissement de l'équilibre contractuel peut résider dans la rédaction de l'article 1170, qui consacrait la solution posée par l'arrêt Chronopost de la chambre commerciale du 22 octobre 1996, puis Faurecia II du 29 juin 2010. Il implique que « toute clause qui prive de sa substance l'obligation essentielle du débiteur est réputée non écrite ». Alors que la jurisprudence régissait essentiellement le cas des clauses limitatives de responsabilité, l'article est quant à lui plus général et permet le rétablissement de l'équilibre contractuel quel que soit le cas. En effet, une clause qui annihilerait les effets de l'obligation essentielle d'une des parties créerait un déséquilibre au sein du contrat, puisque seules les autres se verraient réellement engagées, sans y avoir pleinement consenti. La sanction du réputé non écrit permet ainsi de faire disparaître la clause, tout en permettant la survie du contrat : ce dernier est donc rééquilibré, les obligations essentielles des cocontractants étant toutes préservées.

Une autre manifestation d'un rétablissement de l'équilibre contractuel réside dans la sanction des clauses abusives. Issues initialement du droit de la consommation, elles font leur entrée dans le droit commun au sein de l'article 1171, qui les limite toutefois aux seuls contrats d'adhésion. La formulation du texte est aussi équivoque du point de vue de l'équilibre contractuel, puisque la définition même d'une telle clause repose sur le fait qu'elle « crée un déséquilibre significatif entre les droits et obligations des parties au contrat ». La sanction pour de telles clauses est aussi le réputé non écrit, si bien que leur disparition a, elle aussi, pour objectif de rétablir l'équilibre entre les différentes obligations au sein du contrat.

Le juge peut aussi mettre en lumière des obligations qui n'étaient pourtant initialement pas mentionnées dans le contrat, et manifeste ainsi un pouvoir créateur qui utilisait l'ancien article 1135 pour utiliser une technique qualifiée par la doctrine de « forçage du contrat ». Reprise par l'ordonnance à l'article 1194, la référence à l'équité permet ainsi au juge de rétablir l'équilibre contractuel en mettant à la charge d'une des parties une obligation sans laquelle le contrat aurait été déséquilibré. La première illustration demeure la découverte par le juge de l'obligation de sécurité, d'abord dans les contrats de transport, puis dans les contrats liés à une activité sportive, voire même dans des contrats liés à l'hébergement ou à l'accueil du public. L'objectif est notamment de garantir la protection de la partie qui subirait un dommage corporel, ce qui pourrait constituer une forme de rééquilibrage. Mais la technique a aussi permis de découvrir diverses obligations de renseignement ou de conseil, qui permettent notamment de protéger la partie la moins informée. Toutefois, il pourrait aussi être objecté qu'en créant de trop nombreuses obligations à la charge d'une seule des parties, le juge prend le risque de faire pencher la balance du côté du plateau opposé : parvenir à l'équilibre en intervenant dans les obligations nées du contrat peut donc parfois s'avérer complexe.

Le contrat

Thème principal

Formation du contrat

Mots-clés

Offre,
Invitation à entrer en négociation

› *Commentaire de l'article 1114 du code civil*

« L'offre, faite à personne déterminée ou indéterminée, comprend les éléments essentiels du contrat envisagé et exprime la volonté de son auteur d'être lié en cas d'acceptation. À défaut, il y a seulement invitation à entrer en négociation. »

Sujet donné par

Clothilde Grare-Didier, Professeur, Université Paris Descartes

Corrigé établi par

Verena Simmenauer, Chargée d'enseignement, Université Paris Descartes

Premier semestre 2019-2020

› Préparation

Analyse du sujet

L'article devant faire l'objet d'un commentaire introduit une définition de l'offre, mais indique aussi ce qu'est une invitation à entrer en négociation. Outre la construction d'un plan équilibré et l'application de la méthode du commentaire mot à mot, il était ici attendu que l'étudiant identifie correctement tant le double apport que l'enjeu de ce texte.

Plan du corrigé

I/ Une définition positive de l'offre à travers ses caractères
A – L'indifférence de l'indication du destinataire
B – Une double exigence de fermeté et de précision
II/ Une définition négative de l'invitation à entrer en négociation
A – Une offre amputée d'au moins une condition de formation
B – Un acte juridique de moindre intensité

› Corrigé

La réforme du droit des obligations entreprise par l'ordonnance du 10 février 2016 a fait entrer dans le code civil des notions dont le régime avait été intégralement construit par la jurisprudence et la doctrine faute de textes pour les encadrer. Parmi ces notions essentielles en droit des contrats français, on trouve notamment la notion d'offre, désormais envisagée par l'article 1114 du code civil.

Ce texte est le deuxième article d'une sous-section 2 intitulée « L'offre et l'acceptation », qui suit une sous-section sur les négociations précontractuelles au sein de la section consacrée à la conclusion du contrat. Il nous donne une définition de la notion d'offre par le biais d'une énumération de ses caractéristiques. La sous-section est construite de manière didactique : l'article 1113 indique qu'un contrat est formé par la rencontre d'une offre et d'une acceptation et les textes qui suivent définissent ces notions et en fixent le régime.

L'offre est la première manifestation de volonté en vue de la conclusion d'un contrat. Comme l'indique déjà l'article 1113, le contrat sera formé dès lors que cette offre aura rencontré l'acceptation de l'autre partie. En raison de la force obligatoire du contrat qui lie deux parties et des obligations qu'il fait naître à leur charge, il est important de pouvoir identifier les éléments caractéristiques de l'offre et de l'acceptation, autrement dit les critères qui permettront de les qualifier ainsi et donc de leur affecter un régime juridique déterminé. Le processus de formation du contrat était absent du code civil de 1804 et tout le régime juridique de cette phase précontractuelle a donc été forgé pendant deux siècles par les juges et la doctrine. L'absence de textes posant les contours de ce régime conduisait à des incertitudes quant à certaines règles, par exemple la question du moment précis de la rencontre de l'offre et de l'acceptation ou le sort de l'offre en cas de décès de l'offrant. L'introduction d'un ensemble d'articles consacrés à ce processus et venant trancher ces questions laissées en suspens s'inscrit donc dans l'objectif de rationalisation poursuivi par la réforme.

L'article 1114, s'il ne révolutionne pas la notion d'offre, s'inscrit néanmoins pleinement dans ce même objectif en apportant, d'une part, une définition positive de l'offre à travers la présentation de ses caractères (I), d'autre part, une définition négative de l'invitation à entrer en négociation (II).

I/ Une définition positive de l'offre à travers ses caractères

L'article 1114 fournit deux types d'information s'agissant des caractères que doit présenter l'offre. D'une part, il est précisé que l'indication du destinataire n'a pas d'incidence sur la qualification de l'acte (A). D'autre part, le texte indique que l'offre doit être à la fois ferme et précise (B).

A – L'indifférence de l'indication du destinataire

En premier lieu, l'article 1114 dispose que l'offre peut être « faite à personne déterminée ou indéterminée ». Plus précisément, cette information est insérée entre deux virgules avant la présentation des caractères proprement dits de l'offre. La conjonction de coordination « ou » indique clairement le caractère indifférent de la détermination du destinataire : qu'elle soit faite à personne déterminée *ou* indéterminée, une offre sera juridiquement formée dès lors qu'elle remplira les conditions posées dans la suite du texte. Sur ce point, la réforme de 2016 n'apporte aucune innovation : il était de jurisprudence constante qu'une offre adressée au public, par voie d'affiche ou d'annonce par exemple, liait « le pollicitant au premier acceptant dans les mêmes conditions que l'offre faite à une personne déterminée » (Civ. 3e, 28 nov. 1968). Il convient ici de noter que toute proposition adressée au public ne constitue pas une offre même si elle en porte parfois le nom dans la vie de tous les jours : une « offre d'emploi » ne lie pas l'employeur au premier candidat qui y répond, puisque l'employeur se réserve la possibilité de retenir ou de rejeter chaque candidature, le contrat de travail étant un contrat *intuitu personae*. Lorsque l'offre est faite à personne déterminée, c'est bien entendu l'acceptation par le destinataire visé qui fera naître le contrat.

Si, tel que l'indique l'article 1114, la détermination du destinataire n'a aucune incidence sur la qualification juridique d'offre, pourquoi alors y faire figurer cette information ? L'hypothèse la plus probable réside dans la volonté d'éviter que l'on puisse chercher à voir une offre disqualifiée en raison du fait qu'elle n'indique aucun destinataire déterminé. En d'autres termes, préciser que l'offre est faite à personne déterminée ou indéterminée revient à affirmer que cet élément n'empêche pas la qualification d'offre.

Après avoir introduit cette distinction qui n'influe pas sur la qualification d'offre, l'article 1114 présente les deux caractères qui sont à l'inverse nécessaires pour qu'un acte puisse être qualifié d'offre.

B – Une double exigence de fermeté et de précision

En second lieu, l'article 1114 dispose que l'offre « comprend les éléments essentiels du contrat envisagé et exprime la volonté de son auteur d'être lié en cas d'acceptation. » On retrouve ici les deux conditions classiquement exigées d'un acte pour qu'il puisse recevoir la qualification juridique d'offre. L'utilisation du présent dit « prescriptif » nous indique qu'il s'agit là de conditions nécessaires et la conjonction de coordination « et » nous permet de savoir d'emblée que ces conditions sont cumulatives : si une seule des deux fait défaut, l'acte ne pourra pas être qualifié d'offre.

D'une part, l'offre « comprend les éléments essentiels du contrat envisagé ». Par ces termes, le texte fait référence à l'exigence de précision de l'offre. En effet, il est constant qu'une offre, pour être qualifiée comme telle, doit indiquer les éléments essentiels du contrat que le pollicitant propose de conclure. L'expression « éléments essentiels » choisie par le législateur de 2016 au détriment du terme « précise » apparaît comme une référence à la classification élaborée en son temps par Pothier. Cet auteur a en effet distingué les éléments essentiels, naturels et accidentels. Si les éléments naturels et accidentels dépendent de la volonté des parties, les éléments essentiels sont en revanche ceux sans lesquels le contrat ne peut pas exister : ils procèdent de l'essence même du contrat et sont ceux qui permettent de le qualifier. Ces éléments sont déterminés pour chaque contrat par la loi ou la jurisprudence ; ainsi, s'agissant du contrat de vente par exemple, c'est l'article 1583 du code civil qui indique que ses éléments essentiels sont la chose et le prix. Une offre de vente doit donc nécessairement préciser ces deux éléments pour répondre à l'exigence de précision.

D'autre part, l'offre « exprime la volonté de son auteur d'être lié en cas d'acceptation ». Le législateur renvoie ici à l'exigence de fermeté de l'offre, seconde condition traditionnellement exigée pour la validité de cet acte. Le pollicitant doit manifester sans ambiguïté sa volonté que le contrat soit formé dès acceptation de l'offre, ce qui signifie en d'autres termes que l'offre contient le consentement du pollicitant au futur contrat. En pratique, la fermeté d'une offre réside dans l'absence de réserves formulées par le pollicitant. Pour reprendre l'exemple introduit ci-dessus, une « offre d'emploi » ne peut pas être qualifiée juridiquement d'offre au sens de l'article 1114 car l'employeur ne consent pas à être lié définitivement au premier acceptant, il se réserve le choix de son cocontractant. La notion d'acceptation est elle aussi définie dans le code civil depuis la réforme de 2016 à l'article 1118, qui met en exergue la réciprocité de ces deux actes juridiques, puisqu'il dispose que l'acceptation est « la manifestation de volonté de son auteur d'être lié dans les termes de l'offre ».

Le premier apport de l'article 1114 est donc l'introduction dans le code civil d'une définition positive de la notion d'offre à travers ses deux caractéristiques essentielles, mais ce texte offre également une définition négative d'une autre notion, l'invitation à entrer en négociation.

II/ Une définition négative de l'invitation à entrer en négociation

L'article 1114 définit l'invitation à entrer en négociation comme une offre incomplète, ne comportant pas tous les caractères exigés pour retenir cette qualification (A). L'enjeu de ce texte est de permettre la qualification d'une proposition de contracter soit en offre, soit en invitation à entrer en négociation, qui ne produit pas les mêmes effets pour son auteur (B).

A – Une offre amputée d'au moins une condition de formation

Le texte dispose qu'« à défaut » de présenter les conditions posées dans la première partie, « il y a seulement invitation à entrer en négociations ». L'expression « à défaut » introduit la seconde phrase du texte et indique quelle est la conséquence de l'absence de l'une des deux conditions cumulatives : si la proposition de contracter n'est pas précise et/ou contient des réserves, elle est alors disqualifiée en invitation à entrer en négociation. En revanche, puisqu'il a déjà été déduit de la syntaxe du texte que la détermination du destinataire n'a aucune incidence sur la qualification d'offre de contracter, l'absence d'indication du destinataire n'est pas un élément de disqualification. Il est en fait possible de lire cette phrase comme une définition négative de la notion d'invitation à entrer en négociation : si, positivement, elle peut être définie comme la proposition, faite à personne déterminée ou indéterminée, de se rapprocher en vue de discuter des modalités de la formation d'un futur contrat, elle se définit négativement comme ce qui n'est pas une offre valablement formée.

La notion d'invitation à entrer en négociation a été intégrée au code civil par la réforme de 2016, qui consacre par ailleurs une sous-section à la phase de négociations précontractuelles. En indiquant qu'une offre qui ne remplit pas cumulativement les exigences de précision et de fermeté doit être requalifiée en invitation à entrer en négociation, l'article 1114 permet en fait de savoir sur quel régime on retombe lorsque l'un des caractères de l'offre fait défaut : la réponse du destinataire de l'acte, ou de la première personne intéressée en cas de proposition faite au public, ne constituera pas une acceptation, mais marquera le début de la phase de négociation, désormais encadrée par le code civil.

L'article 1114 nous éclaire sur la nature juridique d'une proposition de contracter, suivant qu'elle remplit ou non deux critères cumulatifs. Par ailleurs, l'analyse de la syntaxe de l'article comme l'étude des articles suivants permettent de comprendre la différence entre l'offre et la proposition d'entrer en négociation s'agissant des effets de chacun de ces actes.

B – Un acte juridique de moindre intensité

On peut lire dans la seconde phrase du texte que lorsque l'un des caractères de l'offre fait défaut, il y a « seulement » invitation à entrer en négociation. L'utilisation de cet adverbe conduit à envisager l'invitation à entrer en pourparlers comme une forme atténuée de proposition de contracter, qui n'engage pas son auteur dans les mêmes conditions qu'une offre proprement dite. Comme déjà évoqué ci-dessus, l'enjeu du texte est ainsi de déterminer quel sera le régime de la proposition qui a été formulée. Si cette dernière comprend les deux caractères exigés pour être qualifiée d'offre, elle sera soumise au régime juridique instauré aux articles qui suivent l'article 1114. Or, parmi ces textes, les articles 1115 et 1116, qui posent le régime de la rétractation de l'offre, font de cette dernière un acte relativement contraignant pour son auteur. Si le premier indique que l'offre peut être librement rétractée tant qu'elle n'est pas parvenue à son destinataire, le second vient encadrer la liberté du pollicitant en indiquant qu'il y a « interdiction » de rétracter l'offre avant le délai fixé par son auteur ou, à défaut, avant un délai raisonnable. Le texte précise que la violation de cette interdiction, si elle ne peut entraîner la conclusion forcée du contrat, « engage la responsabilité extracontractuelle de son auteur dans les conditions du droit commun », ce qui signifie que la rétractation au-delà du délai correspond à une faute civile qui peut contraindre le pollicitant à payer des dommages-intérêts à la victime de la rétractation fautive.

Bien que la notion n'ait pas été intégrée à l'article 1114, qui définit l'offre par ses caractères plutôt que d'en donner la nature juridique, ces éléments de régime permettent de qualifier l'offre d'engagement unilatéral de volonté, ce qui la différencie d'une simple invitation à entrer en pourparlers. En effet, l'engagement unilatéral de volonté peut être défini comme une manifestation de volonté unilatérale créatrice d'obligations à la charge de son auteur. S'agissant de l'offre, le pollicitant s'oblige à ne pas reprendre son offre dans le délai stipulé et à contracter en cas d'acceptation, sous peine d'engager sa responsabilité extracontractuelle, tandis que s'agissant d'une invitation à entrer en pourparlers, elle ne contient pas le consentement de son auteur à un contrat futur et ne l'engage pas à contracter. Ceci apparaît d'ailleurs à la lecture de l'article 1112 du code civil, qui dispose que « l'initiative, le déroulement et la rupture des négociations précontractuelles sont libres », la seule limite étant bien entendu la bonne foi des parties à la négociation.

Le contrat

Thème principal

Échange des consentements

Mots-clés

Consentement, Offre, Acceptation, Acceptation impossible, Défaut d'offre ferme et précise, Inexistence de la convention

Sujet donné et corrigé établi par

Philippe Casson, Maître de conférences HDR, Université de Haute-Alsace

Premier semestre 2019-2020

› *Commentaire d'arrêt : Civ. 1re, 18 juillet 1967, n° 65-14.384,* Bull. civ. *I, n° 268*

Sur le moyen unique pris en ses deux branches : attendu qu'il résulte des énonciations de l'arrêt infirmatif attaqué que Roullet ayant été victime d'un accident, la compagnie La Concorde lui fit deux offres de transaction, l'une émanant de la direction générale de Paris en proposant une indemnité de 50 000 francs, l'autre de son agent à Marseille, d'un montant de 18 584 francs;

Que Roullet reçut les deux offres le même jour, accepta celle de 50 000 francs et refusa l'autre;

Attendu qu'il est fait grief à la cour d'appel d'avoir déclaré inexistante la transaction conclue entre la compagnie d'assurances et la victime, aux motifs que l'engagement pris par la compagnie était le résultat d'une erreur et d'un malentendu, alors d'une part, que l'inexistence d'une transaction suppose l'absence d'un de ses éléments constitutifs et, d'autre part, que, ainsi que le soulignaient les conclusions laissées sans réponse, l'erreur alléguée portant sur l'étendue du préjudice n'est pas une cause de nullité de la transaction;

Mais attendu que pour lier le pollicitant et permettre la formation du contrat, l'offre doit ne pas être équivoque;

Qu'il n'en est point ainsi lorsque l'offrant adresse en même temps plusieurs offres inconciliables au destinataire qui ne saurait lier l'offrant par un choix qui ne lui est pas concédé par ce dernier et qu'il ne lui appartient pas d'opérer ;

Que l'arrêt relève que le concours réel des volontés indispensables à la conclusion du contrat n'a pu se réaliser en présence de deux offres simultanées et parfaitement contradictoires et inconciliables et que Roullet a opéré de sa seule initiative un choix totalement arbitraire sans en référer au préalable à son cocontractant ;

Que par ces seuls motifs, la cour d'appel a justifié sa décision et répondu aux conclusions prétendument délaissées ;

Qu'ainsi le moyen ne saurait être accueilli en aucune de ses branches ;

Par ces motifs : rejette le pourvoi formé contre l'arrêt rendu le 24 juin 1965 par la cour d'appel d'Aix-en-Provence, n° 65-14 384, *Roullet c/ Compagnie d'assurances La Concorde*. Premier Président : M. Bornet – Rapporteur : M. Mazeaud – Avocat général : M. Blondeau – Avocats : MM. Calon et Le Bret.

› Préparation

Analyse du sujet
La difficulté essentielle du sujet était pour les étudiants d'appliquer la méthode du commentaire d'arrêt enseignée en séance de travaux dirigés. Une fois l'arrêt bien analysé, il leur fallait expliquer si l'arrêt s'inscrivait dans la jurisprudence classique sur la formation du contrat.
Plan du corrigé
I/ Le caractère équivoque de l'offre *A – L'unicité de pollicitant* *B – La pluralité d'offres* II/ entraîne l'efficacité de l'acceptation *A – L'acceptation impossible* *B – L'inexistence de la convention*

› Corrigé

Suite à un accident, un assureur présente, dans le cadre d'une transaction, deux offres, l'une émanant de la direction générale de Paris d'un montant de 50 000 francs, l'autre émanant d'un agent général d'un montant de 18 854 francs. Le destinataire de ces offres, reçues le même jour, accepte celle de 50 000 francs et refuse l'autre. L'assureur refuse de payer. La cour d'appel d'Aix-en-Provence a retenu l'inexistence de la transaction. Devant la Cour de cassation, le destinataire des offres soutenait que l'inexistence d'une transaction suppose l'absence d'un de ses éléments constitutifs ; de plus, en l'espèce, l'erreur commise par l'assureur en présentant deux propositions chiffrées portant sur l'étendue du préjudice ne saurait constituer une cause de nullité. Le pourvoi du destinataire des offres est rejeté à juste titre le contrat n'ayant pu se former faute d'une offre ferme et précise (I). Dès lors, le destinataire des offres ne pouvait unilatéralement décider d'accepter l'une des deux propositions. La convention alléguée était donc bien inexistante (II).

I/ Le caractère équivoque de l'offre

En l'espèce, le même pollicitant (A) avait présenté deux propositions de règlement ce qui rendait équivoque la prétendue offre de transaction (B).

A – L'unicité de pollicitant

Bien que deux offres aient été présentées, l'une de 50 000 francs et l'autre de 18 854 francs, elles émanaient bien du même pollicitant. En effet, l'offre de 50 000 francs était le fait de la direction générale de la compagnie d'assurances. L'autre offre de 18 854 francs résultait d'une initiative de l'agent général de cette même compagnie. L'agent général agit ici en tant que mandataire de la compagnie qu'il représente. Ce faisant, l'agent général intervient au nom et pour le compte de sa mandante. En vertu de la théorie de la représentation il y avait bien deux propositions émanant l'une de l'offrant lui-même, l'autre de son mandataire agissant en ses lieux et place. C'est la raison pour laquelle se posait la question de la validité de ces offres.

B – La pluralité d'offres

La conclusion d'un contrat suppose la rencontre d'une offre et d'une acceptation. Dans le cas d'espèce, un seul pollicitant présente à son débiteur deux évaluations différentes de son dommage. Pour que la convention se forme, il est nécessaire que l'offre qui est présentée à son destinataire présente deux caractères : la fermeté et la précision. C'est ce qui résulte de la définition retenue en droit positif de l'offre susceptible d'aboutir à la conclusion d'un contrat. L'offre est la « proposition ferme de conclure, à des conditions déterminées, un contrat, de telle sorte que son acceptation suffit à la formation de celui-ci » (F. Terré, Ph. Simler, Y. Lequette, F. Chénedé, *Droit civil, Les obligations*, Dalloz, coll. « Précis », 12e éd., 2018, n° 165). Ce que reprend en substance l'article 1114 du code civil issu de l'ordonnance n° 2016-131 du 10 février 2016 aux termes duquel « L'offre… comprend les éléments essentiels du contrat envisagé et exprime la volonté de son auteur d'être lié en cas d'acceptation ».

L'offre doit être précise en ce sens qu'elle doit décrire les éléments essentiels du contrat. Par exemple en matière de vente, l'offre doit préciser pour valoir en tant que telle, ce qui est vendu et à quel prix. L'offre doit ensuite être ferme, c'est-à-dire que sa seule acceptation doit suffire à former le contrat : elle doit donc exprimer la volonté de l'offrant d'être lié en cas d'acceptation. En conséquence, une offre qui comporte des réserves, comme par exemple une offre portant sur la vente d'un bien précis dont le prix resterait à débattre, n'en constitue pas une qui soit de nature à donner lieu à la conclusion du contrat car le destinataire d'une telle offre ne peut l'accepter en l'état, un de ses éléments essentiels restant à déterminer.

En l'espèce, une offre a bien été présentée au destinataire de manière simultanée, mais dans des conditions telles que ce dernier ne peut savoir si la somme qui lui est proposée est celle de 50 000 francs ou bien celle de 18 854 francs. Notons que la Cour de cassation prend soin de relever que les deux offres ont été présentées simultanément au destinataire ce qui exclut une quelconque chronologie qui permettrait de considérer que l'une ayant succédé à l'autre, c'est la dernière en date qui vaudrait offre en replacement de la précédente. Une telle pluralité d'offres est ambiguë car elle ne répond pas à la condition de précision (quelle est celle des deux sommes qui est offerte ?) ni non plus à celle de fermeté (sur quel montant l'auteur de ces offres entend-il s'engager ?). L'équivocité de l'offre a donc pour conséquence que celle-ci ne peut valoir en tant qu'offre et constituer le premier élément requis pour la formation du contrat. Dès lors, si l'offre est inexistante, cela rend sans effet l'acceptation du destinataire.

II/ entraîne l'inefficacité de l'acceptation

L'offre ne valant pas en tant que telle, son acceptation est impossible (A). L'inexistence de la convention sanctionne logiquement l'absence d'offre, condition *sine qua non* de la formation du contrat (B).

A – L'acceptation impossible

L'offre doit se suffire à elle-même pour que l'acceptation puisse entraîner la conclusion du contrat. L'acceptation résulte de l'agrément pur et simple de l'offre par son destinataire. C'est la règle reprise par l'article 1118 du code civil issu de l'ordonnance n° 2016-131 du 10 février 2016 aux termes duquel « L'acceptation est la manifestation de volonté de son auteur d'être lié dans les termes de l'offre ». Cela implique que le destinataire de l'offre ne doit pas avoir d'autre initiative que d'accepter l'offre qui lui est faite ; il ne peut pas la modifier, car ce faisant il devient à son tour pollicitant puisqu'il offre de conclure le contrat à des conditions différentes de celles proposées par l'offrant premier en date.

Dans l'arrêt sous analyse, la situation se présentait différemment, car le destinataire de l'offre ne proposait pas de modifier l'un des termes de celle-ci. Il avait choisi celle des deux offres qui lui agréait en retenant la plus élevée des deux. Il n'y avait donc pas acceptation pure et simple d'une offre ferme et précise ; le destinataire complétait unilatéralement une offre équivoque. À moins qu'une telle faculté n'ait été prévue par l'offre elle-même, ce qui n'était pas le cas en l'espèce, il n'était pas possible dans ces conditions d'admettre que le destinataire puisse agir de la sorte.

L'offre était donc inexistante en raison de son équivocité : son destinataire ne pouvait donc l'accepter en la complétant. La sanction d'une telle situation relève bien de la théorie de l'inexistence de la convention.

B – L'inexistence de la convention

La nullité sanctionne l'acte juridique qui ne remplit pas les conditions requises pour sa formation. Ainsi, le défaut d'objet ou l'incapacité d'une des parties est sanctionné par la nullité de la convention. L'erreur-obstacle, qui intervient lorsque les parties commettent une erreur sur la nature ou l'objet du contrat – l'une pensait conclure un contrat de vente, l'autre un contrat de bail – est sanctionnée par une nullité. En l'espèce, la cour d'appel a relevé l'inexistence de la transaction, ce qui lui était reproché par le demandeur au pourvoi qui prétendait que l'erreur commise par le pollicitant, en proposant deux sommes d'un montant différent, ne constituait pas une cause de nullité. Le contrat s'avère inexistant lorsqu'il est dépourvu d'un élément sans lequel on ne peut concevoir qu'il y ait un acte juridique : en conséquence, contrairement à la nullité, l'inexistence n'aurait pas besoin d'être prononcée en justice ; en outre elle serait imprescriptible. Même si cette notion est contestée en doctrine (F. Terré, Ph. Simler, Y. Lequette, F. Chénedé, *op. cit.*, n° 140) et que le législateur de 2016 n'a pas jugé utile de se prononcer, la jurisprudence en fait néanmoins application, notamment dans les hypothèses tout à fait exceptionnelles où il n'y a eu aucun concours effectif de volonté comme en l'espèce où, à défaut d'offre aucun contrat n'a pu être conclu (J. Ghestin (dir.), *Traité de droit civil, La formation du contrat, Tome II : L'objet et la cause – Les nullités*, LGDJ, 4e éd., 2013, n° 2133 *in fine*). L'inexistence relevée par les juges du fond correspondait donc bien à la réalité de la situation.

Le contrat

› *Commentaire d'arrêt : Civ. 3e, 3 mai 2018, n° 17-11.132*

Thème principal

Erreur sur les qualités essentielles

Mots-clés

Annulation du contrat, Erreur inexcusable, Professionnel qualités essentielles

Sujet donné et corrigé établi par

Jean-Baptiste Seube, Professeur, Université de La Réunion

Premier semestre 2019-2020

Attendu, selon l'arrêt attaqué (Douai, 24 nov. 2016), que, par acte authentique dressé le 14 avril 2010 par M. Z., notaire, M. et Mme C... ont vendu à la société civile immobilière Immo Éclair 59 (la SCI) un appartement d'une superficie de 13,49 mètres carrés, alors loué à un tiers ; que, par lettre recommandée avec demande d'avis de réception du 29 octobre 2010, le service communal d'hygiène et de santé a informé la SCI qu'à la suite de sa visite des lieux, il avait été constaté que la pièce principale était d'une superficie inférieure à 9 mètres carrés, ce qui était contraire à la réglementation en vigueur, et lui a enjoint de faire cesser sans délai toute occupation de ce local ; qu'ayant été mise en demeure par arrêté préfectoral du 25 mai 2011 de faire cesser l'occupation des lieux en tant qu'habitation, la SCI a assigné M. et Mme C..., le notaire, la société Sergic, agent immobilier, et la Caisse de crédit mutuel de Ronchin en annulation de la vente et du prêt, en remboursement de la commission versée à l'agence immobilière et en paiement de diverses sommes ;

Attendu que M. et Mme C... et la société Sergic font grief à l'arrêt d'annuler la vente, alors, selon le moyen

1°/ que l'erreur n'est une cause de nullité du contrat que dans la mesure où elle est excusable ; qu'est inexcusable l'erreur prétendument commise par une SCI – dont l'objet social est « l'acquisition, la location, l'édification, l'exploitation et la gestion ainsi que la cession éventuelle de tous immeubles, biens et droits immobiliers » – qui acquiert un immeuble aux fins de le louer en parfaite connaissance de ses dimensions et caractéristiques, lesquelles excluent toute possibilité de location en vue de l'habitation en vertu de règlements antérieurs à l'acquisition ; qu'ainsi, la cour d'appel a violé l'article 1110 du code civil dans sa version applicable au litige ;

2°/ que ne peut constituer une erreur sur la substance du bien vendu les possibilités juridiques d'exploitation de ce bien préexistantes et nécessairement connues du vendeur ; que la cour d'appel a encore violé l'article 1110 du code civil dans sa version applicable au litige ;

Mais attendu qu'ayant souverainement relevé qu'il résultait de l'acte authentique de vente que le bien vendu était loué et qu'en se portant acquéreur du logement, la SCI entendait disposer de la pleine propriété du bien comprenant la possibilité de le mettre en location, qu'il s'agissait d'une qualité essentielle de la chose vendue qui était entrée dans le champ contractuel et qui avait été déterminante de son consentement, qu'elle n'avait pas la qualité de professionnel de l'immobilier et que son erreur sur cette qualité essentielle du logement était excusable, la cour d'appel a pu en déduire que le consentement de la SCI avait été vicié et que la vente devait être annulée...

Document autorisé : code civil.

› Préparation

Analyse du sujet

L'exercice nécessite de clairement identifier les notions clés évoquées par l'arrêt.

Les vendeurs font notamment grief aux juges du fond d'avoir annulé la vente immobilière alors que, selon eux, l'erreur prétendument commise par l'acquéreur était, d'une part, inexcusable, et d'autre part, ne portait pas sur la substance du bien.

La Cour de cassation répond à ces deux arguments dans son attendu principal dont il convient de décortiquer les termes. Pour dire que l'erreur était excusable, la Cour retient que la SCI « n'avait pas la qualité de professionnel de l'immobilier ». Pour dire que l'erreur portait sur la substance du bien, la Cour souligne que le bien étant loué lors de la vente, l'acquéreur avait souhaité avoir la possibilité de le mettre en location de sorte que cette possibilité était entrée dans le champ contractuel.

Le devoir suppose donc d'aborder de nombreuses questions : comment la réforme de 2016/2018 traite-t-elle les notions d'erreur inexcusable ou portant sur une qualité essentielle ? Comment une qualité de la chose entre-t-elle dans le champ contractuel ? L'arrêt commenté n'accepte-t-il pas, indirectement, une erreur sur la rentabilité (qui semble pourtant refusée en jurisprudence) ? Un professionnel peut-il commettre une erreur excusable ? Peut-on vraiment affirmer qu'une SCI n'est pas un professionnel de l'immobilier ?...

L'agencement des idées est assez facile puisque l'on peut sans trop de difficulté bâtir un plan en deux parties : l'une sur l'erreur sur les qualités essentielles, l'autre sur l'erreur inexcusable.

Plan du corrigé

I/ L'erreur sur les qualités essentielles

A – *Une solution cantonnée*

B – *Une incertaine portée*

II/ L'erreur excusable

A – *L'exigence du caractère excusable de l'erreur*

B – *L'appréciation du caractère excusable de l'erreur*

› Corrigé

L'erreur est une représentation erronée de la réalité. Elle est un vice du consentement susceptible de conduire à l'annulation du contrat (C. civ., art. 1130). Le souci de sécurité juridique impose cependant que toutes les erreurs ne conduisent pas ce résultat. Il est ainsi des erreurs, dites indifférentes, qui, même si elles étaient avérées, laisseraient intact le contrat conclu. Tel est par exemple le cas de l'erreur inexcusable ou de l'erreur ne portant pas sur une qualité essentielle de la prestation. Ces notions étaient au cœur de l'arrêt commenté.

En l'espèce, une société civile immobilière avait acquis un appartement qui, présenté comme étant d'une surface de 13 m^2, était loué par le vendeur. À la suite d'une visite du service communal d'hygiène et de santé peu de temps après la vente, la société apprend que l'appartement est en réalité d'une surface inférieure à 9 m2 et qu'il ne peut, de ce fait, être loué. La SCI décide alors d'intenter une action en annulation du contrat conclu. La cour d'appel de Douai fait droit à sa demande. Les vendeurs forment un pourvoi devant la Cour de cassation en développant deux arguments : d'une part, ils considèrent qu'une erreur sur les possibilités juridiques d'exploitation du bien (c'est-à-dire une erreur sur l'aptitude du bien à être loué) ne peut constituer une erreur sur la substance du bien vendu ; d'autre part, ils considèrent que l'erreur prétendument commise par la SCI, dont l'objet social est l'acquisition d'immeubles en vue de les louer, est inexcusable. Par un arrêt du 3 mai 2018, la Cour de cassation rejette le pourvoi : « Mais attendu qu'ayant souverainement relevé qu'il résultait de l'acte authentique de vente que le bien vendu était loué et qu'en se portant acquéreur du logement, la SCI entendait disposer de la pleine propriété du bien comprenant la possibilité de le mettre en location, qu'il s'agissait d'une qualité essentielle de la chose vendue qui était entrée dans le champ contractuel et qui avait été déterminante de son consentement, qu'elle n'avait pas la qualité de professionnel de l'immobilier et que son erreur sur cette qualité essentielle du logement était excusable, la cour d'appel a pu en déduire que le consentement de la SCI avait été vicié et que la vente devait être annulée ».

L'arrêt est intéressant à double titre. D'abord, parce qu'il montre l'importance de l'appréciation souveraine des juges du fond dans la caractérisation de l'erreur. En effet, la Cour de cassation précise bien que les juges de la cour d'appel ont « souverainement relevé » certaines considérations factuelles desquelles ils « ont pu déduire que le consentement de la SCI était vicié ». On mesure ainsi que ce contentieux repose très largement sur des circonstances qui seront soulevées par les plaideurs et retenues ou non par les juges du fond. Ensuite, parce qu'il est rendu à une époque troublée : l'arrêt est en effet rendu en contemplation du droit antérieur à la réforme de 2016, mais il s'inspire malgré tout de la sémantique issue de la réforme. Ainsi, alors que l'article 1110 ancien du code civil évoquait l'erreur « sur la substance même de la chose » objet de la convention, l'arrêt vise une « erreur sur la qualité essentielle », terminologie retenue par les nouveaux articles 1132 et 1133 du code civil. Malgré ce, sachant que la réforme de 2016 n'a pas apporté de changements retentissants en ce qui concerne l'erreur, on peut légitimement penser qu'il existera un certain *continuum* entre le droit ancien et le droit nouveau des contrats sur cette question.

Cette remarque rend d'autant plus utile de se pencher sur les deux questions qui étaient au cœur de la décision : les juges considèrent que l'erreur commise par l'acheteur sur l'aptitude du bien à être loué portait sur les qualités essentielles (I) et était excusable (II).

I/ L'erreur sur les qualités essentielles

En matière immobilière, la Cour de cassation a admis de nombreuses erreurs portant les qualités essentielles de la chose vendue : erreur sur le caractère constructible du terrain (Civ. 3e, 12 juin 2014, no 13-18.446 ; Civ. 3e, 13 nov. 2014, no 13-24.027), erreur sur l'absence de permis de construire (Civ. 3e, 13 juill. 1999, no 97-16.362), erreur sur la superficie et l'affectation d'un lot de copropriété (Civ. 3e, 21 mai 2008, no 07-10.772)… L'arrêt commenté apporte une nouvelle fleur à ce bouquet déjà bien garni : il indique que l'erreur de l'acheteur sur l'aptitude du bien à être loué est une erreur sur les qualités essentielles de la chose vendue. Il convient cependant de relever que cette affirmation n'est pas générale : elle repose en effet sur certaines considérations factuelles qui cantonnent la solution. Même ainsi cantonnée, l'admission de cette nouvelle erreur pose la question de sa distinction d'avec l'erreur sur la rentabilité, qui est rejetée par les tribunaux. En cela, même si la solution est cantonnée (A), elle a une incertaine portée (B).

A – Une solution cantonnée

Pour dire que la possibilité de louer l'immeuble était entrée dans le champ contractuel et avait été déterminante du consentement de la SCI, la Cour de cassation rappelle que « le bien était loué » et qu'en se portant acquéreur, la SCI « entendait disposer de la pleine propriété du bien comprenant la possibilité de le mettre en location ». En cela, la solution repose sur une condition objective (1) et une condition subjective (2).

1 • La condition objective

La condition objective tient au fait que l'appartement, au jour de la vente, était loué. On en déduit donc que les acheteurs avaient légitimement pu penser que la location était possible, puisque l'appartement dont ils envisageaient l'acquisition était déjà donné en location.

On mesure par-là, d'une part, que l'erreur s'apprécie au moment de la conclusion du contrat (en ce sens, Civ. 3e, 24 nov. 2016, no 15-26.226).

On mesure, d'autre part, que le fait que l'appartement ait été loué au jour de la vente a pour conséquence que la possibilité de le louer était nécessairement entrée dans le champ contractuel. La formule retenue par la Cour de cassation rappelle la lettre du nouvel article 1135 du code civil : « l'erreur sur un simple motif… n'est pas cause de nullité, à moins que les parties n'en aient fait expressément un élément déterminant de leur consentement ». On peut cependant admettre que le fait que l'appartement soit loué ne constitue qu'un simple indice, dont la valeur sera abandonnée à la sagacité des juges du fond. Il nous semble que l'erreur serait admissible si, alors même que le bien n'était pas loué au moment de la vente, l'acquéreur pouvait néanmoins croire qu'il pouvait l'être.

2 • La condition subjective

La condition subjective tient à l'affirmation que la SCI entendait disposer de la pleine propriété du bien comprenant la possibilité de le mettre en location. Cette affirmation rappelle évidemment que la propriété est le droit d'user, de jouir et de disposer de la chose. Elle reste néanmoins énigmatique : est-ce à dire que le propriétaire d'un appartement de moins de 9 m2 n'en a pas la « pleine propriété » parce qu'il ne peut pas le louer ? La chose paraît discutable car même s'il ne peut le louer, il en demeure propriétaire et peut l'habiter, le prêter, le vendre...

Il faut donc penser que la vente d'un bien impossible à louer ne sera pas systématiquement annulée : tel ne sera le cas que si l'acquéreur souhaitait louer le bien (et c'est le cas d'une SCI dont l'objet est l'acquisition d'appartement pour en tirer des revenus locatifs). Mais il est tout à fait envisageable que l'acquéreur souhaite acquérir le bien, parfaitement conscient qu'il n'est pas louable. En pareilles hypothèses, le contrat restera valable.

B – Une incertaine portée

Les vendeurs estimaient que les possibilités juridiques d'exploitation du bien ne pouvaient être le siège d'une erreur sur la substance. Ils visaient incidemment la jurisprudence refusant l'admission de l'erreur sur la rentabilité. On aurait cependant tort de penser que l'arrêt commenté contrarie la jurisprudence antérieure (1) ; il s'agence parfaitement avec elle (2).

1 • Une contrariété avec la jurisprudence antérieure ?

Il est fréquent qu'un acheteur immobilier soit animé de différents mobiles : faire une opération de défiscalisation, avoir de forts rendements locatifs... Peut-il, si ses espérances sont douchées, prétendre avoir été victime d'une erreur puisque, s'il avait su la défiscalisation ou la perception de loyers impossibles, il n'aurait pas acquis l'immeuble ? La Cour de cassation refuse de tels arguments en se fondant tantôt sur le fait que l'erreur sur un simple motif est indifférente (voir C. civ., art. 1135 et Civ. 1re, 13 févr. 2001, n° 98-15.092 ; Civ. 3e, 24 avr. 2003, n° 01-17.458) tantôt sur le fait que l'erreur sur l'appréciation économique d'une prestation l'est aussi (voir C. civ., art. 1136). Plus précisément, il a été retenu que « l'appréciation erronée de la rentabilité économique d'une opération immobilière ne constitue pas une erreur sur la substance de nature à vicier le consentement » (Civ. 3e, 31 mars 2005, n° 03-20.096). Même si la solution est à nuancer dans certains contentieux, comme celui de la franchise (v. Com. 4 oct. 2011, *D.* 2011. 3052, note N. Dissaux), elle reste parfaitement fondée :

c'est à l'acheteur à supporter les conséquences d'une éventuelle mauvaise appréciation du potentiel locatif de l'appartement acquis.

Les vendeurs invoquaient cette jurisprudence en affirmant que l'erreur sur la possibilité de louer le bien ne peut constituer une erreur sur la substance. Sans le dire, ils considéraient que la possibilité de louer était un motif propre à l'acheteur ou constituait une erreur sur la rentabilité. Il est alors possible d'interpréter la solution commentée comme venant atténuer le traditionnel refus de la prise en compte de l'erreur sur la rentabilité. Il nous semble pourtant cette solution s'agence très bien avec la jurisprudence passée.

2 • Un agencement avec la jurisprudence antérieure

L'arrêt précité du 31 mars 2005 visait une véritable erreur sur la rentabilité : le locataire espérait pouvoir louer 100; du fait de la mauvaise appréciation du marché locatif, il ne peut louer que 60. L'arrêt ici analysé vise une autre hypothèse : alors que l'acheteur pensait pouvoir louer le bien, cette location est purement et simplement impossible. L'erreur ne porte donc pas tant sur la rentabilité que sur une qualité essentielle du bien : son aptitude à être loué. Les deux jurisprudences peuvent donc parfaitement se maintenir : si l'acquéreur se plaint de ne pas louer l'appartement aussi bien qu'il l'aurait espéré, son erreur sera irrecevable; s'il se plaint de ne pas pouvoir louer le bien, alors qu'il croyait la location possible, son erreur sera de nature à entraîner l'annulation du contrat... pourvu cependant que soient remplies les conditions évoquées plus haut (cf. *supra* I.A). Outre l'erreur sur les qualités essentielles, l'arrêt apporte aussi d'utiles informations sur son caractère excusable.

II/ L'erreur excusable

Les développements sur le caractère excusable de l'erreur seront plus brefs. Les vendeurs rappelaient à juste titre que « l'erreur n'est cause de nullité que si elle est excusable ». Si l'arrêt ne remet pas en cause cette réalité, il est en revanche doté d'une une forte dimension pratique dans l'appréciation du caractère excusable. Ainsi, l'arrêt rappelle seule l'erreur excusable peut entraîner l'annulation du contrat (A), mais son apport le plus important porte sur l'appréciation, en l'espèce, de ce caractère (B).

A – L'exigence du caractère excusable de l'erreur

Si le code civil de 1804 ne posait pas expressément la distinction entre l'erreur excusable et l'erreur inexcusable, la jurisprudence a vite retenu le principe selon lequel seule l'erreur excusable pouvait entraîner l'annulation du contrat (par exemple, Civ. 1re, 16 déc. 1964, *D.* 1965. 136). Cette solution se justifie par l'adage latin *De non vigilantibus non curat praetor* (le juge ne se soucie pas des contractants insouciants).

Le contentieux s'illustre souvent en matière de vente d'œuvre d'art, lorsque l'acheteur prétend avoir confondu la mention « signé Picasso » ou « attribué à Picasso », alors qu'il est lui-même amateur d'art ou professionnel du secteur (par exemple, Civ. 1re, 14 déc. 2004, nº 10-03.523).

Les solutions sont désormais bien acquises et la réforme de 2016 a consacré à l'article 1132 le fait que l'erreur devait être excusable. La Cour de cassation ne discute pas cette question ; son apport touche à l'appréciation du caractère excusable de l'erreur ici commise.

B – L'appréciation du caractère excusable de l'erreur

Les vendeurs estimaient que l'erreur commise par la SCI, dont l'objet social était « l'acquisition, la location, l'édification, l'exploitation et la gestion ainsi que la cession éventuelle de tous immeubles, biens et droits immobiliers », était inexcusable. En sa qualité de professionnelle du marché immobilier, la SCI aurait donc dû faire preuve de diligences renforcées et ne pouvait pas ignorer le fait qu'un appartement tel que celui vendu ne pouvait être loué. La Cour de cassation ne retient pourtant pas cette prétention en relevant que la SCI « n'avait la qualité de professionnelle de l'immobilier et que son erreur était excusable ». Il convient alors de se demander si la qualité de professionnel exclut nécessairement l'erreur (1) et si une SCI est un professionnel de l'immobilier (2).

1 • Professionnel et erreur excusable

Il convient d'abord de relever que le fait que le contractant soit un professionnel n'implique pas, *ipso facto*, le caractère inexcusable de l'erreur. Même des professionnels peuvent se tromper. Il a par exemple été admis que l'erreur commise par l'acheteur professionnel qui s'était fié à la photographie d'un objet et aux explications du commissaire-priseur était excusable (Civ. 1re, 8 déc. 2009, no 08-16.471). En réalité, il n'y a aucun automatisme en la matière puisque les juges du fond disposent d'un véritable pouvoir souverain d'appréciation en la matière. C'est ce que rappelle d'ailleurs le nouvel article 1130 al. 2 du code civil.

2 • SCI et professionnel de l'immobilier

Reste alors à se demander si, en l'espèce, l'erreur commise par la SCI devait ou non être considérée comme excusable. Son objet social milite en faveur de l'erreur inexcusable. Ce serait pourtant mal connaître la réalité : une société civile immobilière est souvent composée entre les membres d'une même famille qui, sans être des professionnels de l'immobilier, espèrent faciliter la transmission successorale de l'immeuble. Il est fiscalement en effet plus avantageux de transmettre des parts de société que de transmettre un immeuble. De fait, il est tout à fait possible de penser, au regard de ces circonstances, que l'erreur commise par la SCI était excusable.

Le contrat

› *Commentaire d'arrêt : Com. 13 mars 2019, n° 17-19.501, NP*

Thème principal

Erreur – Vice du consentement

Mots-clés

Contrat, Qualités essentielles, Erreur sur la valeur, Caractère déterminant de l'erreur

Sujet donné et corrigé établi par

Kiteri Garcia, Maître de conférences, Université de Pau et des pays de l'Adour

Premier semestre 2019-2020

Sur le moyen unique :

Attendu, selon l'arrêt attaqué (Lyon, 21 mars 2017), que M. A..., qui avait acquis, le 23 février 2011, les 4 000 actions composant le capital de la société CGF chaudronnerie Garcia frères (la société CGF) a, par acte du 4 avril 2011, cédé 45 % de ces actions à la société JMGC Participations (la société JMGC), au prix d'un euro ; que la société CGF a été mise en redressement puis liquidation judiciaires, les 17 mai et 11 octobre 2011, la date de cessation des paiements étant reportée au 31 mars 2011 ; que soutenant que son consentement avait été vicié par une erreur sur les qualités substantielles des titres cédés, la société JMGC a assigné M. A... en annulation de la cession ;

Attendu que la société JMGC fait grief à l'arrêt de rejeter sa demande alors, selon le moyen :

1°/ que, l'acquéreur de parts sociales commet une erreur sur la substance des titres vendus, lorsqu'au jour de la cession, la société dont les parts ont été vendues n'est plus en mesure de développer une activité conforme à son objet social, notamment parce qu'elle était d'ores et déjà en état de cessation des paiements ; qu'en ayant jugé que le consentement de la société JMGC Participations n'avait pu être vicié par une erreur, car la situation très obérée de la société CGF ne lui avait pas été dissimulée, sans rechercher si la cessionnaire n'avait pas commis une erreur, non pas simplement sur la valeur, mais sur la substance des actions vendues, puisque la société cédée qui était en état de cessation des paiements, ne pouvait plus développer d'activité économique conforme à son objet social, la cour d'appel a privé sa décision de base légale au regard des articles 1109 et 1110 anciens du code civil ;

2°/ que le défaut de réponse à conclusions équivaut à un défaut de motifs ; qu'en ayant omis de répondre aux conclusions de la société JMGC, ayant fait valoir qu'en acquérant les titres de la société CGF qui se trouvait déjà en état de cessation des paiements, avait commis une erreur sur la substance des actions vendues, car la société cédée ne pouvait plus développer d'activité économique, la cour d'appel a méconnu les prescriptions de l'article 455 du code de procédure civile ;

3°/ que le prix modique ou symbolique des actions cédées n'exclut pas l'erreur sur les qualités substantielles des titres que l'acquéreur a pu commettre, l'entreprise n'étant plus viable au jour de la cession ; qu'en ayant, par adoption des motifs des premiers juges, considéré, pour écarter le vice d'erreur, le prix d'un euro auxquelles les actions de la société CGF avaient été vendues à la société JMGC, la cour d'appel a privé son arrêt de base légale au regard des articles 1109 et 1110 anciens du code civil ;

Mais attendu qu'après avoir rappelé les termes du protocole du 4 avril 2011 qui précisait que la société CGF, dont le chiffre d'affaires avait diminué de 80 % dans les deux derniers mois, était menacée d'un péril imminent, qu'elle était au bord du gouffre, les banques ayant supprimé les facilités de caisse jusqu'alors consenties, et que la rupture des relations avec la société BNP Factor conduisait la société, de manière certaine, à la cessation des paiements, l'arrêt retient que les conditions dans lesquelles s'est négociée la cession démontrent que la société JMGC, à la disposition de laquelle le cédant avait mis tous les documents utiles relatifs à la situation financière et comptable de la société CGF, et qui avait pu conduire un audit complet de cette dernière avec le concours de son expert-comptable, était complètement informée de la situation désastreuse de cette société à la date de la cession et, notamment, de ce que, à la suite de la rupture des concours bancaires, sa trésorerie ne lui permettrait pas, à très bref délai, de financer la poursuite de son activité, un redressement n'étant envisageable que par un apport de fonds, ce que confirmait la fixation du prix des mille huit cents actions à l'euro symbolique cependant que le vendeur les avait acquises quelques semaines auparavant pour un prix de 9 000 euros ; qu'en l'état de ces constatations et appréciations, faisant ressortir que la situation financière de la société CGF, dont les parts étaient cédées, n'avait pas de caractère déterminant pour la société JMGC qui en connaissait la situation très obérée de la société, et rendant inopérante la recherche invoquée à la première branche, la cour d'appel, qui a répondu aux conclusions prétendument omises et qui ne s'est pas déterminée au seul motif que le prix de cession était symbolique, a légalement justifié sa décision ; que le moyen n'est pas fondé ;

PAR CES MOTIFS :

REJETTE le pourvoi [...]

› Préparation

Analyse du sujet

La difficulté de ce sujet réside davantage dans la forme que dans le fond : l'exercice du commentaire d'arrêt est parfois redouté par les étudiants de 2e année, inquiets à l'idée de trouver un plan.

Il ne faut pas oublier que le plan découle de la réponse apportée au problème de droit auquel l'élaboration de la fiche d'arrêt doit conduire. Cette dernière, qui compose pour grande partie l'introduction du commentaire, doit donc être particulièrement travaillée et soignée dans sa rédaction.

Sur le fond, ce commentaire ne pose pas de difficultés majeures à l'étudiant maîtrisant son cours et ayant travaillé les séances de travaux dirigés relatives aux vices du consentement.

Plan du corrigé

I/ La nature de l'erreur invoquée par le cessionnaire
   A – Le rejet de l'erreur prétendue sur les qualités essentielles des droits sociaux
   B – Le rejet de l'erreur impossible sur la valeur des droits sociaux

II/ Les caractères de l'erreur commise par le cessionnaire de droits sociaux
   A – Le défaut de caractère déterminant de l'erreur du cessionnaire
   B – L'erreur inexcusable du cessionnaire déduite du prix modique

› Corrigé

L'arrêt rendu par la Chambre commerciale de la Cour de cassation le 13 mars 2019 est relatif à l'intégrité du consentement et la possibilité que celui-ci soit vicié par une erreur.

Le 4 avril 2011, l'associé d'une société CGF a cédé 45 % de sa participation à une société JMGC au prix d'un euro. La société CGF a par la suite été mise en redressement puis liquidation judiciaires, la date de cessation des paiements étant fixée au 31 mars 2011.

Arguant que son consentement avait été vicié par une erreur sur les qualités substantielles des titres cédés, la société JMGC a assigné l'associé vendeur en annulation de la cession. Sa demande ayant été rejetée par la cour d'appel de Lyon le 21 mars 2017, elle a formé un pourvoi en cassation.

Selon le pourvoi, le consentement donné à la cession de droits sociaux était vicié dans la mesure où la société a été vendue alors qu'elle n'était plus en mesure de développer une activité conforme à son objet social, étant déjà en état de cessation des paiements. La cour d'appel aurait dû rechercher si l'acquéreur n'avait pas commis une erreur, non pas uniquement sur la valeur des actions vendues mais sur leur substance. De plus, pour le pourvoi, la modicité du prix des actions n'exclut pas l'erreur sur les qualités substantielles que l'acquéreur a pu commettre. La cour d'appel aurait ainsi méconnu les articles 1109 et 1110 anciens du code civil.

Il revient ainsi à la Cour de cassation de déterminer si un acquéreur peut commettre une erreur en achetant les droits sociaux d'une société en cessation des paiements au prix d'un euro symbolique, alors même qu'il a été alerté quant à l'état dégradé de cette société ?

Les moyens du pourvoi ne parviennent pas à convaincre la Cour de cassation qui relève que l'acquéreur était parfaitement informé de la situation financière catastrophique de la société vendue. En effet, l'acte de cession précisait que le chiffre d'affaires avait récemment diminué de 80 % et que les banques avaient supprimé les facilités de caisse jusqu'alors consenties. L'acte précisait également que la rupture des relations avec un important partenaire condamnait la société, en l'absence d'apport de fonds importants, à la cessation des paiements. En outre, souligne la Cour, l'acquéreur avait pu mener un audit complet avec son expert-comptable si bien qu'il avait connaissance de l'état de la société vendeuse et que cette situation financière ne présentait pas de caractère déterminant de son consentement; le rejet du pourvoi s'imposait.

Cet arrêt illustre le rejet du vice du consentement que constitue l'erreur et notamment le fait que l'erreur commise par une partie, à elle seule, ne suffit pas. À l'instar des autres vices du consentement, énumérés par l'article 1130 du code civil à savoir le dol et la violence, l'erreur doit répondre à des conditions légales. De sorte que, pour la Cour de cassation, peu importe la nature de l'erreur invoquée par le cessionnaire (I), celle-ci ne pouvait pas vicier son consentement, faute de répondre aux caractères exigés pour entraîner la nullité du contrat (II).

I/ La nature de l'erreur invoquée par le cessionnaire

Au titre des vices du consentement, toutes les erreurs ne peuvent être invoquées : le nouvel article 1132 du code civil indique qu'elle est une cause de nullité du contrat lorsqu'elle porte sur les qualités essentielles de la prestation due, dont le cessionnaire s'estimait victime en l'espèce (A). Elle ne doit pas être confondue avec l'erreur sur la valeur des droits sociaux qui ne peut entraîner la nullité d'un contrat (B).

A – Le rejet de l'erreur prétendue sur les qualités essentielles des droits sociaux

L'erreur peut se définir comme une appréciation erronée de la réalité. L'ancien article 1110 du code civil, repris pour l'essentiel dans le nouvel article 1132 avec la réforme du 10 février 2016, permet l'annulation d'un contrat pour vice d'erreur à condition que la victime ait commis une véritable erreur, de manière excusable, qu'elle soit déterminante du consentement, et qu'elle porte sur les qualités essentielles de la prestation due.

En l'espèce le cessionnaire invoquait une erreur sur les qualités des actions vendues puisqu'au jour du contrat, la société était en état de cessation de paiement et qu'elle n'était plus en mesure de développer son activité sociale. L'acquéreur prétendait donc s'être trompé, ce que n'admet pas la Cour de cassation. Pour elle, l'acquéreur connaissait la situation financière difficile de la société, ce que l'audit et l'information donnée par le vendeur dans l'acte de cession confirmaient. Le cessionnaire n'a donc pas pu se tromper ni commettre d'erreur sur la substance, aujourd'hui qualités essentielles, des actions vendues car il avait pris la pleine mesure de la situation périlleuse de la société.

Il est probable que l'acquéreur regrette un mauvais investissement, qu'il soit déçu. Seulement, la déception ne doit pas se confondre avec l'erreur. L'erreur consiste à se tromper au regard d'éléments objectifs mal appréciés, alors que la déception découle d'une insatisfaction ou d'un espoir qui ne se réalise pas. L'opération est pour lui décevante car la société est liquidée alors qu'il vient d'en acquérir les titres. Si erreur il y a, il s'agit alors d'une erreur sur la valeur, ne permettant pas l'annulation de la vente.

B – Le rejet de l'erreur impossible sur la valeur des droits sociaux

L'erreur sur les qualités essentielles, permettant la nullité, doit être distinguée de l'erreur sur la valeur qui, en tant qu'appréciation économique inexacte, n'est pas une cause de nullité selon l'article 1136 du code civil, sauf à ce qu'elle soit intégrée au champ contractuel.

Si l'acquéreur en l'espèce a mal apprécié le passif de la société, alors qu'il disposait de toutes les informations nécessaires, il a commis une erreur sur la valeur comme l'a d'ailleurs relevé la cour d'appel. Il a certes parfois été admis par la jurisprudence que la valeur ou la rentabilité deviennent une qualité essentielle : l'erreur porte alors sur la substance et se trouve seulement être à l'origine d'une erreur sur la valeur. En l'espèce, l'acquéreur avait obtenu de multiples renseignements sur la situation difficile de la société. Faute d'erreur sur les qualités substantielles des droits sociaux mais seulement sur leur valeur, l'erreur ne constitue pas une cause de nullité de la convention. Que la date de cessation des paiements ait été fixée à une date antérieure à la vente n'y change rien dès lors que cette situation était prévisible. En outre, les parties se sont accordées sur un prix d'achat d'un euro symbolique, ce qui signifiait bien que la valeur des actions était dérisoire. L'acquéreur n'était donc pas légitime à se plaindre par la suite d'une erreur.

Au-delà de la nature de l'erreur – sur la substance ou sur la valeur – la Cour de cassation relève surtout l'absence des caractères exigés de l'erreur lorsqu'elle est invoquée au titre de la nullité.

II/ Les caractères de l'erreur commise par le cessionnaire de droits sociaux

Une erreur peut exister sans qu'elle ne vicie le consentement d'une partie. C'est ce que suggère la Cour de cassation en l'espèce, en rappelant que l'erreur doit avoir d'une part, à l'instar des autres vices, un caractère déterminant (A) et qu'elle doit être d'autre part excusable (B).

A – Le défaut de caractère déterminant de l'erreur du cessionnaire

L'article 1130 du code civil le prévoit désormais : l'erreur doit être de telle nature que sans elle, l'une des parties n'aurait pas contracté ou aurait contracté à des conditions substantiellement différentes. Il s'agit du caractère déterminant du vice sur le consentement, que la Cour de cassation n'estime pas démontré par l'acquéreur.

En effet, ce dernier avait été informé de l'état dégradé de la société. Malgré les documents transmis et l'audit qu'il a pu pratiquer avec un expert-comptable, l'acheteur a tout de même accepté la cession, ce qui démontre que la situation financière désastreuse de la société n'était pas déterminante de son consentement. Or, sans caractère déterminant, l'erreur ne saurait être admise puisque cela entraînerait alors la remise en cause de nombreuses conventions comportant une erreur minime. En d'autres termes, l'erreur doit être d'une telle importance que, sans, elle, le contrat ne se serait pas formé, ou à des conditions différentes. Puisqu'en l'espèce l'acquéreur avait la parfaite connaissance du péril financier de la société dont il a quand même tenu à acheter les actions, son erreur n'a pas déterminé son consentement.

B – L'erreur inexcusable du cessionnaire déduite du prix modique

Si elle n'est pas excusable, l'erreur ne peut être cause de nullité selon les termes de l'article 1132 du code civil. Le but est d'éviter les erreurs grossières et d'inattention susceptibles de remettre en cause la sécurité des conventions.

En l'espèce, le caractère excusable n'est pas explicitement mentionné. Toutefois, il se retrouve dans l'argument de la modicité du prix de vente. En réponse à l'un des moyens du pourvoi, la Cour de cassation relève que la cour d'appel ne s'est pas déterminée au seul motif que le prix de cession était symbolique. Les juges du droit semblent ainsi suggérer que le paiement d'un prix symbolique n'exclut pas nécessairement l'erreur sur la substance. Toutefois, ils ne manquent pas de relever que le demandeur a pu acquérir les actions pour un euro alors que leur prix quelques semaines auparavant était de 9 000 euros. La crédulité de l'acquéreur semble ainsi mise en avant, ce qui revient à dire, de manière implicite que son erreur est inexcusable. Faute à la fois du caractère excusable et déterminant de l'erreur, les juges du droit ne pouvaient qu'approuver la cour d'appel. Le vice d'erreur ne saurait être instrumentalisé pour venir au secours de contractants déçus par une rentabilité mal évaluée.

Le contrat

Thème principal

Formation du contrat

Mots-clés

Obligation d'information, Dol, Réticence dolosive

Sujet donné par

Nicolas Rontchevsky, Professeur, Université de Strasbourg

Corrigé établi par

Bienvenue Dodou, Chargé d'enseignement, Université de Strasbourg

Premier semestre 2019-2020

› *Commentaire d'arrêt : Civ. 1re, 3 mai 2000, n° 98-11.381*

Sur le moyen unique, pris en sa deuxième branche :

Vu l'article 1116 du code civil ;

Attendu qu'en 1986, Mme Y... a vendu aux enchères publiques cinquante photographies de X... au prix de 1 000 francs chacune ; qu'en 1989, elle a retrouvé l'acquéreur, M. Z..., et lui a vendu successivement trente-cinq photographies, puis cinquante autres photographies de X..., au même prix qu'elle avait fixé ; que l'information pénale du chef d'escroquerie, ouverte sur la plainte avec constitution de partie civile de Mme Y..., qui avait appris que M. X... était un photographe de très grande notoriété, a été close par une ordonnance de non-lieu ; que Mme Y... a alors assigné son acheteur en nullité des ventes pour dol ;

Attendu que pour condamner M. Z... à payer à Mme Y... la somme de 1 915 000 francs représentant la restitution en valeur des photographies vendues lors des ventes de gré à gré de 1989, après déduction du prix de vente de 85 000 francs encaissé par Mme Y..., l'arrêt attaqué, après avoir relevé qu'avant de conclure avec Mme Y... les ventes de 1989, M. Z... avait déjà vendu des photographies de X... qu'il avait achetées aux enchères publiques à des prix sans rapport avec leur prix d'achat, retient qu'il savait donc qu'en achetant de nouvelles photographies au prix de 1 000 francs l'unité, il contractait à un prix dérisoire par rapport à la valeur des clichés sur le marché de l'art, manquant ainsi à l'obligation de contracter de bonne foi qui pèse sur tout contractant et que, par sa réticence à lui faire connaître la valeur exacte des photographies, M. Z... a incité Mme Y... à conclure une vente qu'elle n'aurait pas envisagée dans ces conditions ;

Attendu qu'en statuant ainsi, alors qu'aucune obligation d'information ne pesait sur l'acheteur, la cour d'appel a violé le texte susvisé ;

PAR CES MOTIFS :

CASSE ET ANNULE, dans toutes ses dispositions, l'arrêt rendu le 5 décembre 1997, entre les parties, par la cour d'appel de Versailles...

› Préparation

Analyse du sujet

L'arrêt proposé ne présente pas de difficulté particulière, du point de vue de l'analyse des faits qui y sont énoncés. La rédaction, assez courte, de la décision permet de résumer rapidement les étapes de la procédure, de même que la position des parties au litige. L'arrêt soumis à commentaire pose le problème de l'obligation d'information et de la réticence dolosive de l'acheteur.

Plan du corrigé

I/ Absence de réticence dolosive de l'acheteur
A – Rappel des éléments de la réticence dolosive
B – Articulation du dol et de l'obligation précontractuelle d'information
II/ Absence d'obligation d'information à la charge de l'acheteur
A – Controverse quant à la portée de l'obligation d'information
B – Clarifications apportées par la réforme du droit des obligations

› Corrigé

Le devoir d'information semble être le produit de l'exigence de transparence qui a investi le droit contemporain, au point de susciter parfois, selon l'expression du Doyen Carbonnier, des « pulsions vitricides ». En appliquant ce devoir au contrat, il n'est pas excessif d'avancer l'idée que l'information est à l'origine d'un contentieux abondant, surtout ces dernières années. L'information connaît une appréciation jurisprudentielle particulière, qui est fonction de la matière considérée. Or, il est un adage bien connu, attribué à Antoine Loysel, suivant lequel « En mariage, trompe qui peut ». Si une transposition de la formule de Loysel peut être faite au contrat d'achat d'un bien et se résumer en ces mots « En contrat, trompe qui peut ! », c'est à la double condition d'être subtile et de ne pas être péremptoire.

L'arrêt à commenter, plus connu sous le nom de jurisprudence *Baldus*, rendu par la première chambre civile de la Cour de cassation le 3 mai 2000, est relatif à l'obligation d'information et à la réticence dolosive de l'acquéreur d'un bien mobilier. La décision, publiée au Bulletin civil, atteste de son importance, du point de vue de la Cour de cassation.

Les faits de l'espèce sont les suivants : En 1986, après avoir réalisé une vente aux enchères publiques d'un lot de photographies de *Édouard Baldus*, un vendeur a postérieurement conclu, avec le même acquéreur, d'autres ventes de gré à gré qui portaient sur un total de quatre-vingt-cinq photographies du même photographe, pour un prix à l'unité identique à celui qui était convenu et fixé lors de la première vente, c'est-à-dire mille francs. Le vendeur ayant lui-même fixé le prix. L'acheteur s'est gardé de révéler à sa cocontractante la valeur desdites photographies, il les avait acquises pour une somme inférieure aux cotations du marché de l'art. Par la suite, le vendeur apprend qu'*Édouard Baldus* était un photographe d'une grande notoriété. Il décide de déposer plainte contre son acquéreur pour escroquerie. Une ordonnance de non-lieu a mis fin à ses espoirs sur le plan pénal. Mais le vendeur s'est résolu à assigner l'acquéreur sur le terrain civil, en tirant prétexte du dol dont il estime avoir été victime.

La cour d'appel de Versailles fit droit à sa demande, le 5 décembre 1997. Elle relève, très exactement, qu'à l'occasion des ventes litigieuses intervenues, l'acheteur avait une connaissance de la valeur réelle des photographies dont il s'était, « grâce » à son silence, porté acquéreur « à un prix dérisoire ». Suivant les juges du fond, dans la mesure où l'acquéreur n'avait pas respecté l'obligation de contracter de bonne foi dont demeure tenu tout contractant, et incité, par sa réticence, le vendeur à devoir conclure le contrat qu'il n'aurait pas envisagé dans ces conditions, il reste débiteur de la restitution de la valeur des photographies, déduction faite du prix de vente, soit la somme de 1 950 000 francs. Or, l'existence d'une réticence dolosive suppose qu'une information due ait été intentionnellement retenue par l'acheteur.

Un pourvoi fut formé. Le problème soumis à la Cour de cassation était celui de savoir si l'acheteur était dans l'obligation de révéler au vendeur la valeur réelle des biens qui ont fait l'objet de la cession.

La Première chambre civile de la Haute juridiction, se montrant insensible à la solution retenue en appel, balaie sèchement l'argumentaire développé par les juges du fond. Elle casse l'arrêt d'appel au visa de l'ancien article 1116 du code civil, se bornant à souligner qu'« en statuant ainsi, alors qu'aucune obligation d'information ne pesait sur l'acheteur, la cour d'appel a violé le texte susvisé ». En jugeant qu'il n'y avait pas de réticence dolosive en l'absence d'information due par l'acheteur, la Cour de cassation semble instaurer une limite aux exigences de loyauté et de bonne foi pesant sur l'acquéreur d'un bien, en reconnaissant qu'il peut légitimement garder le silence sur la valeur réelle de la chose offerte.

De la solution retenue par la Cour de cassation, il s'infère une absence de réticence dolosive imputable à l'acheteur (I). De même, selon la Cour de cassation, l'acheteur n'est pas tenu d'une obligation d'information à l'égard du vendeur (II).

I/ Absence de réticence dolosive de l'acheteur

La réticence dolosive de l'acquéreur mise en échec par la Cour de cassation suggère une nouvelle analyse. En effet, alors que la jurisprudence antérieure, assez fournie, avait célébré avec éclat, le couple réticence dolosive-obligation d'information, la Cour de cassation opte pour sa fragilisation, sur le fondement de l'ancien article 1116 du code civil. Un tel choix invite à faire un rappel utile, du moins, nécessaire des éléments caractéristiques de la réticence dolosive (A) et une articulation du dol et de l'obligation précontractuelle d'information (B).

A – Rappel des éléments de la réticence dolosive

Le dol est une notion polysémique qui se prête à plusieurs interprétations. Il est consacré dans le code civil sous deux acceptions fort différentes. L'ancien article 1116 du code civil dispose que « Le dol est une cause de nullité de la convention lorsque les manœuvres pratiquées par l'une des parties sont telles qu'il est évident que, sans ces manœuvres, l'autre partie n'aurait pas contracté. Il ne se présume pas et doit être prouvé ». La doctrine contemporaine définit le dol comme l'emploi de moyens répréhensibles par une personne, avec pour but et pour effet d'en tromper une autre et de la décider à accomplir un acte juridique, sous l'influence de l'erreur ainsi crée dans son esprit. Le dol implique des manœuvres frauduleuses. Le criterium est alors la malhonnêteté de l'acte. La doctrine majoritaire et la jurisprudence dominante considèrent la réticence comme une manœuvre à la source du dol.

La réticence, qualifiée de dolosive, demeurant un dol au même titre que les manœuvres du même nom et les mensonges, se définit par deux éléments caractéristiques : un élément matériel, qui est la violation ou le non-respect d'une obligation d'information et un élément intentionnel, qui est l'intention chez l'auteur du silence de tromper le cocontractant ou un manquement à la bonne foi dans la formation du contrat. La jurisprudence considérait que le dol pouvait revêtir la forme d'une abstention. La troisième chambre civile de la Cour de cassation (Civ. 3e, 15 janv. 1971, n° 69-12.180, et Com. 27 oct. 1965, *Bull. civ.* 1965, IV, n° 534, p. 479) a ainsi admis que « Le dol puisse être constitué par le silence d'une partie dissimulant à son cocontractant un fait qui, s'il avait été connu de lui, l'aurait empêché de contracter ».

La constance de la jurisprudence de la Cour de cassation en la matière s'est doublée d'un fondement qui gagnait en solidité. En effet, avant la réforme du droit des obligations opérée par l'ordonnance n° 2016-131 du 10 février 2016 portant réforme du droit des contrats, du régime général et de la preuve des obligations, le juge qui souhaitait retenir un dol par réticence était tenu d'interpréter le terme « manœuvres » de l'ancien article 1116 du code civil comme susceptible de s'incarner en un fait négatif. Une telle interprétation pouvait légitimement susciter un peu de réserve. En effet, l'assimilation de « simples mensonges » aux « manœuvres » était déjà une interprétation contestable. L'assimilation d'un fait négatif l'était d'autant plus. Le terme « manœuvres » semble supposer nécessairement une action positive. Qui se tait ne manœuvre point.

Le triptyque constitué des « manœuvre », « mensonge » et « dissimulation » a été repris par le nouvel article 1137 code civil dans sa rédaction issue de l'ordonnance n° 2016-131 du 10 février 2016 précitée. L'article 1137, alinéa 2 du code civil dispose ainsi que : « Constitue également un dol la dissimulation intentionnelle par l'un des contractants d'une information dont il sait le caractère déterminant pour l'autre partie ».

B – Articulation du dol et de l'obligation précontractuelle d'information

Le code civil ne s'est pas directement intéressé à l'information des contractants, si ce n'est au travers de la sanction des vices du consentement. La jurisprudence, suivie par le législateur, a été amenée, au fil des années, à mettre sur pied un ensemble de règles destinées à moraliser les pratiques précontractuelles. Ainsi, sous l'empire de l'ancien droit des contrats, la jurisprudence avait lié l'obligation d'information précontractuelle et la réticence dolosive en ce qu'elle pouvait exclure la réticence dolosive par le constat de l'absence d'obligation d'information. Autrement dit, l'exigence que l'information retenue ait été d'une importance déterminante pour le consentement de l'autre partie, rapproche les conditions du devoir précontractuel d'information de celles du dol par réticence, mais s'en distingue par un élément essentiel : ainsi, ce n'est que si la violation de l'obligation d'information a été faite intentionnellement pour tromper l'autre contractant, qu'elle sera constitutive d'un dol entraînant la nullité du contrat.

Si la violation de l'obligation d'information peut se révéler caractéristique d'une réticence dolosive, c'est à la condition qu'elle soit intentionnelle. La jurisprudence a nettement rappelé, par un arrêt de principe, rendu par la chambre commerciale de la Cour de cassation, que le manquement à une obligation précontractuelle d'information à le supposer établi, ne peut suffire à caractériser le dol par réticence, si ne s'y rajoute la constatation du caractère intentionnel de ce manquement et d'une erreur déterminante provoquée par celui-ci (Com. 28 juin 2005, n° 03-16.794). Un arrêt de la première chambre civile de la Cour de cassation avait retenu, en conséquence, que les juges du fond, n'auront pas à se prononcer explicitement sur le caractère intentionnel du non-respect de l'obligation précontractuelle d'information du vendeur s'ils sont saisis par l'acquéreur d'une simple demande de dommages et intérêts en réparation du préjudice subi (Civ. 1re, 28 mai 2008, n° 07-13.487).

Le droit français est libéral si bien qu'il ignore le juste prix thomiste. La liberté pour chaque partie de contracter à des conditions avantageuses ou de faire une mauvaise affaire semble indiquer que les parties sont présumées être les meilleures juges de leurs intérêts. Il appartient donc aux parties contractantes d'apprécier la valeur des prestations réciproques fournies. Les déséquilibres qui peuvent en résulter ne sont pas pris en compte par le droit français, qui, d'ailleurs, ne sanctionne les opérations lésionnaires, qu'à titre exceptionnel. Ainsi, le refus d'admettre l'erreur sur la valeur se comprend. Il en résulte que si le droit manifeste une indifférence à la lésion, alors il n'y a également pas lieu d'informer sur le caractère lésionnaire d'une opération. La loi du silence est celle des affaires.

Aucun contractant ne saurait être tenu de révéler à son cocontractant la valeur de la prestation fournie. Le nouvel article 1137, alinéa 3 du code civil exclut, à juste titre, la réticence dolosive de l'estimation de la valeur de la prestation.

II/ Absence d'obligation d'information à la charge de l'acheteur

L'information sur la valeur de la prestation est un sujet d'une grande sensibilité. Elle tient sa justification de l'obligation de loyauté qui prévaut dans le contrat et même antérieurement à celui-ci. Elle traduit une nécessité de transparence dans la mesure où elle compense le déséquilibre contractuel entre les parties. Mais alors l'information du (co)contractant est-elle un droit ? Le (co)contractant n'est-il pas tenu de s'informer ? Quelle information est susceptible de rentrer dans le champ précontractuel ou contractuel ? De quelle nature est l'information du contractant ? En réalité, la portée de l'obligation d'information demeure controversée (A). Les clarifications apportées par le législateur lors de la réforme du droit des obligations sont opportunes (B).

A – Controverse quant à la portée de l'obligation d'information

La question à se poser est celle de savoir si l'obligation d'information pèse sur l'acheteur. L'obligation d'information, de portée générale, se manifestant aussi bien au stade de la formation qu'à celui de l'exécution du contrat, est variable suivant qu'il s'agit du contenu, de l'intensité, de l'objet ou de la nature du contrat concerné. Dans l'arrêt rapporté, la troisième chambre civile de la Haute juridiction exclut l'existence d'une obligation d'information pesant sur l'acquéreur. Elle considère, semble-t-il que l'erreur du vendeur est inexcusable. Or, l'on sait bien que la limite classique de l'obligation d'information se trouve dans le devoir de se renseigner qui est imputable à tout contractant. Le Doyen Carbonnier estimait justement que la réticence se dissout d'elle-même, dès lors que l'information est raisonnablement accessible : il n'est de réticence qu'envers un contractant qui est excusable de ne pas connaître.

La décision de la Cour ne dispense pas, pour autant, l'acquéreur de toute obligation d'information à l'égard du vendeur. La formule de l'arrêt semble autoriser une telle interprétation. En effet, l'arrêt n'énonce pas, au présent de l'indicatif, « qu'aucune obligation d'information ne pèse sur l'acheteur ». Pareille énonciation serait de nature à lui reconnaître une portée générale. L'arrêt emploie l'imparfait de l'indicatif pour juger que « qu'aucune obligation ne pesait sur l'acheteur ». La règle ainsi posée par la Haute juridiction semble bien se limiter aux données de l'espèce. En s'abstenant de consacrer un droit général au silence au profit de l'acquéreur d'un bien, l'arrêt rendu par la première chambre civile de la Cour laisse subsister la jurisprudence de la chambre commerciale et celle de la troisième chambre civile, qui sanctionnait la réticence de l'acheteur dans deux situations.

La première situation, connue de la chambre commerciale (Com. 27 févr. 1996, n° 94-11.241), est relative à la réticence dolosive du cessionnaire d'actions, dirigeant d'une société, qui profitant d'informations privilégiées détenues *es qualités*, et dissimulant volontairement des négociations en cours sur le rachat de titres, en tire parti en vue de l'acquisition par lui-même et pour faire acquérir à bon compte par des proches les actions d'un autre associé, avant de les revendre à un prix très supérieur. Dans l'arrêt *Baldus*, l'acquéreur du bien n'a pas livré une information aisément accessible et a accepté l'offre de vente qui lui a été faite en ne détrompant pas le vendeur sur la valeur réelle de ce bien. La situation est bien différente dans l'arrêt de la chambre commerciale (Com. 27 févr. 1996, préc.) dans la mesure où la déloyauté du dirigeant de société a consisté à exploiter une information privilégiée qu'il est seul à connaître afin de provoquer l'erreur de son cocontractant sur les conditions financières de la cession.

La seconde situation, connue de la troisième chambre civile de la Cour (Civ. 3e, 27 mars 1991, 89-16.975), avait trait à la réticence de l'acheteur qui détenait une information pertinente et n'a pas informé le vendeur de l'erreur qu'il commettait, non sur la valeur du bien objet de la vente, mais sur les qualités substantielles de la chose. Cela a provoqué chez celui-ci une représentation inexacte de l'objet du contrat. Dans cette espèce, où n'était pas seule en cause l'appréciation économique de l'opération conclue, le dol par réticence de l'acheteur a été retenu.

B – Clarifications apportées par la réforme du droit des obligations

La transmission de l'information occupe une place importante dans le processus de conclusion du contrat. D'un point de vue purement économique, l'information s'analyse en une valeur dont la transmission assure au partenaire contractuel un avantage appréciable. Imposer juridiquement le transfert d'information n'est pas neutre, c'est l'économie des échanges marchands qui lui est attachée. Techniquement parlant, la question de l'information reste délicate. Elle est à cheval sur le moment de formation du contrat. Elle concerne aussi la période qui précède le contrat et se prolonge au cours de l'exécution de celui-ci.

Le nouvel article 1112-1 du code civil qui énonce : « Celle des parties qui connaît une information dont l'importance est déterminante pour le consentement de l'autre doit l'en informer dès lors que, légitimement, cette dernière ignore cette information ou fait confiance à son cocontractant » a consacré un devoir d'information précontractuelle à l'endroit où auparavant la jurisprudence avait affirmé un droit à l'information découlant du principe de bonne foi, puis a généralisé ce devoir. Le texte de l'article 1112-1 opère une extension de ce devoir à tout contrat, pour toutes les parties. Désormais, la réforme, en particulier, l'alinéa 4 de l'article 1112-1 du code civil, fait ressortir ce devoir du droit commun et en affirme même son caractère impératif, en énonçant, que les parties ne peuvent ni le limiter ni l'exclure.

En imposant la généralisation du devoir d'information, la réforme du droit des obligations réalisée par l'ordonnance n° 2016-131 du 10 février 2016 remet en cause la solution retenue par l'arrêt de la première chambre civile de la Cour de cassation du 3 mai 2000, dit « *arrêt Baldus* ». Mais le devoir d'information entre les parties ne porte pas sur l'estimation de la valeur de la prestation. Pareille restriction se justifie en raison de la distinction qui existe entre l'information et le conseil. L'article 1112-1 impose seulement la transmission d'informations claires et appropriées, c'est-à-dire les éléments objectifs nécessaires à la prise de décision du partenaire au contrat projeté. La tournure de l'article 1112-1 alinéa 3 visant les informations qui ont un lien direct et nécessaire avec le contenu du contrat ou la qualité des parties indique la volonté du législateur de ne pas étendre le champ des informations à transmettre, d'où l'explication du « lien direct et nécessaire ».

Le contrat

Thème principal

Dol

Mots-clés

Formation du contrat, Nullité, Dommages-intérêts

Sujet donné par

Cécile de Cet Bertin, Maître de conférences, Université de Bretagne occidentale

Corrigé établi par

Bondé Christian Gnohon, Doctorant contractuel, Université de Bretagne occidentale

Premier semestre 2019-2020

› *Commentaire d'arrêt : Civ. 3e, 5 juillet 2018, n° 17-20.121*

Attendu, selon l'arrêt attaqué (Paris, 31 mars 2017), qu'aux termes d'une promesse de vente du 20 décembre 2010, puis d'un acte authentique de vente du 8 mars 2011 rédigés et reçus par M. A..., notaire associé, la société civile immobilière Aman (la SCI Aman) a vendu, par l'entremise de la société A... immobilier, un chalet à M. X..., auquel s'est substituée la société civile immobilière Mandalla (la SCI Mandalla) ; que M. B..., architecte chargé de la réalisation de travaux ayant fait l'objet d'un permis de construire du 26 août 2007 et d'un permis modificatif du 19 janvier 2010, interrogé par le notaire, a remis à l'acquéreur des plans et documents administratifs et attesté que le chalet, dans sa version existante, était conforme au dernier permis de construire obtenu le 19 janvier 2010 ; que, soutenant qu'il leur avait été dissimulé que l'aménagement du sous-sol du chalet en espace d'habitation avait été réalisé sans autorisation d'urbanisme, M. X... et la SCI Mandala ont assigné leur vendeur, sur le fondement du dol, et le notaire, pour manquement à son devoir de conseil, en paiement de dommages-intérêts ;

Sur le second moyen, ci-après annexé :

Attendu que M. X... et la SCI Mandalla font grief à l'arrêt de rejeter leurs demandes à l'encontre de la société civile professionnelle A... & associés et de M. A... pour faute professionnelle ;

Mais attendu qu'ayant retenu à bon droit que le notaire est tenu de vérifier les déclarations faites par le vendeur qui, par leur nature ou leur portée juridique, conditionnent la validité ou l'efficacité de l'acte qu'il dresse, avec les moyens juridiques et techniques d'investigation dont il dispose, et relevé que le notaire avait demandé à l'architecte de lui transmettre tous dossiers de permis de construire principal et modificatif, en ce compris toutes pièces écrites et graphiques et tous plans, que ce dernier, par lettre du 14 février 2011 avait indiqué qu'une visite des locaux par le service d'urbanisme lui avait permis d'obtenir le 12 mars 2010 une attestation de non-contestation de conformité des travaux, en omettant toutefois d'en préciser les limites, et mentionné que le chalet était, dans sa version existante, conforme au dernier permis de construire, la cour d'appel, qui a souverainement retenu qu'il n'était pas établi que le notaire aurait pu, au vu des documents transmis, s'apercevoir de l'irrégularité des travaux pratiqués au sous-sol du chalet, a pu déduire de ces seuls motifs, sans être tenue de procéder à une recherche sur l'existence d'un cas de force majeure que ses constatations rendaient inopérante, que, s'agissant de la régularité administrative des aménagements intérieurs d'une construction régulièrement édifiée, il ne pouvait être reproché au notaire, en présence de l'attestation précise et circonstanciée remise par l'homme de l'art, d'avoir manqué à son devoir d'information au préjudice de l'acquéreur ;

D'où il suit que le moyen n'est pas fondé ;

Mais sur le premier moyen :

Vu l'article 1116 du code civil, dans sa rédaction antérieure à celle issue de l'ordonnance du 10 février 2016 ;

Attendu que, pour rejeter les demandes formées contre la SCI Aman, l'arrêt retient que rien n'indique que celle-ci avait connaissance des informations fallacieuses données par M. B... ;

Qu'en statuant ainsi, alors qu'elle avait retenu que M. B... avait la qualité de représentant de la SCI Aman et que les manœuvres dolosives du représentant du vendeur, qui n'est pas un tiers au contrat, engagent la responsabilité de celui-ci, la cour d'appel a violé le texte susvisé ;

Par ces motifs :

Rejette la demande de mise hors de cause de M. B... et de la MAF ;

Met hors de cause la société Laurent A... Immobilier, M. Jérôme A... et la société A... et associés ;

CASSE ET ANNULE, mais seulement en ce qu'il rejette les demandes de M. X... et de la SCI Mandalla formées contre la SCI Aman, l'arrêt rendu le 31 mars 2017, entre les parties, par la cour d'appel de Paris...

› Préparation

Analyse du sujet

« Commentaire d'arrêt en droit des contrats ». Cette précision était donnée aux étudiants afin qu'ils concentrent leurs observations en droit des contrats et laissent de côté la responsabilité professionnelle du notaire qui était également en cause. En droit des contrats l'arrêt illustre le dol, un vice du consentement bien connu des étudiants de deuxième année de licence en droit. La situation de fait est simple ce qui permet aux candidats de bien identifier ce qu'ont dit les juges, en droit. Les étudiants qui connaissent leur cours et qui ont acquis la méthode du raisonnement juridique, peuvent, avec l'aide du code civil, relever sans difficulté au moins deux particularités de ce cas de dol, vice du consentement : l'auteur du dol n'est pas le cocontractant de celui qui demande réparation et la sanction demandée n'est pas la nullité du contrat mais le paiement de dommages et intérêts.

Plan du corrigé

I/ Les éléments constitutifs du dol
A – Les informations fallacieuses
B – Le fait d'un cocontractant du vendeur
II/ La sanction du dol
A – La nullité du contrat
B – La demande de dommages et intérêts

› Corrigé

Dans cet arrêt de la troisième chambre civile de la Cour de cassation rendu le 5 juillet 2018 est illustré le dol, vice du consentement, qui, comme tel, est un fait ayant été déterminant du consentement de celui qui l'invoque, qui s'apprécie au moment de la conclusion du contrat et qui peut être sanctionné par la nullité.

La vente, ayant pour objet un chalet, avait été passée par acte authentique le 8 mars 2011. Pour sa réalisation, le notaire avait demandé à l'architecte chargé par le vendeur de réaliser des travaux d'aménagement, de lui fournir tous les documents concernant la réalisation de ces travaux. L'architecte avait fourni ces documents mais aussi, attesté que le chalet dans sa version existante, était conforme au dernier permis de construire obtenu le 19 janvier 2010.

Les acquéreurs ayant découvert que les travaux de réaménagement du sous-sol du chalet en espace d'habitation avaient été faits sans autorisation d'urbanisme, assignent le vendeur, sur le fondement du dol, et le notaire, pour manquement à son devoir de conseil. À tous deux ils demandent le paiement de dommages et intérêts.

La cour d'appel de Paris a rejeté ces demandes en jugeant, d'une part, qu'il ne pouvait pas être reproché au notaire d'avoir manqué à son devoir d'information au préjudice de l'acquéreur dès lors que l'architecte dont c'est le métier avait fait une attestation précise et circonstanciée sur la régularité des travaux litigieux. Elle juge, d'autre part, que le vendeur ne peut être tenu pour l'auteur des manœuvres dolosives commises par le vendeur.

Les acquéreurs forment un pourvoi en cassation et la Cour de cassation rejette le moyen tiré de la responsabilité professionnelle du notaire qu'elle déclare non fondé. En revanche, sur le second moyen du pourvoi critiquant la décision de la cour d'appel en ce qu'elle n'a pas retenu le dol du vendeur, la Cour prononce la cassation partielle de l'arrêt. Il lui était demandé de dire si dans le cas où les faits dolosifs ont été commis par un cocontractant (l'architecte) du vendeur, ce dernier doit répondre du dol invoqué par ses acquéreurs. Au visa de l'article 1116 du code civil, dans sa rédaction antérieure à celle issue de l'ordonnance du 10 février 2016, la Cour de cassation juge qu'il peut en être ainsi dès lors que l'auteur du dol avait la qualité de représentant du contractant auquel il est demandé réparation, ce qui est exclusif, dit la Cour, de la qualité de tiers au contrat.

En droit du contrat, cet arrêt rendu par la Cour de cassation le 5 juillet 2018 est intéressant car le dol, vice du consentement, se présente de manière particulière. Il n'est pas le fait direct du contractant des acquéreurs qui s'en plaint et il est réparé par des dommages et intérêts. Sont donc remarquables en l'espèce tant les éléments constitutifs du dol (I) que sa sanction (II).

I/ Les éléments constitutifs du dol

Les éléments constitutifs du dol peuvent être soulignés dans cette espèce car ce sont des informations fallacieuses (A) données aux acquéreurs. Elles sont le fait d'un cocontractant du vendeur, et non du vendeur lui-même (B).

A – Les informations fallacieuses

Les informations fallacieuses constituent le dol. Elles concernent l'étendue du permis de construire qui avait été accordé au vendeur par l'intermédiaire de l'architecte et elles ont été apportées par l'architecte au notaire. À la demande de ce dernier qui officiait la vente, le premier a fourni les informations dues par le vendeur à l'acquéreur dans le cadre de celle-ci. La cour d'appel a écarté le dol du vendeur après avoir recherché si celui-ci avait eu connaissance de ces informations fallacieuses.

Cette analyse des juges du fond n'est pas sans rappeler le dol constitué par le manquement à une obligation précontractuelle d'information que sanctionne la jurisprudence à condition que l'intention de celui qui retient l'information soit établie. Or, pour avoir l'intention de retenir l'information il faut la connaître et la cour d'appel, en effet, semble avoir recherché la connaissance par le vendeur des informations trompeuses. Notons qu'aujourd'hui l'article 1137 nouveau qui qualifie le dol en reprenant les règles qu'avait dégagées la jurisprudence en interprétation des termes lapidaires de l'ancien article 1116, dispose « Constitue également un dol la dissimulation intentionnelle par l'un des contractants d'une information dont il sait le caractère déterminant pour l'autre partie ».

Les juges du fond ont donc recherché si la tromperie sur l'autorisation administrative des travaux réalisés était le fait du vendeur. En cela, dit la Cour de cassation, ils ont violé l'article 1116 du code civil car le dol peut être retenu même s'il n'émane pas de la partie au contrat mais d'un représentant ce celle-ci qui n'est pas tiers au contrat et qui est donc assimilé à un cocontractant du vendeur.

B – Le fait d'un cocontractant du vendeur

L'auteur des manœuvres dolosives, l'architecte, n'est pas partie au contrat litigieux or l'on sait, aux termes de l'article 1116 ancien du code civil visé par la Cour dans son arrêt, que « le dol est une cause de nullité de la convention lorsque les manœuvres pratiquées par l'une des parties sont telles, qu'il est évident que, sans ces manœuvres, l'autre partie n'aurait pas contracté. » Les juges considèrent cependant que le représentant des parties n'est pas un tiers (Civ. 3e, 29 avr. 1998, no 96-17.540, cité sous l'article 1138) et la réforme du droit des obligations a entériné cette jurisprudence. En effet, l'article 1138 du code civil, aujourd'hui en vigueur, dispose que « le dol est également constitué s'il émane du représentant, gérant d'affaires, préposé ou porte-fort du contractant ».

Cette décision, rendue sous l'empire d'un texte antérieur à la réforme du droit des obligations, se situe donc dans la jurisprudence relative à l'auteur du dol. La particularité de l'espèce tient au fait que les juges considèrent l'architecte comme un représentant du vendeur. L'architecte qui effectue une prestation de service intellectuelle de conception des travaux d'aménagement du chalet en l'occurrence, est-il un représentant de son client ? Il peut être observé que cette qualité n'est pas contrôlée par la Cour de cassation qui rend sa décision en reprenant les faits qualifiés par la cour d'appel qui, dit-elle, « avait retenu » que l'architecte avait cette qualité.

La seconde particularité de l'espèce soumise au contrôle de la Cour de cassation réside dans la sanction du dol qui a été demandée au juge.

II / La sanction du dol

La sanction du dol vice du consentement est la nullité du contrat (A) ce qui n'empêche pas l'allocation de dommages et intérêts (B) qui ont été demandés par les acquéreurs dans cette affaire.

A – La nullité du contrat

La nullité du contrat qui n'a pas été demandée par les acquéreurs est présente néanmoins dans cette affaire car l'on sait qu'elle est la sanction légale des vices du consentement. L'article 1116 ancien du code civil visé par la Cour de cassation le proclame « le dol est une cause de nullité… ». La jurisprudence considérait que la nullité tirée d'un vice du consentement était une nullité relative et le nouvel article 1131 du code civil l'énonce explicitement. Cela traduit l'adoption de la théorie dite « moderne » des nullités selon laquelle la nullité se présente comme le droit pour la partie lésée de demander l'anéantissement du contrat. Ainsi la victime du dol, comme celui qui a commis une erreur ou subi une violence, est seule titulaire du droit d'agir en nullité. La différence entre la nullité relative et la nullité absolue réside principalement dans le droit d'agir. Quiconque y a un intérêt peut agir en nullité absolue tandis que ne peuvent agir en nullité relative que les personnes protégées par la règle qui a été violée.

La nullité qui n'a pas été demandée en l'espèce domine cependant la solution de la Cour de cassation car la décision concernant la demande de réparation du dol par des dommages et intérêts se présente en l'espèce, comme une alternative à la nullité.

B – La demande de dommages et intérêts

Les acquéreurs ont fait au juge une demande de condamnation du vendeur au paiement de dommages et intérêts. Aux termes de la décision de la Cour de cassation il apparaît qu'elle résulterait de la responsabilité de l'architecte. Cette responsabilité engagerait celle du vendeur avec lequel il avait conclu un contrat pour la réalisation des travaux qui se sont révélés ne pas être couverts par une autorisation d'urbanisme. Le juge dit très explicitement que si le vendeur doit répondre de cette responsabilité c'est qu'il était représenté par l'architecte lorsque celui-ci transmettait, à la demande du notaire, les informations nécessaires à la vente et concernant les travaux litigieux.

Or, en principe, la responsabilité de l'architecte à l'égard des acquéreurs est une responsabilité civile délictuelle (C. civ. art. 1241) car n'y a pas de contrat entre eux et en raison du principe de noncumul des responsabilités civiles contractuelles et extracontractuelles. À cet égard, la Cour de cassation a jugé que le droit de demander la nullité d'un contrat par application de l'article 1116 n'exclut pas l'exercice par la victime des manœuvres dolosives, d'une action en responsabilité délictuelle pour obtenir de leur auteur la réparation du préjudice subi (Civ. 1re, 4 févr. 1975, cité sous l'art. 1137). Cependant en l'espèce les acquéreurs n'ont pas assigné l'architecte fautif en responsabilité. C'est, finalement, en quoi la décision est remarquable. Elle illustre un cas de responsabilité en conséquence d'un vice du consentement.

La Cour, se plaçant du point de vue des acquéreurs ayant subi les manœuvres dolosives et demandant des dommages et intérêts (et non la nullité), s'emploie à faire aboutir leur demande, peu importe, nous enseigne-t-elle, que le dol ait été le fait d'un représentant du contractant vendeur.

Le contrat

Thème principal

Clauses contractuelles, nullité et imprévision

Mots-clés

Clause limitative de responsabilité, Faute lourde, Clause abusive, Dol, Erreur, Transfert des risques, Révision pour imprévision

Sujet donné par

Laurent Bloch, Professeur, Université de Pau et des pays de l'Adour

Corrigé établi par

Camille Drouiller, Docteure de droit privé, Université de Pau et des pays de l'Adour

Premier semestre 2018-2019

› *Cas pratique*

M. Dubois a passé un contrat avec la société Decaltout afin de transporter dans sa résidence secondaire une imposante armoire qui était jusqu'à présent dans le salon de sa résidence principale.

Au cours du transport, l'armoire est endommagée de manière très importante. Le transporteur ne conteste pas le principe de sa responsabilité mais renvoie M. Dubois à une clause du contrat qui mentionne qu'en cas de détérioration des meubles transportés, l'indemnisation sera limitée à la somme de 2 000 euros. M. Dubois est furieux car les travaux de réparation ont été évalués à 3 500 euros. Il est d'autant plus furieux que manifestement l'armoire n'a pas été transportée dans des conditions minimales de sécurité, elle était le seul meuble à l'arrière du camion et elle n'était pas attachée. Le transporteur n'était pas informé de la grande valeur du bien.

1°) Pensez-vous que M. Dubois a des chances d'obtenir la réparation du préjudice subi ?

M. Dubois qui ne peut se passer d'une armoire décide d'aller dans une brocante à côté de sa résidence secondaire afin d'en acquérir une autre. Elle lui sera toujours utile pense-t-il. Le vendeur lui présente une armoire en chêne massif. Il prétend que l'armoire est de 1920 et qu'elle aurait appartenu à une célèbre chanteuse de l'entre-deux-guerres. M. Dubois jette un coup d'œil rapide sur l'armoire, elle lui convient, la dimension et la qualité du matériau correspondent parfaitement. Le prix affiché est de 350 euros. Une discussion est entamée sur cette question et les parties s'accordent sur la somme de 280 euros. M. Dubois passera le lendemain matin récupérer l'armoire.

Le lendemain matin, il se présente à la brocante. Le brocanteur est abattu, il raconte que son magasin a été vandalisé dans la nuit. L'armoire achetée par M. Dubois est totalement détruite, et M. Dubois est désolé pour le brocanteur.

Alors que M. Dubois avait complètement oublié cette histoire, 4 ans plus tard, le fils du brocanteur, qui a pris la suite de son père, appelle M. Dubois pour lui demander le règlement. M. Dubois pense à une plaisanterie d'autant qu'il a appris depuis que l'armoire en question n'avait jamais appartenu à une célèbre chanteuse. Il s'agit d'une histoire que le brocanteur racontait à tous ses clients.

2°) Pensez-vous que M. Dubois pourrait remettre en cause cette vente ?

3°) À défaut, pensez-vous qu'il devra payer le prix convenu ?

Enfin, M. Dubois dirige une grande société qui est chargée de nettoyer les rues de la ville de Pau. Par exception, il s'agit d'un contrat de droit privé. Il a été convenu un prix de 10 euros pour 100 mètres de voiries nettoyés. Ce contrat a été conclu pour une période de trois ans à compter du 1er janvier 2017. Confrontée à la hausse du prix du carburant, la société de M. Dubois perd de l'argent, sachant que désormais, le nettoyage de 100 mètres de voirie lui revient à 11 euros alors qu'au moment de la signature du contrat elle gagnait 1 euro par 100 mètres nettoyés.

M. Dubois est désespéré car sa société est au bord de la faillite, d'autant que la commune refuse de renégocier le prix. Le responsable de la voirie indique à M. Dubois que le contrat doit être exécuté aux conditions prévues. Il faudra attendre une éventuelle reconduction pour qu'un nouveau prix soit fixé. M. Dubois est coincé, il ne veut pas renoncer car il s'agit d'un client important mais la continuation du contrat, aux conditions actuelles, menace l'avenir de sa société. Il vous demande conseil car, pour lui, le contrat est lésionnaire.

4°) Vous conseillez M. Dubois.

› *Préparation*

Analyse du sujet

Ce cas pratique transversal ne présente pas de réelle difficulté. S'il peut paraître relativement long, les étudiants sont guidés par des questions auxquelles ils doivent répondre. La résolution du cas nécessite néanmoins une bonne maîtrise du cours et des dispositifs techniques étudiés, ainsi que de l'usage du code civil, autorisé lors de l'épreuve. Quelques mécanismes du droit de la consommation devaient également être mobilisés, qui avaient été abordés en cours.

Plan du corrigé

I/ La clause limitative de responsabilité
   A – La validité des clauses limitatives de responsabilité
   B – La faute lourde ou dolosive
   C – La clause privant de sa substance l'obligation essentielle
   D – La clause abusive
II/ La remise en cause de la vente
   A – L'erreur
   B – Le dol
III/ Le paiement du prix de l'armoire
IV/ La révision pour imprévision du contrat lésionnaire

› *Corrigé*

I/ La clause limitative de responsabilité

M. Dubois a conclu avec une société spécialisée dans le transport un contrat visant à déplacer une armoire. Lors du transport, réalisé dans des conditions de sécurité minimales, l'armoire a été endommagée. La société oppose à M. Dubois une clause du contrat limitant la responsabilité de la société à hauteur de 2 000 euros, alors que les réparations atteignent les 3 500 euros. M. Dubois souhaiterait obtenir la réparation intégrale du préjudice qu'il a subi.

Si les clauses limitatives de responsabilité sont par principe valables (A), il faudra évoquer l'hypothèse de l'exclusion de la clause limitative de responsabilité par la faute lourde ou dolosive

(B), mais également par le biais d'une clause privant de sa substance l'obligation essentielle (C) ou encore sous le prisme des clauses abusives (D).

A – La validité des clauses limitatives de responsabilité

Les clauses limitatives ou exclusives de responsabilité en matière contractuelle permettent à l'une des parties de s'exonérer partiellement ou totalement de sa responsabilité en cas de manquement ou d'inexécution contractuelle, le plus souvent par l'introduction d'un plafond d'indemnisation. Elles sont en principe valables (Civ. 1re, 19 janv. 1982), à condition qu'elles aient été portées à la connaissance du cocontractant (Paris 5 janv. 1996).

Ainsi, sous réserve qu'elle ait pu être portée à sa connaissance, elle est par principe valable.

B – La faute lourde ou dolosive

Selon l'article 1231-3 du code civil, la faute lourde ou dolosive fait obstacle à l'application de la clause limitative de responsabilité. La faute dolosive doit être comprise comme une faute intentionnelle du contractant, résidant en une malhonnêteté en vue de ne pas exécuter sa prestation. Néanmoins, elle ne suppose pas l'intention de nuire (Civ. 1re, 4 févr. 1969, *Société des comédiens français*). S'agissant de la faute lourde, la jurisprudence a pu la définir comme une faute particulièrement grossière et se concrétise par un comportement d'une particulière gravité, « dénotant l'inaptitude du débiteur à l'obligation à l'accomplissement de la mission contractuelle qu'il avait acceptée » (Com. 3 avr. 1990). Enfin, la jurisprudence a pu estimer que constituait une faute lourde le mauvais arrimage d'un voilier transporté sur une remorque (Com. 27 févr. 2007).

La clause limitative de responsabilité doit être écartée en l'espèce. En effet, le comportement du transporteur s'apparente à une faute lourde, n'ayant pas respecté les règles élémentaires de sécurité alors qu'il est professionnel, et spécialiste dans ce domaine. En effet, l'armoire n'était pas attachée et était le seul meuble à l'arrière du camion. Bien que les juges fassent une appréciation *in concreto* de cette faute, cela ne paraît pas discutable, *a fortiori* en raison de la qualité de professionnel du débiteur de l'obligation.

C – La clause privant de sa substance l'obligation essentielle du contrat

L'article 1170 du code civil répute non écrite la clause du contrat qui priverait l'obligation essentielle de sa substance. Cette disposition, consacrant la jurisprudence Chronopost (Com. 22 oct. 1996), repose sur la notion d'obligation essentielle du contrat, qui est celle donnant sa raison d'être au contrat et justifiant l'engagement. Sans cette obligation, le contrat ne présenterait plus aucun intérêt pour les parties. Ensuite, la clause doit priver de substance cette obligation essentielle. Au contraire, une stipulation contractuelle qui porterait sur cette obligation sans l'altérer doit être considérée comme valable (Com. 29 juin 2010, *Faurecia*). La clause qui prive de sa substance l'obligation essentielle est celle qui la réduit à néant, s'apparentant à une obligation dérisoire ou illusoire.

En l'espèce, ce fondement ne saurait prospérer. En effet, si la clause porte bien sur l'obligation essentielle du contrat, qui est de transporter et livrer un meuble et donc nécessairement d'assurer l'intégrité de la chose, il paraît discutable d'estimer que le seuil de réparation prévu, fixé à 2 000 euros, prive de sa substance l'obligation essentielle. Cela est discutable et devra être tranché par les juges du fond, mais ce n'est pas sur ce fondement que nous orienterons principalement notre demande.

D – La clause abusive

L'article 1171, al. 1 du code civil prévoit que « dans un contrat d'adhésion, toute clause non négociable, déterminée à l'avance par l'une des parties, qui crée un déséquilibre significatif entre les droits et obligations des parties au contrat est réputée non écrite ». Ainsi, ce texte consacre en droit commun des contrats, et plus particulièrement dans les contrats d'adhésion, la sanction des clauses abusives. On rappellera qu'un contrat d'adhésion est un contrat où les clauses s'imposent à l'une des parties, qui n'a d'autre choix que d'accepter en bloc toutes les stipulations contractuelles ou les refuser. Quant au déséquilibre significatif, il doit être apprécié objectivement, c'est-à-dire par référence aux clauses contractuelles, et doit atteindre un certain seuil. Il est alors nécessaire d'apprécier les prestations de chacune des parties, et les rapports entretenus.

Ce dispositif est emprunté au code de la consommation qui prévoit une sanction similaire en ses articles L. 212-1 et L. 241-1 pour les contrats conclus entre professionnels et consommateurs. Par ailleurs, un décret fixe la liste des clauses simplement ou irréfragablement présumées abusives. Or, parmi les clauses irréfragablement présumées abusives figurent celles qui ont pour objet ou pour effet de « supprimer ou réduire le droit à réparation du préjudice subi par le consommateur en cas de manquement par le professionnel à l'une quelconque de ses obligations ».

Par conséquent, la clause limitative de responsabilité pourra être réputée non écrite, car sera considérée comme abusive. En effet, le contrat paraît être un contrat d'adhésion, bien que rien ne soit véritablement mentionné en ce sens. En outre, ce contrat paraît avoir été conclu entre un professionnel et un consommateur, permettant alors d'appliquer le droit de la consommation. Quant à l'appréciation du déséquilibre significatif, s'il relève de l'appréciation des juges, cette clause est irréfragablement présumée abusive en droit de la consommation et donc systématiquement réputée non écrite.

II/ La remise en cause de la vente

M. Dubois a acheté une armoire dans une brocante au prix de 280 euros, en chêne massif et dont la dimension semblait lui correspondre. Selon les dires du vendeur, elle aurait appartenu à une célèbre chanteuse. M. Dubois apprendra par la suite que le brocanteur racontait ce mensonge à tous ses clients. Il aimerait remettre en cause cette vente, et ainsi obtenir la nullité du contrat.

Selon l'article 1128 du code civil, sont nécessaires à la validité du contrat le consentement des parties, leur capacité de contracter et un contenu licite et certain. Les faits relatés permettent d'ores et déjà d'exclure une réflexion sur la capacité des parties ou le contenu du contrat. Au contraire, il est nécessaire d'envisager les vices du consentement, et plus particulièrement l'erreur (A) ou le dol (B). La violence sera écartée pour les mêmes raisons.

A – L'erreur

L'erreur, prévue à l'article 1132 du code civil, s'analyse comme une représentation inexacte de la réalité, déterminante du consentement, et est une cause de nullité relative du contrat. Il s'agit de la situation dans laquelle l'*errans* n'aurait pas contracté ou à des conditions substantiellement différentes s'il avait eu connaissance de la réalité. Le caractère déterminant du consentement s'apprécie *in concreto* (art. 1130, C. civ.).

Par ailleurs, l'erreur peut porter sur la personne (dans les contrats conclus *intuitu personae*) ou sur la substance. Dans cette dernière hypothèse, l'article 1133 du code civil précise que « les qualités essentielles de la prestation sont celles qui ont été expressément ou tacitement convenues et en considération desquelles les parties ont contracté ». L'erreur doit porter sur les qualités attendues de la chose qui est objet du contrat ou de la prestation.

Enfin, l'erreur ne doit pas être inexcusable, c'est-à-dire qu'on ne pourra se prévaloir de l'erreur grossière que l'on pouvait éviter, et ne doit pas porter sur la valeur, car cela reviendrait à remettre en cause tous les contrats où l'une des parties estimerait s'être trompée sur la valeur de la prestation. Elle s'apprécie à la date de formation du contrat.

Ainsi, a par exemple été considérée comme une erreur entraînant la nullité du contrat l'erreur sur l'authenticité d'une œuvre d'art (Civ. 1re, 13 janv. 1998).

Néanmoins, ce fondement ne saurait aboutir en l'espèce. Lors de la conclusion du contrat, M. Dubois pensait que l'armoire avait pu appartenir à une célèbre chanteuse, se faisant ainsi une interprétation erronée de la réalité. Il s'agit bien d'une erreur sur les qualités substantielles de la chose, et l'erreur sur l'authenticité est admise par les juges (en témoigne la jurisprudence nourrie à l'égard des œuvres d'art). Néanmoins, cette erreur n'a pas été déterminante du consentement. M. Dubois a contracté en raison des qualités inhérentes à l'armoire. Au contraire, le fait qu'elle ait appartenu à une chanteuse ne paraît pas avoir été un élément déterminant. Ainsi, sauf à réussir à en rapporter la preuve, l'action sur ce fondement paraît très incertaine.

B – Le dol

Le dol est régi par l'article 1137 du code civil, qui le définit comme « le fait pour un cocontractant d'obtenir le consentement de l'autre par des manœuvres ou des mensonges », ou par la dissimulation intentionnelle d'une information dont l'un sait le caractère déterminant pour l'autre. En revanche, il n'existe pas d'obligation d'information quant à la valeur de la prestation. En tant que vice du consentement, le dol s'apprécie *in concreto*, à la date de formation du contrat, et est susceptible d'entraîner la nullité relative de la convention. De surcroît, en tant que délit civil, il peut conduire au versement de dommages et intérêts. Il nécessite la réunion de trois conditions cumulatives : un élément matériel qui consiste en des manœuvres frauduleuses, des mensonges ou même le simple fait de garder le silence ; un élément intentionnel qui réside dans la volonté pour le cocontractant de tromper l'autre partie (Com. 28 juin 2005) ; et un élément légal qui réside dans le fait que ces manœuvres aient été déterminantes du consentement.

En l'espèce, il est également peu probable que cette action aboutisse. Des manœuvres, et plus particulièrement des mensonges, peuvent être reprochés au brocanteur, caractérisant l'élément matériel du dol. Par ailleurs, il semblerait que ces éléments erronés avaient pour but de tromper intentionnellement le cocontractant afin d'obtenir son consentement. Néanmoins, l'erreur provoquée n'a pas été, encore une fois, déterminante de son consentement. Ainsi, l'action ne peut prospérer sur ce fondement.

III/ Le paiement du prix de l'armoire

L'armoire que M. Dubois avait acquise auprès du brocanteur a été détruite avant qu'il n'ait eu le temps de venir la récupérer. Quatre ans plus tard, le fils du brocanteur lui en réclame le prix. M. Dubois est-il tenu au paiement de la somme de 280 euros ?

L'article 1196 du code civil prévoit que le transfert de propriété s'opère au moment de la conclusion du contrat. Selon l'adage « *res perit domino* », repris au même article, il emporte transfert des risques. Cela signifie que l'échange des consentements suffit pour que le contrat soit valablement formé, mais encore pour emporter transfert de propriété et ainsi transfert des risques sur le nouveau propriétaire. Ce dernier devra répondre de tous les incidents et avaries qui pourraient survenir sur le bien, notamment sa perte ou sa dégradation. Les parties sont néanmoins libres de différer le transfert de propriété par le jeu d'une clause contractuelle.

Par ailleurs, s'agissant des actions personnelles ou mobilières, l'article 2224 du code civil précise qu'elles se prescrivent par cinq ans à compter du jour où le titulaire d'un droit a connu ou aurait dû connaître les faits permettant de l'exercer.

En l'espèce, la conclusion du contrat avait eu lieu lors de l'échange des consentements, soit au moment où les parties s'étaient accordées sur les éléments essentiels du contrat : la chose et le prix. Lors de la survenance de la dégradation de l'armoire, M. Dubois en était déjà propriétaire et devait en assumer les risques. Par conséquent, il est également tenu d'assumer ses propres obligations, à savoir le paiement du prix. En effet, l'action n'est pas prescrite, M. Dubois étant débiteur de cette obligation depuis quatre années. Le créancier peut toujours agir.

IV/ La révision pour imprévision du contrat lésionnaire

La société de M. Dubois a conclu un contrat de droit privé avec la ville de Pau, pour une durée de trois ans à compter du 1er janvier 2017. Toutefois, la hausse des prix du carburant rend l'opération ruineuse pour la société. Il souhaiterait renégocier les termes du contrat, ce que lui refuse la commune. M. Dubois vous indique que la poursuite du contrat aux conditions actuelles menace sa société, mais qu'il ne souhaite pas perdre ce client.

Il est alors nécessaire d'envisager la révision pour imprévision du contrat.

Le nouvel article 1195 du code civil a consacré la révision pour imprévision, là où la jurisprudence l'avait toujours refusée (Civ. 6 mars 1986, *Canal de Craponne*). Cette possibilité n'est admise qu'à de strictes conditions, car s'oppose par principe à la force obligatoire des conventions. Ainsi, l'imprévision s'entend d'une situation dans laquelle le contrat a été déséquilibré par la survenance d'un événement que les parties ne pouvaient pas prévoir lors de sa conclusion. Ensuite, il faut qu'aucune des parties n'ait contractuellement prévu d'assumer le risque qui survient. Une partie qui accepterait un risque contractuel rendrait le contrat aléatoire mais ne pourrait par la suite se prévaloir d'une imprévision. Enfin, cette situation doit avoir pour conséquence de rendre la poursuite du contrat excessivement onéreuse pour l'un des cocontractants. Il est fait ici référence à l'excès, et non à la simple difficulté.

Ces trois conditions cumulatives réunies, une renégociation pourra être demandée. Le débiteur est néanmoins tenu d'exécuter ses obligations pendant la période de renégociation. Si celle-ci n'aboutit pas, les parties seront libres de convenir de la résolution du contrat, ou de saisir le juge afin qu'il procède à son adaptation. Enfin, à défaut d'accord, une des parties pourra saisir seule le juge.

La situation dans laquelle se trouve la société de M. Dubois rend la poursuite du contrat excessivement onéreuse pour lui, car il est concrètement déficitaire et au bord de la faillite, sans que rien ne nous dise qu'il avait accepté d'en supporter le risque. Toutefois, il semble discutable de prétendre que le changement de circonstances était imprévisible. Le pétrole est une matière première dont le cours fluctue, et une société qui conclut ce type de contrats ne saurait l'ignorer.

Néanmoins, sous couvert de rapporter cette preuve, M. Dubois pourra saisir le juge malgré le refus de son cocontractant de renégocier, afin qu'il adapte ou mette fin au contrat. Il semble préférer une renégociation qui lui permettrait de conserver ce client.

Le contrat

› *Dissertation*

Le débiteur peut-il échapper à l'exécution du contrat ?

Documents autorisés : tous codes civils usuels, réforme du droit des contrats de 2016/2018 et projet de réforme de la responsabilité civile du 13 mars 2017

Thème principal

Inexécution du contrat

Mots-clés

Force obligatoire, Cause étrangère, Exception d'inexécution, Imprévision, Disproportion manifeste

Sujet donné et corrigé établi par

Olivier Tournafond, Professeur et Katia Naït, ATER, Université Paris Est

Premier semestre 2019-2020

› Préparation

Analyse du sujet
Il s'agit d'un sujet très facile qui peut être traité par tout étudiant qui a suivi le cours. Il permet à l'étudiant qui a bien maîtrisé son cours de démontrer ses facultés de synthèse et d'explication des règles de base.
Plan du corrigé
I/ Les assouplissements traditionnels *A – La cause étrangère* *B – L'exception d'inexécution* II/ Les assouplissements nouveaux apportés par la réforme *A – L'imprévision* *B – La « disproportion manifeste » de l'exécution en nature*

› Corrigé

Introduction

– Définitions : contrat, débiteur, exécution

– Principe de la force obligatoire des contrats « *pacta sunt servanda* ». Découle de la théorie de l'autonomie de la volonté.

– Conséquences de la force obligatoire du contrat :
 1) Irrévocabilité du lien contractuel
 2) Intangibilité du lien contractuel
 3) Force obligatoire du contrat

– Existence néanmoins d'assouplissements et de dérogations

– Annonce du plan :

I/ Les assouplissements traditionnels

A – La cause étrangère

– Événements constituant une cause étrangère : force majeure, fait du tiers, faute du créancier (variante de faute de la victime dans la R. délictuelle)

– Caractère de la cause étrangère : extériorité, imprévisibilité, irrésistibilité

– Variations terminologiques après la réforme du droit des contrats

B – L'exception d'inexécution

– Définition

– Principe général du droit consacré par la réforme du droit des contrats

– Apparition avec la réforme d'une exception d'inexécution par anticipation (à rapprocher de la faculté de résolution unilatérale en cas de défaillance du débiteur)

II/ Les assouplissements nouveaux apportés par la réforme

A – L'imprévision

– Définition de l'imprévision

– Histoire de la théorie de l'imprévision : jurisprudences *Canal de Craponne, Gaz de Bordeaux*

– Consécration de l'imprévision comme cause d'exonération par la réforme du droit des contrats.

– Les difficultés à prévoir en raison de la rédaction imprécise du texte...

B – La « disproportion manifeste » de l'exécution en nature

– Concerne uniquement l'exécution forcée en nature

– Conditions requises :
  - une « disproportion manifeste »
  - un débiteur de bonne foi

– Les difficultés prévisibles de mise en œuvre et le risque d'arbitraire du juge

Le contrat

Thème principal

Clauses abusives

Mots-clés

Disproportion manifeste, Droit de la consommation, Contrat d'adhésion, Déséquilibre significatif

Sujet donné et corrigé établi par

Olivier Tournafond, Professeur et Katia Naït, ATER, Université Paris Est

Premier semestre 2019-2020

› *Commentaire d'arrêt : Civ. 3e, 7 novembre 2019, n° 18-23.259*

Attendu, selon l'arrêt attaqué (Dijon, 26 juin 2018), que, par contrat du 23 septembre 2013, la société civile immobilière Pela (la SCI) a confié à M. B..., architecte, la maîtrise d'œuvre complète de la construction d'un bâtiment à usage professionnel, le contrat prévoyant que, même en cas d'abandon du projet, pour quelque raison que ce soit, les honoraires seraient dus et réglés en totalité au maître d'œuvre ; que, la SCI Pela ayant abandonné son projet, M. B... l'a assignée en paiement d'une somme correspondant à l'intégralité des honoraires prévus au contrat.

Attendu que M. B... fait grief à l'arrêt de déclarer abusive la clause insérée dans le contrat de maîtrise d'œuvre, d'en prononcer la nullité, de rejeter sa demande en paiement formée sur le fondement de cette clause et de limiter le montant de ses honoraires, alors, selon le moyen : [...]

Qu'en toute hypothèse, ne sont pas abusives les clauses qui ne visent qu'à assurer le caractère obligatoire du contrat ; qu'en retenant que la clause prévoyant que « même en cas d'abandon du projet, pour quelque raison que ce soit, les honoraires seront dus et réglés en totalité au maître d'œuvre », était abusive, quand une telle clause ne faisait que sanctionner l'inexécution du contrat par le maître de l'ouvrage, la cour d'appel a violé l'article L. 212-1 du code de la consommation. [...]

Mais attendu qu'ayant relevé que la clause litigieuse avait pour conséquence de garantir au maître d'œuvre, par le seul effet de la signature du contrat, le paiement des honoraires prévus pour sa prestation intégrale, et ce quel que fût le volume des travaux qu'il aurait effectivement réalisés, sans qu'il n'en résultât aucune contrepartie réelle pour le maître de l'ouvrage, qui, s'il pouvait mettre fin au contrat, serait néanmoins tenu de régler au maître d'œuvre des honoraires identiques à ceux dont il aurait été redevable si le contrat s'était poursuivi jusqu'à son terme, la cour d'appel a retenu à bon droit que cette clause constituait une clause abusive ; D'où il suit que le moyen n'est pas fondé ;

Par ces motifs : rejette le pourvoi.

Ancien article L. 132-1 C. consom. devenu article L. 212-1 (extraits) :

« Dans les contrats conclus entre professionnels et consommateurs, sont abusives les clauses qui ont pour objet ou pour effet de créer, au détriment du consommateur, un déséquilibre significatif entre les droits et obligations des parties au contrat.

L'appréciation du caractère abusif des clauses au sens du premier alinéa ne porte ni sur la définition de l'objet principal du contrat ni sur l'adéquation du prix ou de la rémunération au bien vendu ou au service offert pour autant que les clauses soient rédigées de façon claire et compréhensible. »

Cet article est complété dans la partie réglementaire du C. consom. par les articles R. 132-1 ancien devenus R. 212-1, R. 212-2 et R. 212-4 (liste noire, liste grise et liste complémentaire).

Article 1171 nouveau du code civil :

« Dans un contrat d'adhésion, toute clause qui crée un déséquilibre significatif entre les droits et les obligations des parties au contrat est réputée non écrite.

L'appréciation du déséquilibre significatif ne porte ni sur l'objet principal du contrat, ni sur l'adéquation du prix à la prestation. »

› *Préparation*

Analyse du sujet

Sujet nettement plus difficile dans la mesure où l'étudiant devra être capable de faire le parallèle entre le droit de la consommation et le droit civil. Compte tenu de cette difficulté les correcteurs devront faire preuve d'indulgence ; on pourra admettre qu'une partie du commentaire soit consacrée à exposer l'analogie entre le droit civil et le droit de la consommation (sur ce point en tout cas).

Plan du corrigé

I/ Une solution éloignée des standards du droit de la consommation
A – Étonnamment, la Cour de cassation n'applique pas les listes du droit de la consommation...
B – Étonnamment, elle néglige aussi la limite de l'article L. 212-1 nouveau C. consom.
II/ Une solution qui s'inspire ouvertement de la théorie de la cause
A – Les problèmes du nouvel article 1171 issu de la réforme du droit des contrats
B – La solution à travers la théorie de la cause

› *Corrigé*

Introduction

– Les faits de la cause : la clause litigieuse d'un contrat d'architecte

– Le problème de droit : la validité de cette clause et son abus éventuel

– La procédure

– La solution originale adoptée par la Cour de cassation

I/ Une solution éloignée des standards du droit de la consommation

A – Étonnamment, la Cour de cassation n'applique pas les listes du droit de la consommation...

– Le mystérieux « déséquilibre significatif » de l'art. L. 212-1 nouveau C. consom.

– L'absence de définition dans le C. consom.

– Les aides fournies par le pouvoir réglementaire ; les trois listes des art. R. 212-1 nouveaux et s. C. consom. : liste « noire » des clauses **irréfragablement** présumées abusives :

- liste « grise » des clauses **simplement** présumées abusives ;
- liste complémentaire à la liste grise.

– Mais curieusement, la Cour de cassation ne cherche pas à savoir si la clause litigieuse était visée par ces listes réglementaires. Elle adopte un raisonnement de type civiliste sur l'absence de contrepartie...

B – Étonnamment, elle néglige aussi la limite de l'article L. 212-1 nouveau C. consom.

– La clause ne peut être critiquée si elle porte sur l'objet principal du contrat ou sur le prix, à condition d'être rédigée de manière claire et compréhensible.

– Le moyen du pourvoi était entièrement axé sur ce point : pour l'architecte la clause litigieuse touchait à la définition du prix et son caractère abusif ne pouvait donc être discuté...

– Là encore, la Cour de cassation ne répond même pas à ce moyen ; elle rejette le pourvoi sur un tout autre fondement : celui de l'absence de contrepartie.

– Cette solution a des chances d'avoir un impact sur le droit civil des contrats.

II/ Une solution qui s'inspire ouvertement de la théorie de la cause :

A – Les problèmes du nouvel article 1171 issu de la réforme du droit des contrats

– L'analogie frappante entre ce texte et l'article L. 212-1 C. consom.

– Un domaine toutefois plus étroit : ne concerne que les contrats d'adhésion.

– Un texte qui soulève une multitude d'interrogations très complexes :

- définition du « contrat d'adhésion » ?
- définition du « déséquilibre significatif » en l'absence de listes réglementaires ?
- possibilité pour le contractant de choisir librement entre les articles 1171 C. civ. et L. 212-1 C. consom. ?
- risque de contamination du droit civil par le droit de la consommation ?

B – La solution à travers la théorie de la cause

– Pour la Cour de cassation l'abus de la clause réside de manière générale, en droit de la consommation comme en droit civil, dans le fait qu'elle prive l'engagement de contrepartie. En somme la **clause** est abusive lorsqu'elle prive de **cause** l'obligation du contractant !

– Partant d'un litige de droit de la consommation, la Cour de cassation laisse donc entendre de manière générale que le **déséquilibre significatif**, notion commune aux deux codes, ne serait en définitive qu'une atteinte à la cause de l'obligation.

– Cet arrêt rendu en droit de la consommation pourrait alors être le point de départ d'une résurgence de la théorie de la cause que les rédacteurs de la réforme avaient vainement voulu faire disparaître…

Le contrat

› *Cas pratique*

Thème principal

Imprévision

Mots-clés

Erreur,
Qualités essentielles,
Dol

Sujet donné par

F. Chénedé, O. Gout, L. Mayaux, S. Porchy-Simon, Professeurs et N. Rias, Maître de conférences, Université Jean Moulin Lyon III

Corrigé établi par

Théo Sougy, Chargé d'enseignement, Université Jean Moulin Lyon III

Premier semestre 2019-2020

Vous faites un stage chez Maître Isendroit et vous êtes consulté sur les dossiers suivants :

1/ Madame Lafouine, passionnée d'objets d'arts, s'était rendue le mois dernier à la brocante de Savigneux (où ne participent que des particuliers). Après avoir parcouru quelques stands, elle est tombée en extase devant un Saint Joseph sculpté dans la pierre. Elle a alors marchandé le prix (3 000 euros) avec Monsieur Lentourloupe, le vendeur. Ce dernier a fait valoir la beauté et la rareté de l'objet pour justifier le prix indiqué. Il a consenti pourtant à céder l'objet pour 2 600 euros. Madame Lafouine, non satisfaite, a, de nouveau, tenté de faire baisser le prix. Mais en regardant attentivement le socle de la statue, elle a aperçu une signature à moitié effacée. Elle l'a déchiffrée discrètement et n'en a pas cru ses yeux : il s'agissait d'un Botticelli. Convaincue de faire une bonne affaire, elle a accepté immédiatement de payer le prix, mais s'est gardée de révéler le fruit de sa découverte au vendeur.

Quelques jours plus tard, elle a fait admirer sa nouvelle acquisition à son ami, Monsieur Bonœil, qui, en examinant la statue, a découvert que le « C » de Botticelli a été gratté et cachait en réalité un « N ». Furieuse, Madame Lafouine souhaiterait remettre en cause la vente.

2/ Par ailleurs, M. Lavazzi vous soumet la situation suivante. Depuis début 2017, il dirige une petite entreprise qui vend du café de grande qualité, après l'avoir torréfié, à des épiceries fines dans la région Rhône-Alpes. M. Lavazzi se fournit lui-même en café auprès de la Compagnie Robusta avec laquelle il a passé un contrat de fourniture exclusif. Ce contrat, qui lui interdit de se fournir en café auprès d'une autre entreprise, viendra à échéance en 2022. La compagnie Robusta s'approvisionne exclusivement de son côté au Brésil.

Jusqu'à récemment cette activité s'avérait très lucrative et M. Lavazzi n'avait vraiment rien à envier à quiconque.

Seulement, depuis le milieu de l'année, les choses ont bien changé. Le prix du café a pratiquement doublé en quelques mois du fait des intempéries qui ont frappé le Brésil de manière violente, et qui ont de plus entraîner une spéculation autour du marché du café. M. Lavazzi ne parvient plus à faire face et ses ventes se sont effondrées dans la mesure où il est contraint de revendre son produit à un prix beaucoup trop élevé pour être compétitif.

Il a demandé à la compagnie Robusta de faire des efforts mais celle-ci lui a répondu qu'elle ne pouvait rien faire. Désabusé, M. Lavazzi souhaite rompre unilatéralement le contrat, car il craint, s'il tarde, d'avoir à déposer le bilan. Il ne voit pas en effet comment il pourra s'entendre avec la compagnie Robusta pour renégocier le prix du café.

Code civil autorisé.

› Préparation

Analyse du sujet

Tant sur la forme que sur le fond, ce cas pratique ne présentait aucune difficulté particulière. Les faits de l'espèce guidaient en effet l'étudiant vers la remise en cause de deux contrats, l'un sur le terrain de sa formation, l'autre sur celui de son exécution. L'étudiant devait ainsi parfaitement maîtriser les règles de droit étudiées en cours et faire preuve d'une grande rigueur afin de pouvoir les confronter justement aux faits d'espèce qui l'invitaient à envisager plusieurs solutions dans chacun des deux cas.

Plan du corrigé

I/ La remise en cause du contrat conclu entre Mme Lafouine et le marchand d'art

A – La nullité fondée sur l'erreur

B – La nullité fondée sur le dol

II/ La remise en cause du contrat conclu entre l'entreprise de M. Lavazzi et la compagnie Robusta

A – Les conditions de l'imprévision

B – Le régime de l'imprévision

› Corrigé

Madame Lafouine, passionnée d'objets d'arts, achète une sculpture auprès d'un marchand d'art non professionnel, après que ce dernier a accepté d'en baisser le prix. D'après la signature à moitié effacée située sur le socle de la statue, il s'agirait d'un Botticelli. Elle pense donc faire une bonne affaire et garde sous silence cette découverte au vendeur.

Elle s'aperçoit plus tard par le biais d'un ami que la signature avait en réalité été grattée, et qu'il ne s'agissait donc pas d'un Botticelli. Elle souhaite remettre en cause la vente.

M. Lavazzi dirige une entreprise qui vend du café. Il se fournit auprès de la compagnie Robusta avec laquelle il a passé un contrat de fourniture exclusif début 2017 qui viendra à échéance en 2022. Cette compagnie s'approvisionne exclusivement au Brésil. L'activité de M. Lavazzi s'avérait être jusqu'alors très lucrative. À la suite des intempéries qui ont frappé le Brésil cette année, le prix du café a pratiquement doublé entraînant notamment une spéculation autour du marché du café. Cette situation oblige M. Lavazzi à pratiquer des tarifs exorbitants pour être compétitif : sa petite entreprise connaît bien la crise.

La compagnie Robusta ne souhaite pas renégocier le contrat qui la lie avec l'entreprise de M. Lavazzi. Ce dernier envisage donc de le rompre unilatéralement.

Il conviendra d'analyser successivement la remise en cause, d'abord du contrat conclu par Madame Lafouine avec le marchand d'art (I), ensuite du contrat qui lie M. Lavazzi à la compagnie Robusta (II).

I/ La remise en cause du contrat conclu entre Mme Lafouine et le marchand d'art

En l'espèce, un contrat de vente est né à la suite de la rencontre de l'offre d'achat de Madame Lafouine et de l'acceptation du marchand d'art. Celui-ci ayant été conclu en novembre 2019, le nouveau droit des obligations s'applique.

La remise en cause de la vente ne pouvant manifestement pas intervenir, au regard des faits de l'espèce, sur le terrain de l'exécution du contrat, elle doit être envisagée exclusivement sur celui de la formation du contrat.

Selon l'article 1128 du code civil, sont nécessaires à la validité du contrat le consentement des parties, leur capacité à contracter et un contenu licite et certain. Les conditions relatives au contenu du contrat et à la capacité des cocontractants ne semblent pas faire défaut à notre cas d'espèce.

Il conviendra donc de s'intéresser plus particulièrement à l'article 1130, C. civ. qui admet que le consentement d'un contractant puisse être vicié dans trois situations : en cas d'erreur, de dol ou de violence.

Si rien ne nous permet de considérer que le consentement de Madame Lafouine a été obtenu sous les menaces du marchand d'art, il a en revanche pu être vicié du fait de l'erreur de Madame Lafouine (A) ou du dol du marchand d'art (B).

A – La nullité fondée sur l'erreur

L'erreur consiste en une fausse représentation de l'objet du contrat ou de la personne du contractant. Il s'agit, en d'autres termes, d'un décalage entre la croyance de celui qui se trompe et la réalité.

1 • L'objet de l'erreur

L'article 1132, C. civ. permet à l'un des contractants d'obtenir la nullité du contrat qu'il a conclu s'il a commis une erreur sur les qualités essentielles de la prestation due ou sur les qualités essentielles du cocontractant dans le cas où le contrat a été conclu *intuitu personae*.

L'article 1133 précise quant à lui que l'*errans*, c'est-à-dire celui qui a commis l'erreur, doit prouver que la qualité essentielle qu'il attendait était bien l'une des conditions de son engagement (l'authenticité d'une œuvre pouvant revêtir la qualification de qualité essentielle ; Civ. 1re, 7 mars 2006, n° 03-15.671) et que son cocontractant en était informé (lorsque le vendeur n'a pas garanti l'identité de l'auteur d'une œuvre, la qualité essentielle attendue par l'*errans* n'est pas entrée dans le champ contractuel ; T. paix Nantes, 23 janv. 1947 : *Gaz. Pal.* 1947. 1, p. 129). L'erreur s'apprécie à la date de formation du contrat (voir par ex. Civ. 2e, 18 déc. 2008, n° 07-19.622).

L'article 1133 al. 3 exclut en outre l'invocation de l'erreur lorsque les deux parties ont accepté, au moment de la conclusion du contrat, la présence d'un aléa sur une des qualités de la prestation. Enfin, l'article 1136 dispose que l'erreur sur la valeur de la chose n'est pas, en tant que telle, une cause d'annulation du contrat, mais suppose sa prise en compte à travers l'erreur sur les qualités essentielles de la chose.

En l'espèce, et puisque Madame Lafouine pensait investir dans un Botticelli au moment de son achat, son erreur porte sur les qualités essentielles de la chose, ici l'authenticité de l'œuvre.

De plus, la présence aux premiers abords de la signature de Botticelli sur le socle de la statue permet d'écarter l'application de l'alinéa 3 de l'article 1133. Puisque Madame Lafouine était persuadée de réaliser une bonne affaire après avoir découvert ce qu'elle a cru être la signature de Botticelli, elle n'a jamais envisagé que cette œuvre puisse ne pas être authentique.

Ainsi, Madame Lafouine peut envisager d'invoquer son erreur pour remettre en cause la vente si elle prouve que la qualité essentielle qu'elle attendait – l'authenticité de l'œuvre – était bien entrée dans le champ contractuel au moment de la vente. Il sera malaisé de le justifier, d'autant plus qu'elle s'est bien gardée de prévenir le marchand de la présence de la signature litigieuse. Ce dernier n'a donc vraisemblablement pas contracté en prenant en considération l'authenticité de l'œuvre, comme a pu le faire Madame Lafouine.

Madame Lafouine ne pourra en revanche pas rechercher l'annulation de la vente sur le seul fait qu'elle s'est trompée sur la véritable valeur de l'œuvre.

2 • Les caractères de l'erreur

En tout état de cause, l'erreur sur les qualités essentielles de la chose ne peut être retenue que si l'erreur est déterminante du consentement de l'*errans* (a), et excusable (b). L'appréciation par le juge de ces deux critères se fait *in concreto* (v. par ex. Soc. 5 nov. 2014, n° 13-16.372).

a. L'erreur déterminante

Il ressort de l'article 1130 C. civ. que l'erreur est un vice du consentement lorsque, sans elle, l'*errans* n'aurait pas contracté ou aurait contracté différemment. Afin de déterminer le caractère déterminant de l'erreur, les tribunaux doivent notamment tenir compte des circonstances dans lesquelles le consentement a été donné.

En l'espèce, Madame Lafouine n'aurait pas acheté cette sculpture si elle avait su que cette œuvre n'était pas de la main de Botticelli ou, tout du moins, elle l'aurait acheté à un tarif bien plus réduit.

L'erreur de Madame Lafouine semble donc avoir été effectivement déterminante de son consentement.

b. L'erreur excusable

Pour être retenue, l'erreur de l'*errans* doit être excusable, comme le précise l'article 1132, C. civ., c'est-à-dire que l'*errans* ne peut pas se prévaloir de son erreur grossière pour obtenir la nullité de son contrat.

S'agissant de la recherche par le juge du caractère excusable de l'erreur, il convient d'indiquer que lorsque l'*errans* est un professionnel, l'erreur inexcusable sera davantage retenue à son encontre s'il commet l'erreur que le professionnel averti aurait pu éviter. Il en va de même pour celui qui présente une compétence particulière, par exemple l'amateur d'art (voir à ce propos Civ. 1re, 16 déc. 1964).

En l'espèce, si Madame Lafouine n'est pas une professionnelle du métier, elle est passionnée d'art. Elle n'a en revanche qu'aperçu la signature grattée, et n'a pas pu manipuler l'œuvre afin de se rendre parfaitement compte de la situation. Ce n'est en outre qu'un ami à elle qui lui a ultérieurement indiqué la supercherie. Nous pouvons donc supposer que le juge acceptera l'excusabilité de son erreur, mais nous sommes dans l'impossibilité d'en avoir la certitude, les juges du fond étant souverains sur la question.

Finalement, si Madame Lafouine entend arguer devant le juge son erreur quant aux qualités essentielles de l'œuvre qu'elle attendait, son argumentation risque de se heurter au fait qu'il n'est pas certain, d'abord que ces qualités soient entrées dans le champ contractuel, ensuite que son erreur soit jugée excusable. Il nous faut alors étudier le dol comme vice du consentement.

B – La nullité fondée sur le dol

À la différence de l'erreur, qui naît du seul fait de l'*errans*, le dol est volontairement provoqué par le cocontractant. Comme l'erreur, le dol est un vice du consentement qui peut conduire le juge à prononcer la nullité du contrat litigieux, telle qu'envisagée par l'article 1131 C. civ.

1 • Les éléments constitutifs du dol

Pour être retenu, le dol suppose la réunion d'un élément matériel (a), puis d'un élément intentionnel (b).

a. L'élément matériel du dol

L'article 1137, C. civ. dispose que le dol peut naître par des manœuvres, des mensonges, ou encore la dissimulation intentionnelle par l'un des contractants d'une information dont il sait le caractère déterminant pour l'autre partie. Les manœuvres dolosives peuvent être notamment définies comme toute espèce d'agissements tendant à créer une fausse apparence chez la victime.

En l'espèce, il apparaît clairement que le marchand d'art n'a pas menti à Madame Lafouine, puisqu'il n'a jamais fait mention de la signature et ne lui a évoqué que la beauté et la rareté de l'œuvre ce qui ne relève que d'une tentative de *dolus bonus* entre deux particuliers. Il ne lui a pas non plus dissimulé une information qui aurait pu être déterminante pour la passionnée d'art qui souhaitait acheter l'œuvre avant même la découverte de la signature, à un tarif certes différent. Au contraire, c'est bien Madame Lafouine qui s'est gardée de lui en faire part...

En revanche, la signature située sur le socle de la statue a semble-t-il été grattée avant la vente, afin de créer l'illusion qu'il s'agissait d'une œuvre de Botticelli. Cela pourrait constituer, aux yeux du juge, une manœuvre dolosive, puisque cette signature grattée a bien créé chez Madame Lafouine une fausse appréhension de la réalité qui l'a conduite à acheter plus cher que prévu l'œuvre litigieuse.

b. L'élément intentionnel du dol

Le dol suppose la volonté de tromper le contractant, mais encore faut-il arriver à prouver l'intentionnalité de l'acte (voir notamment Civ. 1re, 12 nov. 1987, n° 85-18.350), ce qui semble justement faire défaut à notre cas d'espèce.

En effet, si le vendeur d'art avait eu la volonté de vendre l'œuvre falsifiée comme étant un Botticelli, il aurait certainement poussé Madame Lafouine à payer le prix proposé dans un premier temps. Par ailleurs, ce prix de départ aurait vraisemblablement été bien plus élevé si le vendeur avait eu connaissance de la signature falsifiée, ou s'il pensait vendre un Botticelli. Or, le vendeur a accepté de négocier à la baisse le prix de la vente.

En tout état de cause, rien ne justifierait cette baisse de prix si le marchand d'art avait voulu tromper Madame Lafouine en grattant la signature. Ainsi, tout porte à croire que la signature grattée avait échappé à son attention : il sera donc compliqué pour Madame Lafouine de prouver la présence de l'élément intentionnel du dol dans sa situation.

2 • Les caractères du dol

Si le juge venait à admettre les manœuvres dolosives du marchand et leur intentionnalité, le dol devrait encore être déterminant du consentement (art. 1130, C. civ.), et émaner du cocontractant (art. 1137, C. civ.) ou de l'une des personnes visées par l'article 1138, C. civ, notamment le tiers de connivence.

En l'espèce, nous avons déjà pu déterminer que la passionnée d'art n'aurait certainement pas acheté l'œuvre à ce tarif si elle avait su qu'il ne s'agissait pas d'un Botticelli.

Enfin, il reste à Madame Lafouine à prouver que les manœuvres proviennent soit du marchand d'art, soit d'un tiers de connivence, les autres hypothèses de l'article 1138 s'effaçant logiquement devant les faits de l'espèce.

Finalement, s'il ne fait guère de doute que le dol présumé du marchand d'art a été déterminant du consentement de Madame Lafouine, il lui sera plus compliqué de réussir à prouver que les manœuvres dolosives proviennent bien du marchand, ou d'un tiers de connivence.

Nous pouvons donc en conclure que Madame Lafouine aura du mal à remettre en cause la vente sur le fondement du dol, tant les obstacles à sa reconnaissance sont nombreux. Dans le cas contraire, elle pourra également tenter d'obtenir des dommages et intérêts, le comportement dolosif pouvant être constitutif d'une faute civile.

Les faits d'espèce nous permettent ainsi de douter sérieusement que Madame Lafouine puisse obtenir la nullité de la vente en invoquant les vices du consentement qui pouvaient *a priori* être seuls envisagés compte tenu des faits soumis.

II/ La remise en cause du contrat conclu entre l'entreprise de M. Lavazzi et la compagnie Robusta

Puisque le contrat qui lie l'entreprise de M. Lavazzi à la compagnie Robusta a été conclu début 2017, le droit issu de l'ordonnance du 1er octobre 2016 est applicable à notre situation.

M. Lavazzi souhaite résilier unilatéralement son contrat, qui viendra à échéance en 2022. Il s'agit donc d'un contrat à durée déterminée, dont la résiliation unilatérale anticipée constituerait une faute qui pourrait être sanctionnée par le juge (voir par ex. Com. 9 juill. 1996, n° 94-15.875, *RJDA* 1996, n° 1438).

Il convient donc de proposer une solution annexe à M. Lavazzi, qui pourrait lui permettre de remettre en cause son contrat sans frais.

La remise en cause du contrat sur le terrain de sa formation étant manifestement inenvisageable en l'espèce, il convient de se placer sur le terrain de l'exécution. Plus précisément, il faut s'intéresser à l'imprévision qui est évoquée à l'article 1195, C. civ.

L'imprévision est soumise à des conditions strictes (A) et elle pourra, à la suite d'un processus contraignant, permettre au juge de réviser le contrat ou d'y mettre fin (B).

A – Les conditions de l'imprévision

L'article 1195, C. civ. précise les conditions de l'imprévision. Il faut un changement de circonstances imprévisible lors de la conclusion du contrat (1), qui rend l'exécution excessivement onéreuse pour une partie (2) qui n'avait pas accepté d'en assumer le risque (3).

1 • Le changement de circonstances imprévisible

S'agissant tout d'abord du changement de circonstances imprévisible, le cas d'espèce nous apprend que l'entreprise de M. Lavazzi se fournit en café exclusivement auprès de la compagnie Robusta, laquelle s'approvisionne également exclusivement au Brésil. À la suite des violentes intempéries qui ont frappé le pays, le prix du café a quasiment doublé, entraînant notamment une forte spéculation sur le café brésilien. Ces éléments caractérisent bien le changement de circonstances subi par l'entreprise de M. Lavazzi, qui profitait jusqu'à présent d'un marché très lucratif.

Il est toutefois important de rappeler que la bonne santé économique de l'entreprise de M. Lavazzi reposait uniquement sur la capacité de la compagnie Robusta à se fournir au Brésil. Il serait ainsi étonnant que M. Lavazzi n'ait pas, avant de conclure le contrat qui allait le lier plusieurs années à la même entreprise, prévu que les nombreuses et régulières intempéries brésiliennes pourraient frapper l'économie de son marché. En revanche, M. Lavazzi pourrait également arguer que s'il a effectivement anticipé les intempéries du Brésil, il n'a pas pu prévoir celles particulièrement violentes qui frappent actuellement le pays, ainsi que leurs conséquences.

En tout état de cause, M. Lavazzi devra justifier, d'une part qu'il n'a pas anticipé les difficultés qu'il traverse, d'autre part qu'elles n'étaient pas suffisamment prévisibles. Nous pouvons donc raisonnablement défendre l'idée que ce changement de circonstances, né des intempéries particulièrement violentes du Brésil, n'était pas prévisible le jour de la conclusion du contrat. Les juges du fond pourraient toutefois admettre la solution inverse.

2 • L'exécution excessivement onéreuse

S'agissant ensuite de la condition relative à l'exécution du contrat rendue excessivement onéreuse par le changement de circonstances, M. Lavazzi nous indique que son entreprise risque le dépôt de bilan. L'exclusivité de ce contrat achève par ailleurs cette condition, puisque l'entreprise de M. Lavazzi n'a pas la possibilité de se tourner vers un autre fournisseur de café, qui ne s'approvisionnerait pas au Brésil. En somme, l'exécution du contrat de M. Lavazzi semble désormais excessivement onéreuse.

3 • La non-acceptation des risques du changement des circonstances

Enfin, nous ne pouvons que supposer que M. Lavazzi n'a pas accepté les risques de ce changement de circonstances lors de la conclusion du contrat. Il faudra simplement s'assurer de l'absence de stipulation d'une clause d'acceptation des risques liés à l'imprévision dans le contrat qui le lie avec la compagnie Robusta, avant d'enclencher le mécanisme de l'imprévision.

Pour conclure, les trois conditions de l'imprévision semblent pouvoir être retenues par le juge, même s'il demeure un doute important sur le caractère imprévisible du changement de circonstances qui frappe l'entreprise de M. Lavazzi.

B – Le régime de l'imprévision

Lorsque les conditions de l'imprévision sont réunies, l'article 1195, C. civ. prévoit une procédure de renégociation ou de résolution par les parties (1) qui, si elle échoue, pourra permettre au juge, à terme, de réviser le contrat ou de le résoudre (2).

1 • La renégociation ou la résolution par les parties

La partie victime de l'imprévision devra tout d'abord demander à son cocontractant une renégociation contractuelle, sans avoir la possibilité de mettre fin à l'exécution de ses obligations durant toute la durée des renégociations. Il n'existe pas d'obligation d'accepter les renégociations pour les parties, contrairement à ce qui a pu être affirmé par certaines jurisprudences, sur le fondement de l'obligation d'exécuter le contrat de bonne foi (voir par ex. Com. 3 nov. 1992, nº 90-18.547).

Si les renégociations n'aboutissent pas, les parties pourront s'accorder sur la résolution du contrat, comme le précise l'alinéa 2 de l'article 1195.

En l'espèce, si l'imprévision est bien admise par le juge, l'intervention de ce dernier ne pourra être sollicitée qu'à l'issue d'une tentative de renégociation entre M. Lavazzi et la compagnie Robusta. L'entreprise de M. Lavazzi ne pourra pas arrêter d'exécuter le contrat qui la lie toujours à la compagnie Robusta durant la renégociation.

En cas de refus des renégociations de la part de son cocontractant, ce qui semble être le cas en l'espèce, M. Lavazzi pourra donc convenir avec la compagnie de la résolution du contrat.

2 • La révision ou la résolution par le juge

Si les parties ne s'entendent pas sur une renégociation ou sur une résolution du contrat, elles pourront encore, d'un commun accord, demander au juge de procéder à l'adaptation du contrat.

Finalement, si aucun accord n'est trouvé « dans un délai raisonnable » pour formuler cette demande de révision, le juge pourra, à la demande de l'une des parties, réviser le contrat ou y mettre fin.

En l'espèce, l'entreprise de M. Lavazzi et la compagnie pourront donc demander d'un commun accord au juge de procéder à la révision du contrat.

Enfin, si toutes ses tentatives restent infructueuses, M. Lavazzi pourra, à l'issue d'un délai raisonnable, demander au juge de mettre fin au contrat, puisqu'il ne souhaite pas sa révision.

Nous pouvons ainsi considérer que, puisque les négociations n'ont que très peu de chances d'aboutir, il reviendra finalement au juge de réviser le contrat ou d'y mettre fin.

En conclusion de tout ce qui précède, Madame Lafouine aura bien du mal à demander la nullité du contrat de vente qu'elle a conclu avec le marchand d'art, la qualité essentielle de la prestation qu'elle attendait n'étant vraisemblablement pas entrée dans le champ contractuel et le caractère intentionnel du dol lui faisant certainement défaut.

Au contraire, M. Lavazzi peut envisager l'application du régime de l'imprévision à sa situation, ce qui pourra lui permettre, à terme, de demander au juge de réviser son contrat ou encore d'y mettre fin.

La responsabilité civile

Thème principal

Responsabilité contractuelle

Mots-clés

Obligation de sécurité de moyens renforcée, Faute contractuelle, Association sportive

Sujet donné par

Christophe Alleaume, Professeur agrégé, Université de Caen Normandie

Corrigé établi par

Ludwig Carlin, Doctorant en droit privé, ATER, Université de Caen Normandie

Premier semestre 2017-2018

› *Commentaire d'arrêt : Civ. 1re, 16 mai 2018, nº 17-17.904*

Sur le moyen unique :

Attendu, selon l'arrêt attaqué (Paris, 20 févr. 2017), que, le 2 février 2009, lors d'un entraînement de lutte libre organisé par l'association Union sportive d'Ivry (l'USI), club affilié à la Fédération française de lutte (la FFL), M. X... a été blessé au cours d'un combat avec M. A... réalisé à l'occasion d'un jeu appelé survivor, encadré par l'entraîneur, M. B..., au cours duquel l'assemblée des participants s'affrontaient successivement, cherchant à éliminer un à un leurs adversaires en les faisant tomber au sol ; que M. X... a subi une luxation rotatoire des vertèbres C3-C4, qui a provoqué une tétraplégie ; qu'une mesure d'expertise a été ordonnée en référé, destinée à recueillir l'avis des experts sur la dangerosité de la prise effectuée par M. A... et/ou à en évaluer la maîtrise par celui-ci, et à rechercher si la réalisation de cette prise pouvait devenir dangereuse au regard des éventuelles différences de niveau et/ou d'expérience et de poids des deux pratiquants ; qu'après dépôt des rapports, M. X..., sa mère, Mme Raphaëlle Y..., agissant en son nom et en qualité de représentante légale de sa fille mineure Cynthia X..., et Mme Véronique Y... (les consorts X... Y...) ont assigné la FFL, l'USI et leur assureur, la société Covéa Risks, ainsi que la caisse primaire d'assurance-maladie du Val-de-Marne, aux fins que les deux premières soient déclarées entièrement responsables des conséquences dommageables de l'accident et condamnées, avec leur assureur, à réparer leur entier préjudice; que les sociétés MMA IARD et MMA IARD assurances mutuelles (les sociétés MMA), se trouvent aux droits de la société Covéa Risks;

Attendu que les sociétés MMA font grief à l'arrêt de les condamner à payer une provision de 400 000 euros à M. X..., de dire que l'USI est contractuellement responsable des dommages dont a été victime M. X... et de les condamner *in solidum* avec celle-ci à indemniser l'entier préjudice corporel de celui-ci, alors, selon le moyen :

1°/ que les centres et clubs sportifs sont tenus à une obligation de sécurité de moyens; qu'en l'espèce, pour déclarer l'USI responsable des dommages causés à M. X..., la cour d'appel a estimé que M. B..., l'entraîneur et professeur de lutte, qui avait 22 ans d'expérience, devait faire preuve d'une vigilance particulière compte tenu des conditions de déroulement du jeu, et qu'il ne pouvait en l'occurrence ignorer que la saisie opérée par M. A... avec traction et rotation de la tête de l'adversaire, était porteuse d'un risque majeur de lésions cervicales graves et irréversibles, compte tenu, en outre, du caractère néophyte de M. X... le privant de la capacité d'adopter la réaction appropriée à l'action de son adversaire, de sorte qu'il incombait à M. B..., débiteur d'une obligation de sécurité renforcée, soit d'ordonner à M. A... de lâcher son adversaire, soit d'ordonner l'arrêt immédiat du combat; qu'en mettant ainsi à la charge de l'USI une obligation de sécurité de moyens renforcée, la cour d'appel a violé l'article 1147 du code civil dans sa rédaction applicable au litige;

2°/ que les centres et clubs sportifs sont tenus à une obligation de sécurité de moyens; qu'en l'espèce, la cour d'appel a constaté que M. A..., l'adversaire de M. X..., qu'il surpassait en gabarit et en niveau technique, n'avait, pendant le combat au cours duquel M. X... avait été gravement blessé, pas commis de faute, n'ayant pas saisi la tête de M. X... selon un mode interdit et contraire aux règles de la lutte; que la cour d'appel a également estimé que, pendant l'entraînement, l'organisation d'un jeu entre lutteurs de gabarits et de niveaux différents n'était pas proscrite et pouvait au contraire présenter des vertus pédagogiques; que, pour déclarer toutefois l'USI responsable des dommages causés à M. X..., la cour d'appel a estimé que M. B..., l'entraîneur et professeur de lutte, qui avait 22 ans d'expérience, devait faire preuve d'une vigilance particulière compte tenu des conditions de déroulement du jeu, et qu'il ne pouvait en l'occurrence ignorer que la saisie opérée par M. A... avec traction et rotation de la tête de l'adversaire, était porteuse d'un risque majeur de lésions cervicales graves et irréversibles, compte tenu, en outre, du caractère néophyte de M. X... le privant de la capacité d'adopter la réaction appropriée à l'action de son adversaire, de sorte qu'il incombait à M. B..., débiteur d'une obligation de sécurité renforcée, soit d'ordonner à M. A... de lâcher son adversaire, soit d'ordonner l'arrêt immédiat du combat; qu'en statuant ainsi, cependant qu'il résultait de ses propres constatations que le combat se déroulait dans des conditions normales d'entraînement, et sans geste prohibé de M. A..., le respect des règles de la lutte ayant précisément pour objet d'éviter les actions dangereuses, de sorte que M. B..., avec toute la vigilance nécessaire, n'avait pas de raison d'ordonner l'arrêt immédiat du combat qui se tenait dans des conditions normales d'entraînement, ou la cessation d'un geste normal et respectueux des règles de la lutte, la cour d'appel n'a pas caractérisé l'existence d'une faute de l'entraîneur de nature à engager la responsabilité contractuelle de l'USI, et a violé l'article 1147 du code civil dans sa rédaction applicable au litige;

3°/ que les centres et clubs sportifs sont tenus à une obligation de sécurité de moyens; qu'en l'espèce, pour déclarer l'USI responsable des dommages causés à M. X..., la cour d'appel a retenu que, en l'état d'un jeu opposant un lutteur chevronné, M. A..., à un lutteur néophyte, M. X..., M. B..., l'entraîneur arbitre était tenu à une vigilance particulière et aurait dû faire arrêter le combat ou le geste de M. A…, conforme aux règles de la lutte mais comportant un risque majeur de lésions cervicales, et face auquel M. X…, en raison de sa qualité de néophyte, n'avait pas « la capacité d'adopter la réaction appropriée »; qu'en statuant ainsi, sans répondre aux conclusions d'appel dans lesquelles les MMA faisaient valoir que M. X…, finaliste du jeu « survivor », ce qui impliquait qu'il avait triomphé de ses autres adversaires, avait déjà battu M. A… après avoir éliminé son entraîneur, et n'était pas à proprement parler un néophyte, puisqu'il « avait pratiqué le Full Contact avant de s'adonner à la lutte », cette première activité étant « une forme extrêmement dangereuse de boxe pieds-poings, autorisant la mise KO de l'adversaire [et] présent[ant] davantage de risques que la seconde », la cour d'appel a privé sa décision de motifs et a violé l'article 455 du code de procédure civile;

Mais attendu, d'abord, qu'après avoir retenu que la lutte est un sport potentiellement dangereux rendant nécessaire la fixation de règles précises, notamment, l'interdiction d'actions sportives susceptibles de porter atteinte à la sécurité corporelle des lutteurs, et relevé qu'il existait, entre M. A… et M. X…, une différence de gabarit, 89 kilogrammes pour le premier et 65 kilogrammes pour le second, ainsi qu'une différence de niveau technique, l'un pratiquant la lutte depuis trois ans et demi au jour de l'accident et étant licencié en catégorie « senior compétiteur », et l'autre pratiquant la lutte depuis quatre mois et étant licencié en catégorie « junior compétiteur », la cour d'appel a énoncé, à bon droit, que l'entraîneur de lutte était soumis à une obligation contractuelle de sécurité de moyens renforcée;

Attendu, ensuite, qu'ayant relevé que l'entraîneur ne pouvait ignorer, compte tenu de son expérience, que la saisie pratiquée par M. A… était porteuse d'un risque majeur de lésions cervicales graves et irréversibles, compte tenu, en outre, du caractère néophyte de

M. X..., qui le privait de la capacité d'adopter la réaction appropriée à l'action de son adversaire, elle en a justement déduit, sans être tenue de suivre les parties dans le détail de leur argumentation, qu'en n'ayant pas empêché l'action de M. A... à l'origine du dommage corporel subi par M. X..., l'entraîneur avait manqué à son obligation de sécurité, engageant la responsabilité contractuelle de l'USI ;

D'où il suit que le moyen n'est pas fondé ;

PAR CES MOTIFS :

REJETTE le pourvoi [...]

› Préparation

Analyse du sujet

Le traitement du sujet demandait une bonne compréhension des mécanismes de la responsabilité contractuelle présentés en cours et une application maîtrisée de la méthodologie du commentaire d'arrêt étudiée en travaux dirigés.

Plan du corrigé

I/ L'intensité de l'obligation de sécurité de l'entraîneur de lutte
A – Le choix entre plusieurs catégories d'obligations contractuelles de sécurité
B – La qualification d'obligation de sécurité de moyens renforcée

II/ Les conditions de la responsabilité contractuelle de l'association de lutte
A – Le manquement à l'obligation de moyens renforcée : la preuve de la faute du débiteur
B – L'appréciation elliptique du lien causal

› Corrigé

Le présent arrêt, rendu le 16 mai 2018 par la Première chambre civile de la Cour de cassation, est relatif à l'engagement de la responsabilité contractuelle d'une association de lutte pour violation de l'obligation de sécurité.

En l'espèce, au cours d'un entraînement de lutte, organisé par une association sportive (USI) affiliée à la Fédération française de lutte (FFL), un lutteur s'est blessé pendant un combat livré à l'occasion d'un jeu, appelé « survivor ». Ce jeu était encadré par un entraîneur et consistait à éliminer des adversaires en les faisant tomber. Le lutteur s'est luxé des vertèbres, le rendant tétraplégique.

Une mesure d'expertise fut ordonnée en référé pour déterminer notamment le niveau de dangerosité de la prise et la possibilité que celle-ci soit devenue dangereuse en raison des différences de gabarit, d'expérience et de poids entre les deux lutteurs. À l'issue du dépôt des rapports, le lutteur victime et ses proches ont assigné la Fédération française de lutte (FFL), l'association (USI) et leur assureur, ainsi que la CPAM du Val-de-Marne en indemnisation de leurs préjudices.

La cour d'appel de Paris a fait droit à leur demande dans un arrêt rendu le 20 février 2017. Elle a condamné les sociétés d'assurances mutuelles MMA à payer une provision de 400 000 euros à la victime. Elle a jugé l'association USI contractuellement responsable et l'a condamné *in solidum* avec les sociétés MMA à réparer l'entier préjudice corporel. Ces dernières ont formé un pourvoi en cassation, qui est rejeté par la Première chambre civile de la Cour de cassation le 16 mai 2018.

La cour d'appel a retenu une obligation de sécurité de moyens renforcée à la charge de l'entraîneur de lutte en raison de la potentielle dangerosité de ce sport et des différences de gabarit et de niveau technique entre les deux lutteurs. Elle a estimé que cette obligation avait été violée par l'entraîneur qui n'avait pas empêché l'action dommageable alors qu'il l'aurait pu en ordonnant au lutteur de lâcher son adversaire ou en ordonnant l'arrêt immédiat du combat ; or, celui-ci n'ignorait pas, en raison de son expérience, le risque de dommage grave de la saisie pratiquée, compte tenu du caractère néophyte de la victime qui la privait d'une capacité de réaction adéquate. La cour d'appel en a conclu que la responsabilité contractuelle de l'association USI était engagée. Les trois branches du moyen du pourvoi des sociétés MMA font grief à la cour d'appel d'avoir retenu une obligation de moyens renforcée.

– La première reproche à la cour d'appel d'avoir violé l'article 1147, ancien mais applicable au litige, du code civil, en retenant une obligation de sécurité de moyens renforcée alors que les clubs sportifs sont seulement tenus d'une obligation de moyens.

– La deuxième soutient que la cour d'appel aurait, à nouveau, violé l'article 1147 du code civil en reprochant à l'entraîneur de ne pas avoir fait cesser le geste dommageable ou le combat, alors que celui-ci se déroulait dans des conditions normales d'entraînement et dans le respect des règles de la lutte. La cour n'aurait ainsi pas caractérisé l'existence d'une faute de l'entraîneur nécessaire à l'engagement de la responsabilité contractuelle de l'USI.

– La troisième branche prétend que la cour d'appel aurait privé sa décision de motifs et violé l'article 455 du code de procédure civile en jugeant le club responsable sans répondre aux conclusions d'appel qui faisaient valoir que la victime n'était pas à proprement parler un néophyte. En effet, elle était finaliste du jeu, avait déjà battu son adversaire et avait pratiqué le Full contact, sport de combat extrêmement dangereux et présentant davantage de risques que la lutte libre.

La Cour de cassation rend un arrêt de rejet dans lequel elle approuve la cour d'appel d'avoir affirmé que l'obligation de sécurité de l'entraîneur était une obligation de moyens renforcée. Elle estime ensuite que la cour d'appel avait bien déduit que le comportement de l'entraîneur, qui n'avait pas empêché l'action dommageable, constituait un manquement à son obligation de sécurité. Elle approuve alors l'engagement de la responsabilité contractuelle de l'association USI.

Il résultait du pourvoi la question suivante : quelle est l'intensité de l'obligation contractuelle de sécurité due par l'entraîneur de lutte libre ?

La Cour de cassation décide qu'il s'agit d'une obligation de moyens renforcée.

Elle a été amenée à se prononcer sur l'intensité de l'obligation de sécurité de l'entraîneur de lutte (I) et sur les conséquences de cette qualification sur les conditions de la responsabilité contractuelle de l'association (II).

I/ L'intensité de l'obligation de sécurité de l'entraîneur de lutte

La Cour de cassation retient une obligation de sécurité (A) de nature hybride à la charge de l'entraîneur de lutte (B).

A – Le choix entre plusieurs catégories d'obligations contractuelles de sécurité

Pour obtenir réparation, le lutteur (victime immédiate) et ses proches (victimes par ricochet) ont formé une action judiciaire en responsabilité civile. Ils furent confrontés à l'architecture duale de la responsabilité civile de droit commun, régie par le principe de non-option des « ordres » contractuel et extracontractuel. Ce principe, (pour l'heure) prétorien (Civ. 21 janv. 1890 ; Civ. 11 janv. 1922, *Pelletier*), interdit à la victime, d'une part, de cumuler contre une même personne une action sur chacun des deux ordres, et, d'autre part, de choisir sa voie. Dès qu'elle est liée par un contrat avec celui dont elle souhaite engager la responsabilité et que son dommage résulte de l'inexécution d'une obligation issue de ce contrat, la victime contractante devra agir sur le terrain contractuel (*le contrat chasse le délit*).

En l'espèce, l'arrêt ne rapporte pas les fondements juridiques des demandeurs. Étonnamment, ils n'ont pas assigné l'entraîneur, ni le lutteur adverse. La victime directe était liée par un contrat avec l'association USI et s'estimait victime de l'inexécution de l'obligation de sécurité.

Cette obligation impose à une partie de maintenir l'intégrité corporelle de son partenaire. La jurisprudence l'a découverte dans le contrat de transport de personnes, en utilisant le mécanisme du « forçage » (Civ. 21 nov. 1911, *Compagnie transatlantique*). Sous couvert de l'article 1135 ancien du code civil (devenu 1194) et de ses mécanismes d'interprétation, les juges ont généré des obligations accessoires au contrat non prévues par les parties. Depuis, la jurisprudence a étendu cette obligation de sécurité à de nombreux autres contrats et a même découvert d'autres obligations (par ex. : obligation d'information).

Ainsi, l'association ou l'entraîneur sportif est débiteur d'une obligation de sécurité, même dans des cas extrêmes où le sportif exerce librement une activité dans ses locaux, en dehors de tout encadrement (Civ. 1re, 15 déc. 2011, *Bull. civ.* I, n° 219).

En l'espèce, s'agissant d'une activité encadrée, la sécurité, même non exprimée, était entrée dans le champ du contrat qui liait la victime à l'USI. Le lutteur est créancier de cette obligation, dont est débiteur l'USI ou l'entraîneur.

Fondée sur l'ancien article 1147 du code civil (devenu 1231-1), la responsabilité contractuelle nécessite trois conditions cumulatives d'engagement : un préjudice, un fait générateur et un lien de causalité.

En l'espèce, le litige s'est cristallisé sur le fait générateur, qui doit résulter de l'inexécution au sens large (*i.e.* partielle, totale ou simple retard) d'une obligation du contrat ; ici, celle accessoire de sécurité.

L'obligation de sécurité étant (non sans critiques et plus pour longtemps…) absorbée par le contrat, il fallait démontrer son manquement. René Demogue, constatant qu'un débiteur ne promet pas toujours la même chose et décelant une contradiction dans les articles 1137 et 1147 anciens du code civil, proposa de distinguer les obligations de moyens des obligations de résultat. Le débiteur des premières s'engage à faire son possible pour atteindre un résultat qu'il ne promet pas. Le débiteur des secondes prend l'engagement de parvenir au résultat promis.

En l'espèce, le pourvoi, rejeté par la Cour de cassation, faisait grief à la cour d'appel de s'être éloignée de cette dichotomie classique en retenant une obligation de moyens renforcée. Ce choix n'est pourtant pas nouveau. La jurisprudence a brouillé le schéma classique en créant des obligations hybrides comme l'obligation de moyens renforcée, l'obligation de résultat atténuée ou aggravée, voire des obligations de garantie. Comment ce choix s'est-il opéré en l'espèce ? Où se situe la frontière entre ces types d'obligations ?

B – La qualification d'obligation de sécurité de moyens renforcée

À l'origine, les obligations de sécurité furent conçues par les juges comme des obligations de résultat. Dans son entreprise d'élargissement de l'obligation de sécurité, la jurisprudence tempéra sa conception en retenant alternativement des obligations de sécurité de moyens ou de résultat, tronçonnant parfois un même contrat entre les deux (v. par exemple le contrat de transport par télésiège où l'intensité de l'obligation de sécurité varie selon la phase du transport : Civ. 1re, 10 mars 1998, *Bull. civ.* I, nº 110). S'il s'agit d'une obligation de résultat, le débiteur doit maintenir la sécurité corporelle des lutteurs. S'il s'agit d'une obligation de moyens, il doit faire son possible pour maintenir leur intégrité physique.

En l'absence de disposition légale ou de stipulation du contrat, la répartition entre ces deux obligations classiques s'opère en fonction d'indices, étant toutefois précisé que les obligations de donner et de ne pas faire sont toujours des obligations de résultat. Mais, pour les obligations de faire le caractère aléatoire du résultat recherché, le rôle actif de la victime, la gratuité de l'acte, l'absence d'assurance furent notamment mobilisés par les juges pour retenir une obligation de moyens. Inversement, l'absence d'aléa, le rôle passif du créancier, le caractère onéreux de l'acte ou la présence d'une assurance obligatoire à la charge du débiteur incita les juges à retenir une obligation de résultat.

En l'espèce, les risques inhérents à la lutte génèrent un aléa pour le club débiteur. Mieux, le sportif crée même, en partie, les risques par sa participation active au combat. Toutefois, le contrat fut vraisemblablement conclu à titre onéreux et la responsabilité civile de l'association sportive était obligatoirement couverte (art. L. 321-1, C. sport). Malgré tout, les assureurs du club espéraient que la Cour de cassation retienne une obligation classique de moyens, solution fréquente en matière sportive (Civ. 1re, 21 nov. 1995, *Bull. civ.* I, n° 424 : gymnastique), même si quelques arrêts ont retenu des obligations de résultat (Civ. 1re, 21 oct. 1997, *Bull. civ.* I, n° 287 : vol en parapente).

La cour d'appel ne suivit pas la dichotomie classique et qualifia la sécurité d'obligation de moyens renforcée. Plusieurs paramètres lui permirent de moduler l'étendue de l'obligation.

Elle s'appuya d'abord sur la potentielle dangerosité de la lutte « rendant nécessaire la fixation de règles précises ». Que faut-il entendre par « sport potentiellement dangereux » ? La simple production d'un dommage ne révèle-t-elle pas la dangerosité du sport ? Faut-il s'intéresser à la probabilité de réalisation du risque ou à sa gravité potentielle ? Cette frontière entre les sports selon leur potentielle dangerosité semble très aléatoire, sauf à trouver un critère rationnel. Elle génère un paradoxe : l'aléa augmente avec les (potentiels) dangers de l'activité, de sorte que les juges renforcent l'obligation d'un débiteur qui maîtrise moins la sécurité.

La cour d'appel s'appuya ensuite sur le niveau technique et le gabarit des participants. La victime, licenciée depuis quatre mois, était « junior compétiteur » et pesait 65 kilogrammes. Son adversaire, licencié depuis trois ans et demi, était un « senior compétiteur » de 89 kilogrammes. Lorsque « David combat Goliath », la cour d'appel renforce l'obligation de sécurité de l'entraîneur. Le pourvoi contestait la qualité de néophyte de la victime, révélant sa pratique antérieure du Full contact (sport de combat « présentant davantage de risques » que la lutte), et son niveau technique (elle était « finaliste du jeu », au cours duquel elle avait déjà battu son adversaire et éliminé son entraîneur). La Cour de cassation rejeta cet argument, approuvant la cour d'appel d'avoir renforcé l'obligation de sécurité en l'espèce, sans la faire basculer dans une obligation de résultat.

Il en résulte une certaine liberté d'appréciation des juges du fond sur la dangerosité et le niveau des pratiquants.

L'obligation de sécurité est renforcée sans qu'il faille surévaluer la portée. On ne peut voir sur ce point de l'arrêt, dépourvu d'attendu de principe, une volonté de la Cour de cassation de déduire que tous les clubs de lutte seraient tenus de la sorte. En outre, l'obligation de moyens renforcée n'est pas nouvelle, même si elle emprunte parfois une sémantique différente (en matière de vol en planeur : Civ. 1re, 16 oct. 2001, *Bull. civ.* I, n° 260 : « le moniteur de sports est tenu, en ce qui concerne la sécurité de ses pratiquants, à une obligation de moyens, cependant appréciée avec plus de rigueur lorsqu'il s'agit d'un sport dangereux »). La fragilité de cette obligation est révélée par sa fugacité, rendant la qualification difficilement prévisible. Or ce choix n'est pas neutre…

II/ Les conditions de la responsabilité contractuelle de l'association de lutte

L'intensité de l'obligation retenue détermine la charge de la preuve du manquement contractuel de l'entraîneur (A). Ce dernier, relié aux préjudices, permettra l'engagement de la responsabilité contractuelle de l'association sportive (B).

A – Le manquement à l'obligation de moyens renforcée : la preuve de la faute du débiteur

L'intérêt majeur de ce choix est probatoire. La conception dualiste classique présente l'avantage de la simplicité.

Lorsque l'obligation est de moyens, le créancier doit établir l'inexécution de l'obligation mais aussi la faute contractuelle du débiteur, *id est* que, n'ayant pas tout mis en œuvre pour exécuter son obligation, il ne s'est pas comporté comme un débiteur normalement raisonnable.

A contrario, lorsque l'obligation est de résultat, la responsabilité contractuelle est présumée de sorte que la victime n'a qu'à rapporter la preuve de son dommage et de l'absence du résultat promis. Il est dans ce cas inutile d'analyser le comportement du débiteur. Il s'agira alors d'une responsabilité de plein droit.

Le pourvoi invoquait une simple obligation de moyens pour laisser à la victime la charge de la preuve de la faute. Il est rejeté. La

Cour de cassation retient une obligation de moyens renforcée, sans pour autant préciser explicitement la conséquence probatoire.

L'incidence réelle de cette qualification retenue sur la charge probatoire est plus volatile. L'obligation de moyens renforcée est une sorte d'obligation de moyens ; mais les juges exigeant en ce cas du débiteur un niveau élevé de diligence, la preuve de sa violation en est facilement rapportable.

Pareillement, l'obligation de résultat atténuée demeure une obligation de résultat : la non-obtention du résultat promis fait présumer la responsabilité, mais les juges permettent au débiteur d'échapper à sa responsabilité en prouvant son absence de faute.

En l'espèce, l'arrêt d'appel a jugé que « l'entraîneur ne pouvait ignorer, compte tenu de son expérience, que la saisie pratiquée par M. A... était porteuse d'un risque majeur de lésions cervicales graves et irréversibles, compte tenu, en outre, du caractère néophyte de M. X..., qui le privait de la capacité d'adopter la réaction appropriée à l'action de son adversaire » et en a déduit « qu'en n'ayant pas empêché l'action de M. A... à l'origine du dommage corporel subi par M. X..., l'entraîneur avait manqué à son obligation de sécurité ». La Cour de cassation approuve l'exigence d'une faute et veille à sa qualification.

La subtilité du raisonnement des juges d'appel fut de ne pas constituer la faute par la potentielle dangerosité de la lutte ni par le combat entre lutteurs de gabarit et de niveau différents. Mais ces éléments influencèrent l'intensité de l'obligation de sécurité retenue et permirent à la cour de retenir plus aisément la faute de vigilance de l'entraîneur. Son expérience et la qualité de la victime lui imposaient une très grande vigilance. La cour d'appel retint, dans ces circonstances précises, une faute de vigilance constituée par son omission à empêcher l'action. Dès la saisie, l'entraîneur devait mettre immédiatement fin à l'action ou au combat.

La vigilance requise lui demande une célérité, peut-être, peu réaliste en pratique. Le pourvoi (2e branche) estimait que l'entraîneur avait fait preuve de « toute la vigilance nécessaire » eu égard aux conditions normales d'entraînement et à la régularité de la prise, qu'il n'avait pas de raison d'ordonner l'arrêt immédiat du combat ou la cessation du geste. La Cour de cassation rejette l'argumentation et approuve le comportement fautif.

B – L'appréciation elliptique du lien causal

L'arrêt mentionne qu'« en n'ayant pas empêché l'action de M. A... à l'origine du dommage corporel subi par M. X..., l'entraîneur avait manqué à son obligation de sécurité, engageant la responsabilité contractuelle de l'USI ». La faute contractuelle étant retenue, il ne faut pas occulter que l'engagement de la responsabilité contractuelle implique, en outre, un dommage causé par l'activité du débiteur de l'obligation. Le lien de causalité n'est pas contesté par le pourvoi.

Face à une obligation de moyens renforcée, le juge présume-t-il le lien causal du fait de l'inexécution fautive ? Ce lien était difficile à caractériser en l'espèce : le manque de vigilance de l'entraîneur constitue bien une cause du dommage corporel ; toutefois, la cause prépondérante semble jaillir de l'action de l'adversaire. Face à une responsabilité toujours liée à la faute, il aurait été opportun de soulever la question.

Ce lien causal peut être rompu par la cause étrangère, notion qui englobe trois hypothèses : le fait (licite ou illicite) de la victime, le fait d'un tiers et le cas fortuit. La cause étrangère peut conduire à l'exonération totale du responsable si elle revêt les caractères de la force majeure (définie classiquement comme un événement extérieur, imprévisible et irrésistible). À défaut, seule la faute de la victime pourra entraîner une exonération partielle (le fait du tiers non constitutif d'un cas de force majeure permettra toutefois au responsable d'exercer un recours contributif).

En l'espèce, l'USI et les sociétés MMA ne semblent pas avoir invoqué une faute de la victime, difficilement concevable dans la simple pratique d'un sport, fût-il « potentiellement dangereux ». La question du fait de l'adversaire auteur de la prise ne fut pas, non plus, posée et semblait vaine. Par ailleurs, l'association responsable ne pouvait invoquer le fait de son entraîneur comme fait d'un « tiers » faute d'extériorité.

Ce dernier point soulève une particularité de la rédaction de l'arrêt qui rend l'entraîneur débiteur de l'obligation de sécurité mais qui désigne l'association sportive comme responsable. Tant que le débiteur désigné de l'obligation reste le contractant de la victime, il est difficile juridiquement de parler de « responsabilité contractuelle du fait d'autrui ». Toutefois, quand les juges retiennent expressément un débiteur distinct (substitut, préposé, ...) de la personne qu'ils jugent responsable, il s'agit d'un cas de responsabilité contractuelle du fait d'autrui.

En renforçant l'intensité de l'obligation de sécurité qui pèse sur les entraîneurs de sports à risques, introduits dans l'exécution du contrat par les clubs, la Cour de cassation favorise la réparation des victimes et appelle les associations sportives à redoubler de vigilance pour préserver leur sinistralité. L'acceptation des risques du sport par la victime paraît bien loin de son âge d'or. Cet arrêt rappelle l'intérêt des obligations hybrides et que la dichotomie classique entre les obligations de moyens et de résultat, sur laquelle la réforme du droit des contrats a été silencieuse, ne reflète pas tout le droit positif.

La responsabilité civile

› *Cas pratique*

Thème principal

Quasi-contrat et responsabilité délictuelle

Mots-clés

Gestion d'affaire, Responsabilité du fait des choses, Responsabilité du commettant du fait du préposé, Clauses exonératoires

Luc est le propriétaire d'une petite maison à Sainte-Marie, sur l'île de la Réunion. Parti en métropole début mars pour faire découvrir les sports d'hiver à ses enfants, il s'est trouvé bloqué loin de chez lui pendant deux longs mois à cause d'un obscur virus qui a obligé les autorités à imposer la fermeture des voies aériennes. De retour chez lui, Luc rend visite à son voisin qui lui apprend qu'il a eu fort à faire. En effet, la vieille antenne de télévision de Luc s'est détachée en raison des forts vents qui ont soufflé ces dernières semaines, entraînant des dégâts importants sur le toit. Pour éviter que la maison ne soit inondée, son voisin a pris le parti d'appeler un artisan pour combler en urgence le trou béant qui s'était formé. Il a réussi à trouver un couvreur disponible, ce qui n'était pas évident en ces temps particuliers. Il lui annonce qu'il a également dû faire réparer le mur de sa propre maison, sur lequel l'antenne s'était écrasée. Le voisin lui présente donc les deux factures. Luc monte sur le toit et trouve que la réparation paraît bien sommaire vue la facture qui lui a été présentée. Il trouve en plus que son voisin s'est immiscé dans ses affaires, ce qui lui paraît particulièrement désagréable.

Il vient vous voir et vous demande s'il doit payer ces factures.

Luc vous confie également la situation dans laquelle se trouve son frère Matthieu, gérant d'une société de rénovation d'intérieurs. Il avait chargé l'un des peintres

Sujet donné et corrigé établi par

Marie Leveneur-Azémar, Professeur et Justine Macaruella, Chargée d'enseignement, Université de La Réunion

Second semestre 2019-2020

de son entreprise, Michel, d'une opération de peinture chez un particulier qui souhaitait mettre en valeur un tableau représentant une sorte de carré blanc sur fond blanc. Il le trouvait original et avait décidé de faire repeindre la pièce en blanc pour créer un trompe-l'œil. Cela plairait sûrement à sa sœur, propriétaire du tableau en question. Les biens des clients sont toujours préalablement protégés et Michel a voulu être consciencieux. De la peinture blanche ne risquait pas de tacher un tableau blanc, mais il l'a tout même emballé. Voulant faire au plus vite, il a manipulé trop brutalement le tableau et l'a percé. La propriétaire du tableau est très affectée. Furieuse, elle est déterminée à intenter une action en justice pour obtenir réparation de l'ensemble de ses préjudices.

Inquiet pour la survie de la société de son frère dans une conjoncture économique difficile, Luc vous demande qui de Matthieu ou de Michel devra payer les frais.

› *Préparation*

Analyse du sujet

Le sujet nécessitait dans un premier temps de bien identifier les différents cas de responsabilité mis en jeu, ainsi que l'existence d'un quasi-contrat. Cette première étape impose de bien identifier le rôle des différents protagonistes dans l'affaire.
Il fallait ensuite vérifier que toutes les conditions, pour chaque fondement, étaient remplies en l'espèce. Cette étape est toute aussi importante pour pouvoir répondre aux questions posées.

Plan du corrigé

I/ La facture pour le toit
II/ La facture pour le mur
III/ La responsabilité du commettant du fait de son préposé
 A – La responsabilité de Matthieu
 B – L'immunité du préposé
 C – Le préjudice

› *Corrigé*

I/ La facture pour le toit

Le toit a été abîmé lors d'une tempête et le propriétaire était absent. Le voisin a pris le parti de faire réparer le toit et demande à être remboursé. Le propriétaire est-il obligé d'honorer cette facture ?

Il faut ici se demander s'il y a une gestion d'affaires. Selon l'article 1301 du code civil, il y a gestion d'affaires lorsqu'une personne « sans y être tenu, gère sciemment et utilement l'affaire d'autrui, à l'insu ou sans opposition du maître de cette affaire ».

En l'espèce, le propriétaire n'a pas demandé, et n'a même pas été informé en amont des travaux effectués par le voisin. La gestion a donc bien eu lieu à son insu, sans que le voisin soit obligé à cette mission. Il a fait appel à un artisan pour combler un trou dans un toit. Il s'agit bien ici de travaux utiles, qu'il a commandé sciemment.

Il s'agit donc bien d'une gestion d'affaires. Les textes relatifs à la gestion d'affaires sont applicables.

L'article 1301-2 dispose que celui dont l'affaire a été utilement gérée doit rembourser au gérant « les dépenses faites dans son intérêt ». Toutefois, le gérant doit gérer l'affaire en lui apportant tous les soins d'une personne raisonnable, selon l'article 1301-1 du code civil. Cela signifie qu'il répond des fautes de gestion.

En l'espèce, le gérant a fait appel à un artisan pour réparer le toit, et a payé la facture. En application de l'article 1301-2, le propriétaire doit rembourser au gérant le montant de la facture.

Toutefois il faut se demander s'il n'y a pas eu une faute de gestion.

Les travaux semblent être de piètre qualité au regard du prix payé. Peut-on y voir ici une faute de gestion ? Celle de ne pas avoir cherché quelqu'un de plus compétent ?

Il semble qu'ici le gérant n'a pas vraiment eu le choix. Il a cherché à éviter l'inondation de la maison, il a paré au plus urgent. Les conditions particulières semblent l'avoir empêché de contacter plusieurs personnes. On ne peut pas ici caractériser une faute de gestion.

Le propriétaire devra donc payer la facture relative au toit, en raison de la gestion d'affaires du voisin qui a évité l'inondation de sa maison.

II/ La facture pour le mur

En tombant, l'antenne a endommagé le mur de la maison voisine, qu'il a fallu réparer. Le propriétaire de l'antenne est-il tenu de payer la facture ?

Il s'agit ici d'une question de responsabilité. Le propriétaire d'une maison est-il responsable de la chute de l'antenne qui a été arrachée par des vents violents ?

L'article 1242 al. 1er du code civil pose le principe de la responsabilité générale du fait des choses qui s'impose au gardien de la chose. La chose doit avoir eu un rôle actif dans le dommage. Ce rôle actif est présumé lorsque la chose était en mouvement et est entrée en contact avec le siège du dommage.

En l'espèce, l'antenne est bien une chose. Elle est venue s'écraser sur le mur de la maison voisine. Elle était donc bien en mouvement et elle est entrée en contact avec le siège du dommage. Son rôle actif est donc présumé.

La responsabilité pèse sur le gardien de la chose. Selon l'arrêt *Franck* du 2 décembre 1941, le gardien est celui qui a l'usage, la direction et le contrôle de la chose. De plus, la jurisprudence a posé une présomption de gardien de la chose sur la tête du propriétaire de la chose (Civ. 2e, 23 janv. 2003).

En l'espèce, le propriétaire de l'antenne est présumé gardien de la chose. Pour pouvoir faire tomber cette présomption, il doit prouver que la garde a été transmise à une autre personne. Or si l'antenne s'est envolée, on ne peut pas pour autant retenir que le vent est gardien de la chose, car le vent n'est pas une personne ; il n'y a donc pas eu de transfert de garde. Le propriétaire de l'antenne reste gardien.

Le propriétaire est donc responsable du dommage causé par l'antenne. En l'espèce, il s'agit d'un dommage matériel, à savoir un mur endommagé.

Il reste à vérifier si le gardien ne peut pas invoquer une cause exonératoire de responsabilité.

Le gardien, pour s'exonérer entièrement, doit prouver un cas de force majeure. La faute de la victime ou le fait d'un tiers ne sont pas adaptés dans ce cas présent.

Les forts vents ayant détaché l'antenne peuvent-ils être considérés comme un événement de force majeure ?

La force majeure doit présenter trois caractères (qui ont été récemment consacrés dans le cadre de la responsabilité contractuelle à l'article 1218 du code civil) : l'événement doit être imprévisible, irrésistible et extérieur au gardien (Ass. plén., 14 avr. 2006).

En l'espèce, des vents forts sont bien extérieurs au gardien. Ils lui sont irrésistibles. En revanche, le caractère de l'imprévisibilité risque de faire défaut. Il est fréquent que des vents violents soufflent sur l'île et le cas ne précise pas qu'il s'agissait d'une tempête inhabituelle. Il est donc peu probable qu'un juge retienne l'imprévisibilité de l'événement.

Dès lors, la force majeure n'est pas caractérisée.

Le gardien ne pourra pas s'exonérer de sa responsabilité.

Il doit donc réparer le dommage matériel qu'a subi son voisin. Le montant correspond à la réparation du mur, qui a déjà été effectuée. Il devra donc payer la facture présentée par le voisin.

En définitive, Luc devra payer les deux factures présentées par son voisin.

III/ La responsabilité du commettant du fait de son préposé

Un tableau a été endommagé par un peintre en bâtiment, Michel, qui est employé par Matthieu.

A – La responsabilité de Matthieu

La première question est celle de savoir si Matthieu doit répondre du dommage causé par Michel. Sur quel fondement Matthieu risque-t-il de voir sa responsabilité engagée du fait de son employé ?

Michel a endommagé un tableau appartenant à la sœur du client. La victime, propriétaire du tableau, n'est pas liée par un contrat de prestations de service avec l'entreprise de Matthieu. Elle sera donc susceptible d'invoquer au soutien de son action un fondement délictuel.

Le fondement délictuel pertinent est celui prévu à l'article 1242, alinéa 5, du code civil, en vertu duquel les commettants sont responsables du dommage causé par leurs préposés dans les fonctions auxquelles ils les ont employés. Trois conditions doivent être réunies pour engager la responsabilité sur ce fondement : un lien de préposition (1) et un fait dommageable du préposé (2) en lien avec ses fonctions (3).

1 • Le lien de préposition

Le lien de préposition est un lien d'autorité se traduisant par le pouvoir de donner des ordres ou instructions. Il renvoie également à l'idée d'une activité profitable au commettant.

Ce lien de préposition peut consister dans un lien de subordination, même s'il ne s'y résume pas. La subordination est caractéristique du contrat de travail : elle lie un salarié qui exécute un travail pour un employeur qui dispose du pouvoir de lui donner des ordres à cette fin.

En l'espèce, Michel est salarié de l'entreprise dirigée par Matthieu : tous deux sont liés par un contrat de travail, qui est caractérisé par un lien de subordination. Michel exécutait une opération de peinture qui lui a été ordonnée par son employeur, Matthieu l'ayant expressément chargé de l'opération de peinture qui a mal tourné. Ce lien de subordination est constitutif d'un lien de préposition : Matthieu est le commettant et Michel son préposé.

La condition relative au lien de préposition est remplie.

2 • Un fait dommageable du préposé

La responsabilité du commettant ne peut être engagée qu'en présence d'un fait dommageable du préposé. Cependant, tout fait dommageable du commettant n'est pas susceptible d'engager la responsabilité du commettant : il doit s'agir d'un fait fautif. Une faute simple suffit, la victime n'ayant pas à caractériser une faute lourde ou une faute intentionnelle de la part du préposé. La faute simple s'apprécie traditionnellement par référence à un standard de comportement, en l'espèce celui du peintre professionnel normalement diligent et consciencieux.

En l'espèce, il est permis de supposer qu'un professionnel normalement diligent et consciencieux aurait été plus précautionneux dans la manipulation d'un tableau, qui est par définition un objet fragile. Michel n'a pas volontairement endommagé le tableau. Pour autant, il a été négligent dans la protection de ce bien en ne mettant pas suffisamment de soin à la manipulation. Il a donc commis une faute qui a causé le dommage.

La condition relative au fait dommageable fautif du préposé est remplie.

3 • Un fait dommageable en lien avec les fonctions

Conformément à la lettre de l'article 1242, alinéa 5, du code civil, la faute du préposé doit être liée à ses fonctions. Cette condition fait l'objet d'une interprétation large par la jurisprudence, qui ne l'exclut qu'en cas d'abus de fonctions. En vertu d'un arrêt d'Assemblée plénière du 19 mai 1988, trois conditions cumulatives permettent de caractériser un abus de fonctions : le préposé doit avoir agi hors des fonctions auxquelles il était employé, sans autorisation, et enfin à des fins étrangères à ses attributions. Dans ce cas, le commettant peut être exonéré de sa responsabilité.

En l'espèce, Michel a commis le fait fautif dans le cadre de l'opération de protection des biens des clients et de réalisation de la peinture pour lesquelles il était employé. Il n'a donc agi ni hors de ses fonctions ni à des fins étrangères à ses attributions. Cette opération lui avait été confiée par son employeur, de sorte qu'il n'a pas agi sans autorisation. L'abus de fonction est ainsi exclu : la faute est bien en lien avec les fonctions.

La dernière condition de la responsabilité est remplie.

En conclusion, les trois conditions d'engagement de la responsabilité du commettant sont réunies. La propriétaire du tableau pourra rechercher la responsabilité de Matthieu sur le fondement de l'article 1242, alinéa 5, du code civil.

B – L'immunité du préposé

La deuxième question est celle de savoir si la responsabilité de Michel pourrait être recherchée, soit par la victime, soit par Matthieu au titre d'une action récursoire. Le préposé risque-t-il de voir sa responsabilité personnelle engagée sur le fondement de l'article 1240 du code civil ?

Le régime de responsabilité des commettants du fait de leurs préposés accorde au préposé le bénéficie d'une immunité civile. Cette règle a été posée par l'arrêt *Costedoat* rendu par l'Assemblée plénière le 25 février 2000 : le préposé, même fautif, ne peut en principe voir sa responsabilité personnelle engagée. Toutefois, cette même décision institue une exception à cette immunité : le préposé peut voir sa responsabilité personnelle engagée s'il a excédé les limites de la mission.

La jurisprudence a permis de dégager plusieurs hypothèses dans lesquelles le préposé a excédé les limites de sa mission. Tel est le cas lorsque le préposé a commis une faute très grave, consistant dans un abus de fonctions (Ass. plén., 19 mai 1988), une infraction pénale (Ass. plén., 14 déc. 2001) ou encore une faute intentionnelle (Civ. 2e, 20 déc. 2007).

En l'espèce, la faute de Michel à l'origine du dommage est une faute simple de négligence. Il n'a pas commis d'abus de fonctions et il ne s'agit pas d'une infraction pénale ou d'une faute intentionnelle. Par conséquent, le préposé bénéficie de l'immunité civile

En conclusion, Matthieu sera seul responsable et Michel et ne pourra voir sa responsabilité civile engagée ni par son employeur, ni par la propriétaire du tableau.

C – Le préjudice

La dernière question qui se pose est celle du préjudice réparable. Quels sont les préjudices dont la propriétaire pourrait demander réparation ?

Le préjudice ou dommage s'entend de toute lésion d'un intérêt patrimonial ou extrapatrimonial. La réparation ne concerne que le préjudice réparable, c'est-à-dire le préjudice direct, certain, personnel et licite.

En l'espèce, deux types de préjudices pourraient être invoqués par la propriétaire du tableau : un préjudice matériel consistant dans la perte de valeur du bien et un préjudice moral consistant dans l'affliction de la propriétaire à raison de la valeur morale que pouvait avoir ce tableau.

Ces deux préjudices sont la conséquence directe du fait fautif du préposé : la manipulation brutale a causé l'endommagement du bien, sa dépréciation et, partant, l'affliction de la propriétaire. Ils sont actuels : le tableau est troué et la propriétaire en larmes, de sorte qu'ils revêtent un caractère certain. Enfin, la demande est bien formulée par la propriétaire du tableau et rien ne permet de douter de la licéité de cette propriété. Il s'agit donc préjudices personnels et licites. En définitive, ces deux préjudices présentent un caractère réparable.

S'agissant du montant de la réparation, il y a lieu de faire application du principe de réparation intégrale du préjudice. Ainsi plus la valeur du bien sera élevée, plus le montant de la réparation sera important. La réparation du préjudice moral est difficilement retenue par les juges, mais pourrait l'être s'il s'agissait par exemple d'une œuvre à la valeur culturelle et affective importante.

En conclusion, il ne reste qu'à espérer pour la continuité de la société de Marc qu'il ne s'agisse pas d'une toile de maître.

La responsabilité civile

Thème principal

Responsabilité civile extra-contractuelle

Mots-clés

Responsabilité délictuelle, Conditions, Causalité, Caractérisation, Causalité adéquate, Équivalence des conditions

Sujet donné et corrigé établi par

Thierry Garé, Professeur, Université catholique de Toulouse

Second semestre 2019-2020

› *Commentaire d'arrêt : Civ. 2e, 5 mars 2020, n° 18-26.137*

Sur le moyen unique :

Attendu, selon l'arrêt attaqué (Aix-en-Provence, 18 oct. 2018), que par requête en date du 21 avril 2015, M. X… a saisi une commission d'indemnisation des victimes d'infractions afin d'obtenir la réparation de ses préjudices consécutifs à des blessures subies à l'occasion de ses fonctions de policier alors qu'il poursuivait, à moto, un cyclomoteur dont le conducteur n'avait pas observé l'arrêt imposé par un feu rouge fixe ;

Attendu que M. X… fait grief à l'arrêt de rejeter ses demandes, alors, selon le moyen :

1°/ *que chacun des éléments, en l'absence duquel le dommage ne serait pas survenu, est la cause du dommage ; qu'en énonçant qu'il « ne peut être légitimement soutenu que [le conducteur du scooter] a occasionné les blessures à M. X…* […] *dans la mesure où les violations qu'il a commises au code de la route et le refus d'obtempérer ne sont pas en lien direct et certain avec ces blessures qui sont la seule conséquence de la chute purement accidentelle de M. X… qui reconnaît d'ailleurs avoir glissé avant de tomber », ALORS qu'en l'absence des infractions commises par le conducteur du scooter, soit le refus d'obtempérer et le délit de fuite, le dommage subi par M. X… ne serait pas survenu, ce dont il résultait que ces infractions matérielles étaient bien la cause du dommage, la cour d'appel a violé, par refus d'application, l'article 706-3 du code de procédure pénale;*

2°/ qu'un événement est la cause d'un autre lorsqu'on peut prévoir, en se fondant sur le déroulement habituel des faits tel que l'expérience le relève, qu'il suit un autre; qu'en énonçant qu'il « ne peut être légitimement soutenu que [le conducteur du scooter] a occasionné les blessures à M. X... [...] dans la mesure où les violations qu'il a commises au code de la route et le refus d'obtempérer ne sont pas en lien direct et certain avec ces blessures qui sont la seule conséquence de la chute purement accidentelle de M. X... qui reconnaît d'ailleurs avoir glissé avant de tomber », ALORS QUE le refus d'obtempérer et la fuite du conducteur du scooter étaient, parmi les antécédents de l'accident, le « fait adéquat » qui avait causé le dommage, la cour d'appel a encore violé, par refus d'application, l'article 706-3 du code de procédure pénale;

Mais attendu qu'ayant relevé que les blessures subies étaient la conséquence de la chute purement accidentelle de M. X..., au cours de sa tentative d'interpellation du conducteur du scooter qui s'enfuyait, la cour d'appel a pu en déduire qu'il n'existait pas de lien de causalité direct et certain entre ces blessures et le refus d'obtempérer, et que le préjudice subi ne résultait donc pas de faits présentant le caractère matériel d'une infraction;

D'où il suit que le moyen n'est pas fondé;

Par ces motifs, la Cour :

Rejette le pourvoi [...].

C. pr. pén., article 706-3 : « Toute personne, y compris tout agent public ou tout militaire, ayant subi un préjudice résultant de faits volontaires ou non qui présentent le caractère matériel d'une infraction peut obtenir la réparation intégrale des dommages qui résultent des atteintes à la personne [...] ».

Le texte ci-dessus reproduit et le code civil, vierge de toute annotation manuscrite, sont seuls autorisés.

› Préparation

Analyse du sujet

Le sujet présentait deux difficultés principales : l'une de méthode et l'autre de fond.

De méthode, tout d'abord, car l'exercice du commentaire d'arrêt nécessite d'échapper à deux écueils importants : la paraphrase et la récitation purement théorique du cours. Dans les deux cas, l'arrêt n'est pas véritablement commenté. Il était donc attendu des étudiants qu'ils se livrent à une appréciation juridique, au besoin critique, de l'arrêt, tant dans sa solution que dans le raisonnement retenu par les juges pour y parvenir. En d'autres termes, les étudiants devaient *apporter* à l'arrêt. C'est cette valeur ajoutée qui fait le commentaire d'arrêt.

De fond, ensuite : il fallait avoir bien compris l'arrêt : le contexte des faits et les implications des analyses de la causalité, d'autant que l'arrêt peut paraître déroutant à la première lecture et soulève peut-être plus de questions qu'il n'en résout...

Plan du corrigé

I/ Le système d'appréciation de la causalité retenu

A – Le rejet de l'équivalence des conditions

B – Le rejet de la causalité adéquate

II – L'absence d'indemnisation de la victime

A – Sur l'application de la loi du 5 juillet 1985

B – S'agissant de la responsabilité administrative

› Corrigé

Comment caractériser le lien de causalité ? C'est à cette question que répond l'arrêt commenté en des termes qui ne sont peut-être pas totalement convaincants.

En l'espèce, un policier se lance, en moto, à la poursuite du conducteur d'un scooter qui a commis plusieurs infractions routières et un refus d'obtempérer. Au cours de cette poursuite, le policier tombe et se blesse. Le conducteur du scooter ayant pris la fuite et n'étant donc pas identifié, la victime ne peut agir en responsabilité contre lui. Le policier introduit alors son action en réparation devant la CIVI (commission d'indemnisation des victimes d'infractions) afin d'être indemnisé par le Fonds de garantie des victimes d'actes de terrorisme et d'autres infractions (FGTI). Pour obtenir satisfaction, le policier doit démontrer que les conditions de l'article 706-3 du code de procédure pénale sont remplies, et notamment l'existence d'un préjudice qui est la conséquence directe de faits ayant le caractère matériel d'une infraction pénale. La cour d'Aix-en-Provence rejette sa demande au motif que les blessures du policier n'étaient pas la conséquence directe des infractions pénales commises par le conducteur du scooter. Devant la Cour de cassation, le policier reproche à la cour d'appel d'avoir ainsi statué alors que le lien de causalité était établi aussi bien en causalité adéquate (seconde branche du moyen) qu'en équivalence des conditions (première branche du moyen). La question posée à la Cour de cassation était donc la suivante : existe-t-il un lien de causalité suffisamment direct et certain entre les infractions commises par le pilote du scooter et les blessures du policier ? La deuxième chambre civile donne à cette question une réponse négative. Elle rejette le pourvoi au motif que les blessures subies étaient la conséquence de la chute purement accidentelle du demandeur au cours de sa tentative d'interpellation. Et elle approuve la cour d'appel d'avoir considéré qu'il n'existait pas de lien de causalité direct et certain entre les blessures du policier et le refus d'obtempérer du pilote du scooter. Elle en déduit que le préjudice subi ne résultait pas de faits présentant le caractère d'une infraction pénale. Ainsi, le système retenu pour apprécier la causalité (I) a pour conséquence d'exclure la victime de toute indemnisation (II).

I/ Le système d'appréciation de la causalité retenu

Eu égard aux faits de l'espèce on comprend que, si le policier s'est lancé à la poursuite du conducteur du scooter, c'est parce que celui-ci a commis plusieurs infractions pénales. Mais la difficulté est plus précisément de savoir si les blessures subies par le policier lors de sa chute se rattachent par un lien de causalité suffisant aux infractions pénales commises par le pilote du scooter. Pour le démontrer, le policier invoque successivement l'équivalence des conditions (A) et la causalité adéquate (B) qui, sont toutes deux, rejetées par l'arrêt commenté.

A – Le rejet de l'équivalence des conditions

L'équivalence des conditions est invoquée par le policier dans la première branche de son moyen de cassation dans les termes suivants : « chacun des éléments, en l'absence duquel le dommage ne serait pas survenu, est la cause du dommage ». Autrement dit, tous les éléments qui se sont succédé jusqu'à la survenance du dommage sont équivalents en termes de causalité ; ils ont la même valeur causale. Et il aurait suffi que l'un d'entre eux ne se soit pas produit pour que la chaîne de la causalité se trouve interrompue et que le dommage ne survienne pas.

Appliquée à l'espèce, l'équivalence des conditions permet effectivement de rattacher les blessures du policier aux infractions pénales commises par le pilote du scooter. Car c'est bien à cause de ces infractions pénales que le policier s'est lancé dans la poursuite. On peut donc considérer qu'en l'absence de telles infractions, la poursuite n'aurait jamais eu lieu et les blessures non plus.

La Cour de cassation approuve cependant l'arrêt d'appel d'avoir écarté cette théorie, sans réelle justification d'ailleurs, ce qui peut être reproché à l'arrêt commenté. La Cour de cassation procède par affirmation et relève « que les blessures subies étaient la conséquence de la chute purement accidentelle de M. X... ». Comme si la chute était sans rapport aucun avec la course-poursuite... Or tel n'est pas le cas... Et la Cour de cassation elle-même en convient lorsqu'elle souligne que la chute s'est produite « au cours de sa tentative d'interpellation du conducteur du scooter ». Le raisonnement ne paraît donc pas pleinement convaincant... La même motivation est d'ailleurs retenue pour rejeter le moyen qui, dans sa seconde branche, invoquait la causalité adéquate.

B – Le rejet de la causalité adéquate

La causalité adéquate est invoquée dans la seconde branche du moyen, ainsi rédigée : « un événement est la cause d'un autre lorsqu'on peut prévoir, en se fondant sur le déroulement habituel des faits tel que l'expérience le relève, qu'il suit un autre ». En d'autres termes, la causalité doit être recherchée dans le fait qui explique le mieux la survenance du dommage. Dans cette analyse, il n'est pas question de considérer que tous les faits qui se sont succédé jusqu'à la survenance du préjudice ont la même valeur causale. Il faut rechercher, parmi ces différents faits, celui qui explique le mieux la survenance du dommage. La seconde branche du moyen soutient donc que les infractions routières sont la cause adéquate du dommage du policier. En d'autres termes, ces infractions sont la cause déterminante ou prépondérante du dommage du policier.

L'argument est, là encore, écarté sèchement par la Cour de cassation : « les blessures subies étaient la conséquence de la chute purement accidentelle de M. X... ». La seule cause du dommage du policier résidait donc dans sa chute, par ailleurs qualifiée d'accidentelle. Et aucun lien de causalité direct et certain n'existait donc, pour les juges du fond comme pour la Cour de cassation, entre les infractions routières et les dommages du policier. Sur le plan théorique, la solution semble reposer sur le système de la *causa proxima*, que la jurisprudence délaisse pourtant le plus souvent, car le dernier fait n'est pas forcément le plus causal. À moins qu'il faille voir dans la solution de la Cour de cassation, une application de la causalité adéquate ? Quoi qu'il en soit, les conséquences du système de causalité retenu s'avèrent lourdes pour la victime qui, sur le plan pratique, se trouve, privée de toute indemnisation.

II/ L'absence d'indemnisation de la victime

Le système d'appréciation de la causalité retenu par le Cour de cassation conduit à rattacher les blessures du policier à sa propre chute qui est qualifiée de « purement accidentelle ». Sa chute ne peut donc être rattachée à un quelconque comportement humain. Et personne ne peut être considéré comme responsable du dommage. Dès lors, le policier n'a face à lui aucun débiteur possible d'indemnisation, ce qui aboutit à l'exclure de toute indemnisation. La solution est rigoureuse et sensiblement à contre-courant de la jurisprudence habituelle qui fait de l'indemnisation des victimes un objectif cardinal. En outre, elle soulève plusieurs interrogations au regard de l'application des régimes spéciaux de responsabilité et notamment de la loi du 5 juillet 1985 (A) et de la responsabilité administrative (B).

A – Sur l'application de la loi du 5 juillet 1985

Les étudiants devaient discuter les conditions d'application de la loi du 5 juillet 1985. En effet, si certaines conditions de mise en œuvre de ce texte semblent réunies, d'autres soulèvent plus de difficultés.

Parmi les conditions réunies, on peut noter qu'il s'agit bien d'un accident (au sens de fait involontaire) ; que les deux roues motorisés constituent bien des véhicules terrestres à moteur ; que ces véhicules étaient en mouvement lors de l'accident, et donc présumés en circulation...

La condition d'implication des véhicules est plus délicate. Elle est évidemment remplie à l'égard de la moto du policier. Mais peut-on dire qu'elle l'est aussi à l'égard du scooter du jeune fuyard ?

Enfin, la condition d'imputabilité du dommage à l'accident peut-elle être considérée comme remplie alors que les juges d'appel et de cassation ont écarté tout lien de causalité avec le comportement du conducteur du scooter ?

B – S'agissant de la responsabilité administrative

Les étudiants devaient se demander pourquoi l'action en réparation n'était pas soumise au droit – et aux juridictions – administratifs. En effet, la responsabilité administrative ne s'applique pas qu'aux dommages causés par l'administration aux administrés. Elle trouve aussi à s'appliquer aux dommages subis par les agents de l'administration elle-même. L'agent public victime d'un dommage dans le cadre de ses fonctions peut être indemnisé par le juge administratif, en application des règles du droit administratif, qui distingue selon que la faute commise par le fonctionnaire est, ou non, détachable du service. En l'espèce, il semble que le fonctionnaire agissait pendant son service et dans le cadre de ses attributions Aucune faute détachable ne pouvait donc lui être opposée et la responsabilité administrative aurait dû trouver à s'appliquer. La Cour de cassation a d'ailleurs jugé « que le litige qui a trait à la réparation par une personne de droit public des conséquences dommageables de l'accident de service survenu à l'un de ses agents titulaires à l'occasion de l'exercice de ses fonctions [il s'agissait en l'espèce d'un accident de la circulation impliquant un véhicule de La Poste] relève compétence de la juridiction de l'ordre administratif, quel que soit le fondement sur lequel l'action a été intentée et ce alors même que l'accident a été causé par un véhicule » (Civ. 2e, 8 déc. 2011, nº 10-24.907). Ainsi, le juge administratif est, en principe, seul compétent en cas d'action intentée par l'agent public à l'encontre de l'administration suite à un tel accident et ce, alors même que l'accident a été causé par un véhicule. La solution retenue par l'arrêt commenté paraît ainsi plus acceptable : la victime s'était peut-être trompée de juge… Mais alors pourquoi les juges du fond et la Cour de cassation ne se sont-ils pas déclarés incompétents ?

Barème :
Introduction : 5 points
Première partie : 9 points
Seconde partie : 6 points

La rigueur du raisonnement juridique et l'intelligence des développements ont été récompensées. Il a été retiré jusqu'à 4 points pour la forme.

La responsabilité civile

Thème principal

Responsabilité du fait personnel

Mots-clés

Faute, Préjudice, Acceptation des risques, Sport, Football

Sujet donné et corrigé établi par

Gilles Raoul-Cormeil, Professeur, Université de Brest

Second semestre 2018-2019

› *Commentaire d'arrêt : Civ. 2e, 13 janvier 2005, n° 03-12.884*

Attendu, selon l'arrêt confirmatif attaqué (Angers, 15 janv. 2003), que M. X..., alors qu'il participait à une rencontre amicale de football, a été blessé par le choc contre sa tête du ballon frappé du pied par M. Y..., gardien de but de l'équipe adverse ; qu'il a assigné en responsabilité et indemnisation M. Y... et la Ligue du Maine de football, en présence de la Caisse primaire d'assurance-maladie de la Mayenne (la CPAM) ;

Sur le second moyen du pourvoi n° A 03-18.918 et sur la quatrième branche du moyen unique du pourvoi n° S 03-12.884, réunis qui sont préalables :

Attendu que M. X... et la CPAM font grief à l'arrêt de les avoir déboutés de leurs demandes, alors, selon le moyen :

1/ que constitue une faute civile le fait pour un gardien de but de lancer très violemment le ballon en direction de la tête d'un joueur qui se trouve à proximité, peu important que l'arbitre n'ait pas considéré que ce comportement était contraire aux règles du jeu ; qu'en décidant l'inverse, la cour d'appel a violé l'article 1382 du code civil ;

2/ qu'est constitutif d'une faute le fait pour un joueur de football de frapper le ballon avec une violence excessive créant un risque anormal ; qu'en l'espèce, M. X... soulignait dans ses conclusions les caractéristiques particulières du tournoi de sixte disputé par les deux équipes de six joueurs, sur la moitié d'un terrain et l'extrême violence avec laquelle le gardien de but, M. Y..., avait néanmoins frappé le ballon face à lui ; que les juges du fond ont expressément constaté d'ailleurs la brutalité du jeu et la violence du tir de M. Y... ; qu'en écartant néanmoins toute faute de ce dernier, sans rechercher si, au regard des circonstances particulières du jeu de sixte, la violence caractérisée avec laquelle il avait frappé le ballon, face à M. X..., sur une surface de jeu réduite, ne caractérisait pas une faute alléguée, la cour d'appel a privé sa décision de toute base légale au regard des articles 1382 et 1383 du code civil ;

Mais attendu que l'arrêt retient que selon les conclusions concordantes des parties et les pièces produites, l'accident s'est produit alors qu'en début de match, l'équipe où évoluait M. X... avait lancé celui-ci vers le but adverse, contraignant le gardien, M. Y..., à sortir de la surface de réparation pour dégager le ballon au pied ; que, sans que M. Y... l'ait voulu, le ballon a pris la direction du visage de M. X..., qui, tentant en vain de se protéger à l'aide de son bras, l'a reçu sur la tempe et s'est écroulé ; que M. X... reconnaît que M. Y... n'a pas voulu le blesser ; qu'il est dans l'esprit du jeu qu'un gardien de but, comme tout autre joueur dans les différentes phases de jeu et notamment un attaquant comme M. X..., lorsqu'il tente de marquer un but, utilise toute sa force physique pour donner au ballon la plus grande vitesse possible ; que dans la position difficile où il se trouvait, M. Y... devait renvoyer le ballon en le frappant violemment avant que M. X... ne pût s'en emparer ou s'opposer à ce dégagement ; que l'arbitre du match, dont la lettre est jointe au procès-verbal de gendarmerie, a écrit que l'accident s'est produit sur un « fait de jeu », c'est-à-dire en l'absence de toute faute à l'encontre des règles ou de l'esprit du jeu ; qu'il s'est produit aussi sans maladresse et que seul un hasard malheureux en est à l'origine ;

Que de ces constatations et énonciations, découlant de son appréciation souveraine de la valeur et de la portée des éléments de preuve soumis au débat, la cour d'appel, qui a effectué la recherche prétendument omise, a exactement déduit que M. Y... n'avait commis aucune faute caractérisée par une violation des règles du jeu pouvant engager sa responsabilité en raison de son fait personnel ;

D'où il suit que le moyen n'est pas fondé ;

[...]

PAR CES MOTIFS :

REJETTE les pourvois

› Préparation

Analyse du sujet

Cet arrêt de rejet est relatif à la responsabilité pour faute. Le sujet présentait quatre difficultés inégales. La première est liée à la distinction de la faute civile et de la faute de jeu. L'une et l'autre devaient être définies. La deuxième difficulté vise les éléments à partir desquels les juges du fond ont conclu à l'absence de faute. La troisième difficulté tient à la recherche du fondement qui a justifié en 2005 la non-indemnisation du préjudice corporel subi par la victime. Enfin, il restait à confronter cette solution à la jurisprudence actuelle et à l'avant-projet de réforme de la responsabilité civile (Chancellerie, 13 mars 2017) pour s'interroger sur sa pérennité.

Plan du corrigé

I/ La notion de faute
A – Les définitions de la faute
B – Les fondements de la faute

II/ L'absence de faute
A – La distinction de la faute de jeu et de faute contre le jeu
B – L'éventuelle acceptation des risques par la victime ?

› Corrigé

L'extrait de l'arrêt de rejet du 13 janvier 2005 est relatif à la responsabilité civile pour faute. En l'espèce, une rencontre amicale de football se déroule suivant le jeu de sixte. Deux équipes de six joueurs s'affrontent sur la moitié d'un terrain de football. Malgré la présence d'un arbitre, il ne s'agit pas d'une compétition sportive mais d'un tournoi amical. Au cours de la partie, l'un des joueurs est grièvement blessé par un choc – à la tête – consécutif à l'envoi du ballon relancé par le gardien de but. Dans cet extrait, ni la nature, ni la gravité du préjudice corporel ne sont indiquées. Pourtant, la victime demeure gravement handicapée ; elle est hémiplégique.

La victime (Monsieur X), ainsi que la CPAM du Maine, engage la responsabilité civile du joueur de football qui a relancé le ballon avant le choc préjudiciable (Monsieur Y). L'arrêt de rejet ne dit pas le rôle de la CPAM (est-elle actionnée en garantie ?). Cette caisse d'assurance-maladie n'est pas le débiteur *solvens* qui a indemnisé la victime de son préjudice et qui serait subrogée dans ses droits. Rien n'est dit du dispositif ni des motifs des premiers juges. Seul le dispositif de la cour d'appel (Angers 15 janv. 2003) est repris : les demandeurs sont déboutés. La victime reste donc sans indemnisation !

La victime et la CPAM forment, chacune de leur côté, un pourvoi en cassation constitué de deux moyens pour l'un et d'un moyen unique pour l'autre. Les deux pourvois sont joints, eu égard à leur connexité. Les pourvois sont subdivisés en plusieurs branches. Dans l'extrait de l'arrêt, la Cour de cassation répond au second moyen du pourvoi n° 03-18.918 et à la 4e branche du moyen unique du pourvoi n° 03-12.884. L'argumentation de ces pourvois est relative à la faute du joueur et à une demande en réparation fondée sur l'article 1382 du code civil (car les faits sont antérieurs à la réforme du droit des obligations, de 2016-2018, qui n'a fait que déplacer cette règle à l'article 1240 du même code).

Les demandeurs au pourvoi reprochent d'abord aux juges du fond d'avoir violé l'article 1382 du code civil tant la faute civile aurait pu être induite de la violence du lancer du ballon et du préjudice corporel subi par la victime, indépendamment de l'absence de « faute de jeu » selon l'arbitre. Ils font ensuite grief à la cour d'appel d'Angers d'avoir privé leur arrêt de base légale au regard de l'article 1382 du code civil, car la faute peut être induite des circonstances dans lesquelles le ballon a été renvoyé brutalement par le gardien qui est sorti de la surface de réparation…

La Cour de cassation, en sa première chambre civile, rejette le pourvoi le 13 janvier 2005 suivant une motivation longue et très circonstanciée. Elle s'en remet à l'appréciation souveraine des juges du fond pour analyser la valeur et la portée des éléments de preuve. Elle maintient la qualification d'absence de faute et accepte que le préjudice corporel soit dû à un « hasard malheureux ».

De la confrontation des thèses en présence résulte le problème de droit suivant : un gardien de but qui sort de la surface de réparation pendant un tournoi de sixte et frappe violemment le ballon – dans le but de le transmettre à l'un de ses coéquipiers, mais – qui vient s'écraser sur la tempe d'un joueur adverse et le blesse grièvement, commet-il une faute civile au sens de l'article 1382 du code civil, alors qu'aucune faute de jeu n'a pu être retenue contre lui par l'arbitre ?

L'enjeu théorique de ce problème de droit est lié à l'indépendance des fautes civiles et sportives et à la prise en considération des circonstances du jeu (entraînement, compétition, tournoi amical). Non moins théorique, mais avec une incidence également pratique, l'arrêt de rejet soulève le problème de la non-indemnisation de la victime. À une époque où la doctrine a pu analyser la jurisprudence comme orientée par une idéologie de la réparation, cet arrêt de rejet est dissonant.

L'extrait passe sous silence la question de la responsabilité du fait des choses qui pourra revenir au sein de la discussion. Seule la responsabilité pour faute doit ici être discutée au regard des thèses en présence. Aussi, après avoir défini la notion de faute dans ses versants civil et sportif (I), il conviendra de justifier, en l'espèce, l'absence de faute (II).

I/ La notion de faute

La faute est nécessaire et présente dans tous les systèmes de responsabilité civile, encore faut-il rappeler ses définitions (A) et rechercher ses fondements (B), pour donner du sens aux thèses en présence.

A – Les définitions de la faute

Les définitions de la faute s'accumulent avec le temps ; le droit positif (1) précède le droit prospectif (2). Et le rappel des définitions est un préalable à son application au cas d'espèce (3).

1 • En droit positif

De lege lata, la faute n'est pas définie par l'article 1382 du code Napoléon ; elle ne l'est pas davantage à l'article 1240 du code civil (Ord. n° 2016-131, 10 févr. 2016, ratifiée par L. n° 2018-287 du 20 avril 2018). La faute a néanmoins été définie par la doctrine comme « la violation d'une obligation préexistante » (Planiol, 1902) ou le comportement que ne commettrait pas le bon père de famille devenu la personne raisonnable. Suivant une terminologie adaptée aux circonstances de l'arrêt du 13 janvier 2005, la faute est le geste que s'abstiendrait de réaliser le bon joueur de football.

2 • En droit prospectif

De lege feranda, la faute est dorénavant définie par la réforme du droit de la responsabilité civile, issue du projet de la Chancellerie du 13 mars 2017 : « Constitue une faute la violation d'une prescription légale ou le manquement au devoir général de prudence ou de diligence » (art. 1242, C. civ.). L'apport de la réforme est assez mince. La faute traduit un manquement à une règle de conduite. On savait déjà que « fauter, c'est ne pas respecter une norme juridique impérative ».

3 • Recherche de l'illicite

En l'espèce, la faute du gardien de but n'aurait pu été retenue qu'à la condition que son comportement ait été jugé inapproprié. La pluralité des définitions de la faute est le fruit de ses fondements. La faute c'est l'illicite. Sauf règle précise dont la violation est avérée, la faute résulte de la violation d'une norme générale de prudence et de diligence. Or, rien dans les faits ne permet d'être précis. Seule la violence du lancer du ballon est évoquée dans le pourvoi. Mais aucune règle ne vient ici réguler la puissance du lancer. Il n'est pas non plus prétendu que le gardien de but aurait eu des chaussures de sécurité qui auraient pu expliquer la violence de son tir. Et pourtant le pourvoi défend l'idée qu'une faute a été commise au regard de son résultat et des valeurs que protège sa reconnaissance.

B – Les fondements de la faute

Les fondements de la faute (1) permettent d'éclairer la thèse du demandeur au pourvoi qui se réduit à l'imputabilité (2).

1 • La variété des fondements

L'illicéïté de la faute a d'abord un fondement moral (*mea culpa*) : la faute traduit en droit le manquement à une exigence morale : ne pas nuire à autrui. L'illicéïté de la faute se renforce par une exigence économique : le préjudice doit être réparé par celui qui le cause. Le dédommagement de la victime doit être pris en charge par l'auteur du préjudice. Enfin l'illicéïté de la faute se renforce par un fondement philosophique et de justice sociale : la responsabilité civile est le corollaire nécessaire de la liberté individuelle. Tout converge pour maintenir la faute comme le premier fondement de la responsabilité civile, en dépit de la difficulté de définir le critère normatif. La morale, l'économie, la philosophie et les autres forces créatrices du droit s'accordent pour désigner la personne fautive comme celle à laquelle est imputable le préjudice.

2 • L'imputabilité du préjudice

Les demandeurs au pourvoi ont prétendu qu'est « constitutif d'une faute le fait pour un joueur de football de frapper le ballon avec une violence excessive ». En l'espèce, le caractère de lien de cause à effet entre le puissant lancer de ballon et sa réception par le joueur adverse victime permettait d'imputer le préjudice au gardien de but. De surcroît, la gravité du préjudice corporel subi par la victime était de nature à caractériser le lancer de « violent », « d'extrêmement puissant ». Dès lors que le résultat est préjudiciable, sa cause directe et adéquate n'est pas normale. Le comportement imputable au gardien de but aurait donc pu, au regard des circonstances de la cause, être jugé illicite, parce qu'il était déraisonnable de l'accomplir et qu'on ne saurait encourager sa répétition. La thèse du demandeur au pourvoi a cependant été rejetée. L'imputabilité ne doit être confondue ni avec la causalité, ni même avec l'illicéité. En l'espèce, le violent coup de ballon est imputable au gardien de but ; il n'est pas pour autant constitutif d'une faute.

II/ L'absence de faute

L'absence de faute est ici caractérisée à partir de la distinction de la faute de jeu et de la faute contre le jeu (A). Le bien-fondé de cette qualification conduit à s'interroger sur le rôle de l'acceptation des risques (B).

A – La distinction de la faute de jeu et de faute contre le jeu

La distinction de la faute de jeu et de la faute contre le jeu met en évidence une dualité de normes et de juges. L'autonomie du droit civil (1) n'empêche pas le juge de prendre en considération l'appréciation de l'arbitre (2).

1 • L'autonomie de la faute contre le jeu

Le droit civil est le droit commun ; le droit du football qui est le droit spécial. Or, ces deux ensembles normatifs sont indépendants les uns des autres. Ils ont chacun leur critère, leur juge et leur sanction. Il est de jurisprudence constante qu'une faute commise par un footballeur qui ne respecte pas les règles du jeu ne constitue pas, de plein droit, une faute civile ou faute contre le jeu définie comme « un acte de malveillance contraire à l'esprit du sport en créant pour les autres joueurs un risque anormal ».

Ainsi, par exemple, manque à l'une des règles élémentaires du football l'attaquant qui est en position « hors-jeu », dès lors qu'il est situé en dehors de sa moitié de terrain, au-delà du ballon et de l'avant dernier adversaire. Cependant, cette faute de placement – si elle marque un comportement inapproprié suivant les règles du football – ne saurait constituer à elle seule une faute civile. À titre d'illustration, citons aussi l'arrêt de cassation par lequel la Cour de cassation a relevé que l'effondrement d'une mêlée au cours d'une partie de rugby est « la conséquence d'un mauvais positionnement d'un joueur adverse exerçant une poussée anormale soit latérale soit... vers le bas ». Or, si cette poussée anormale caractérise la violation des règles du jeu, elle ne saurait constituer à elle-seule une faute civile, à moins qu'elle ne procédât d'une attitude délibérée (Civ. 2e, 13 mai 2004, n° 03-10.222). À l'inverse, il a été jugé que le placage réalisé suivant les usages du rugby ne constituait pas une faute de jeu et, en l'espèce, avait pu expliquer l'absence de faute civile du joueur mineur (en dépit de la responsabilité civile de ses père et mère du fait non fautif du mineur ; v. l'arrêt *Levert* : Civ. 2e, 10 mai 2001, n° 99-11.287). Cela étant, comment expliquer que la violence du coup reçu par la victime ne procède pas d'un geste fautif ?

2 • L'incidence de l'appréciation de l'arbitre

La Cour de cassation s'en est remise à l'appréciation souveraine des juges du fond pour conclure à l'absence de faute du gardien de but. Or, l'arrêt de la cour d'appel d'Angers a retenu que selon les conclusions concordantes des parties et les pièces produites, l'accident s'est produit en début de match, sur « un fait de jeu ». L'équipe du joueur avait lancé le ballon vers le but adverse, « contraignant le gardien à sortir de la surface de réparation pour dégager le ballon au pied ». Et les juges du fond de préciser que « le ballon a pris la direction du visage » de la victime qui, bien qu'il ait tenté, en vain, de se protéger à l'aide de son bras, « l'a reçu sur la tempe et s'est écroulé ». Pour caractériser l'absence de faute, les juges ont été attentifs à l'absence d'intention malveillante du gardien de but. Il a reconnu ne pas avoir voulu blesser la victime. Il n'est allégué par aucun joueur, ni par l'arbitre que le gardien de but se soit montré agressif ou ait adopté une attitude contraire à l'esprit du jeu.

Bien au contraire, a relevé l'arbitre, « il est dans l'esprit du jeu qu'un gardien de but, comme tout autre joueur dans les différentes phases de jeu et notamment un attaquant…, lorsqu'il tente de marquer un but, utilise toute sa force physique pour donner au ballon la plus grande vitesse possible » ; que dans la position difficile où il se trouvait, le gardien de but devait renvoyer le ballon en le frappant violemment avant que la future victime ne pût s'en emparer ou s'opposer à ce dégagement.

En somme, le gardien de but n'a commis aucune faute car il n'a manqué à aucune règle du football, d'une part, et qu'il n'a pas adopté une attitude agressive qui caractérise la violation de l'obligation générale de prudence et de diligence. Une telle analyse révèle un rehaussement du seuil de la faute suivant les circonstances où elle se réaliserait. La prise en considération de ces circonstances pourrait être liée à la thèse de l'acceptation des risques.

B – L'éventuelle acceptation des risques par la victime ?

Contrairement au pourvoi qui évoque un risque anormal, la Cour de cassation ne s'est pas fondée sur l'acceptation des risques pour justifier l'absence de faute. Que valait cet argument en 2005 (1) ? Et que vaudrait-il aujourd'hui, en 2019 (2) ?

1 • La théorie de l'acceptation des risques

La théorie de l'acceptation des risques est de nature à expliquer pourquoi la faute du gardien de but a pu être disqualifiée. Si un tiers qui ne participe pas à une partie de football reçoit le tir violent d'un joueur sur la tempe et reste handicapé sous l'effet de ce coup, le juge acceptera aisément d'imputer une faute à ce joueur qui n'a pas pris toutes les précautions pour jouer au football sans blesser les tiers. En revanche, entre les joueurs de football, un tel préjudice peut ne pas être réparé parce qu'ils ont accepté d'entrer dans un « fait de jeu » où se mêlent des attaques, des défenses, des chocs et des chutes... La théorie de l'acceptation des risques connaît des applications fréquentes en matière sportive (Civ. 2e, 10 avr. 1991, n° 90-10.523. V. M. Fabre-Magnan, *Les obligations*, t. 2, préc., n° 267). Cette théorie est de nature à durcir le critère à partir duquel une faute a été commise. L'argument n'est cependant pas clairement dans le débat, bien que le pourvoi tente de l'y mettre. En effet, tous les risques n'ont pas été acceptés par les joueurs. Ainsi, il est aisé d'admettre que la victime avait accepté de se blesser, en se cassant une jambe ou un bras. Elle a pu accepter un préjudice dont on guérit. Mais elle n'a pas accepté un préjudice irréversible, tel que celui de perdre l'usage de ses jambes en devant hémiplégique. Dix ans avant d'avoir rendu cet arrêt du 13 janvier 2005, la Cour de cassation avait limité l'acceptation des risques aux risques normaux et prévisibles (V. l'affaire de la régate mortelle : Civ. 2e, 8 mars 1995, n° 91-14.895). Il y aurait donc matière à se montrer critique par rapport à l'arrêt de rejet rendu en 2005 ; la Cour de cassation refuse de traiter le préjudice consécutif à une hémiplégie comme un préjudice anormal et imprévisible. Aussi a-t-elle passé sous silence l'argument de l'acceptation des risques. Qu'en serait-il aujourd'hui ?

2 • Le rejet de l'acceptation des risques

L'acceptation des risques a joué dans cet arrêt du 13 janvier 2005 un autre rôle. Elle a privé la victime de la possibilité d'engager la responsabilité du joueur (gardien de but), en sa qualité de gardien du ballon qui est l'instrument du préjudice. Fondée sur l'article 1384, alinéa 1er devenu l'article 1242, alinéa 1er du code civil, la responsabilité du fait des choses suppose de caractériser « la garde » au sens du « pouvoir de fait », matériel, « d'usage, de contrôle et de direction de la chose » (Cass. 2 déc. 1941, *Franck*). Il a été jugé que le gardien de but, auteur du dommage, est aussi gardien que la victime. La garde commune est ici retenue pour empêcher l'un des gardiens d'engager la responsabilité civile d'un autre co-gardien. L'arrêt du 13 janvier 2005 illustre cette jurisprudence, dans le prolongement de l'arrêt sur l'abattage d'arbre (Civ. 2e, 25 nov. 1999, no 97-20.343). Ambiguïté de la garde commune qui n'est reconnue que lorsque l'auteur du dommage est resté inconnu, tel l'accident de chasse imputable à un groupe de chasseurs sans savoir qui, précisément, tenait le fusil d'où fut tirée la balle perdue et dommageable à la victime. Sous l'angle de la garde commune, la solution est constante, le législateur ayant codifié cette jurisprudence (C. sport, art. L. 321-3-1 : « Les pratiquants ne peuvent être tenus pour responsables des dommages matériels causés à un autre pratiquant par le fait d'une chose qu'ils ont sous leur garde, au sens du premier alinéa de l'article 1242 du code civil, à l'occasion de l'exercice d'une pratique sportive au cours d'une manifestation sportive ou d'un entraînement en vue de cette manifestation sportive sur un lieu réservé de manière permanente ou temporaire à cette pratique »).

En revanche, l'acceptation des risques n'est plus le fondement rationnel de la sévérité jurisprudentielle. Ainsi, en 2010, la Cour de cassation a-t-elle jugé dans un attendu de principe rendu sous le visa de l'article 1384, alinéa 1er du code civil : « la victime d'un dommage causé par une chose peut invoquer la responsabilité résultant de l'article 1384, alinéa 1er, du code civil, à l'encontre du gardien de la chose, instrument du dommage, sans que puisse lui être opposée son acceptation des risques » (Civ. 2e, 4 nov. 2010, no 09-65.947). Jugée inefficace et injuste, cette théorie paraît définitivement abandonnée en matière sportive.

La responsabilité civile

Thème principal

Responsabilité générale du fait personnel - Responsabilité du commentant

Mots-clés

Faute d'imprudence, Exonération du gardien de la chose, Articulation

Sujet donné et corrigé établi par

Gulsen Yildirim, Maître de conférences HDR, Université de Limoges et Omar Kafi-Cherrat, ATER, Université de Limoges

Premier semestre 2019-2020

› *Commentaire d'arrêt : Civ. 2e, 23 mai 2019, n° 18-17.369*

LA COUR DE CASSATION, DEUXIÈME CHAMBRE CIVILE, a rendu l'arrêt suivant :

Attendu, selon l'arrêt attaqué, qu'un incendie s'est déclaré dans les locaux de l'établissement d'hébergement pour personnes âgées dépendantes de Cousance (l'EPHAD) à la suite de l'embrasement de la chambre de l'un de ses résidents, E... M..., qui est décédé dans ce sinistre ; que la Société hospitalière d'assurances mutuelles (la D...), assureur de l'EHPAD, ayant indemnisé ce dernier des dommages matériels causés par l'incendie, a assigné les sociétés MMA IARD et MMA IARD assurances mutuelles (les sociétés MMA), assureurs de E... M..., en remboursement des sommes versées à l'EHPAD, sur le fondement, tant des dispositions des articles 1382, 1383 et 1384 anciens du code civil, que des articles 1733 et 1734 de ce code ;

Sur le moyen unique pris en ses deux premières branches :

Vu l'article 1382, devenu 1240, du code civil ;

Attendu que, pour débouter la D... de sa demande tendant à la condamnation des sociétés MMA à lui payer la somme de 406 633 euros, l'arrêt, après avoir constaté que l'incendie ayant pris naissance dans la chambre de E... M... avait eu pour origine le fait qu'alors qu'il était alité, il avait allumé, fait tomber ou mal éteint un cigare, qui avait mis le feu à son lit, retient que tant les infirmières que les aides-soignantes de l'EHPAD étaient au courant du fait que E... M... fumait dans son lit et qu'il disposait à côté de son lit d'un adaptable contenant, notamment, ses cigares et ses briquets ; qu'il donnait de l'argent pour l'achat de ses cigares au personnel de l'EHPAD ; que l'arrêt retient encore que, même s'il n'a pu être justifié par la production d'une interdiction faite par la direction aux résidents de fumer dans leur lit, cette règle élémentaire ne pouvait être ignorée du personnel, lequel admet pourtant qu'il lui arrivait d'allumer des cigares à E... M..., alors qu'il se trouvait dans son lit ; qu'en laissant à celui-ci, décrit comme ralenti, très affaibli, très fatigué depuis deux jours, et ne quittant plus le lit, la disposition d'un briquet et de cigares dans une table de nuit directement accessible, l'EHPAD a commis une faute, en sorte que la D... doit être déboutée de son action dirigée contre l'assureur de responsabilité civile de E... M... sur le fondement des articles 1382, 1383 ou 1384, alinéa 1er, anciens du code civil ;

Qu'en statuant ainsi, alors qu'elle constatait que E... M... avait provoqué l'incendie en faisant tomber ou en ayant mal éteint le cigare qu'il avait lui-même allumé, ce dont il résultait qu'il avait commis une faute d'imprudence qui avait concouru au dommage, la cour d'appel n'a pas tiré les conséquences légales de ses constatations et a violé le texte susvisé ;

Et sur le moyen unique pris en sa troisième branche :

Vu l'article 1384, alinéa 1er, devenu 1242, alinéa 1er, du code civil ;

Attendu que pour statuer comme il le fait, l'arrêt, après avoir constaté que l'incendie ayant pris naissance dans la chambre de E... M... avait eu pour origine le fait qu'alors qu'il était alité, il avait allumé, fait tomber ou mal éteint un cigare, qui avait mis le feu à son lit, retient que tant les infirmières que les aides-soignantes de l'EHPAD étaient au courant du fait que E... M... fumait dans son lit et qu'il disposait à côté de son lit d'un adaptable contenant, notamment, ses cigares et ses briquets; qu'il donnait de l'argent pour l'achat de ses cigares au personnel de l'EHPAD; que l'arrêt retient encore que, même s'il n'a pu être justifié par la production d'une interdiction faite par la direction aux résidents de fumer dans leur lit, cette règle élémentaire ne pouvait être ignorée du personnel, lequel admet pourtant qu'il lui arrivait d'allumer des cigares à E... M..., alors qu'il se trouvait dans son lit; qu'en laissant à celui-ci, décrit comme ralenti, très affaibli, très fatigué depuis deux jours, et ne quittant plus le lit, la disposition d'un briquet et de cigares dans une table de nuit directement accessible, l'EHPAD a commis une faute en sorte que la D... doit être déboutée de son action dirigée contre l'assureur de responsabilité civile de E... M... sur le fondement des articles 1382, 1383 ou 1384, alinéa 1er, anciens du code civil;

Qu'en se déterminant ainsi, sans relever que la faute qu'elle imputait à l'EHPAD revêtait les caractères de la force majeure, seule de nature à exonérer en totalité de sa responsabilité E... M..., gardien du briquet et du cigare instruments du dommage, la cour d'appel n'a pas donné de base légale à sa décision;

PAR CES MOTIFS, et sans qu'il y ait lieu de statuer sur la quatrième branche du moyen :

CASSE ET ANNULE, en toutes ses dispositions, l'arrêt rendu le 3 avril 2018, entre les parties, par la cour d'appel d'Angers...

› *Préparation*

Analyse du sujet

Bien que la solution qu'il dégage n'ait pas vocation à rayonner au-delà de l'espèce, l'arrêt étudié présente un intérêt pédagogique indéniable. Il permet d'une part d'éprouver la capacité des étudiants à comprendre une décision et d'appliquer correctement la méthodologie du commentaire, et d'autre part, de s'assurer que les conditions de mise en œuvre des régimes de responsabilité discutés sont maîtrisées.
Bien entendu, plusieurs configurations de plan étaient envisageables, mais un découpage en fonction des deux questions auxquelles l'arrêt apporte des réponses permettait une construction plus intelligible et limpide du commentaire.

Plan du corrigé

I/ La responsabilité du fait personnel du résident
A – L'existence d'une faute d'imprudence du résident
B – L'allégement corrélatif de la responsabilité de l'établissement
II/ La persistance de la responsabilité du fait des choses du résident
A – L'intérêt du recours à la responsabilité de plein droit du fait des choses
B – L'impossible exonération totale du résident gardien des choses instruments du dommage

› *Corrigé*

L'arrêt de la 2e chambre civile de la Cour de cassation rendu le 23 mai 2019 invite à s'interroger sur la question de la coexistence et de l'articulation des responsabilités. Il permet de rappeler les solutions relatives à l'articulation intrinsèque entre les fautes du responsable et de la victime ainsi que sur l'effet exonératoire de la faute de la victime dans la responsabilité du fait des choses. Il ne manque pas, en filigrane, d'attirer l'attention sur l'articulation extrinsèque de deux régimes distincts lorsqu'ils désignent responsable la même personne.

En l'espèce, un EHPAD fut incendié à la suite de l'embrasement de la chambre de l'un de ses résidents, lui-même décédé à cause de l'incendie. Ce dernier avait l'habitude de fumer des cigares dans sa chambre, et ce, au su du personnel de l'établissement. Après avoir indemnisé l'établissement des dommages matériels provoqués par l'incendie, l'assureur de l'EHPAD se retourna contre celui du résident par une action récursoire. Celle-ci, exercée sur les principaux fondements des anciens articles 1382, 1383 et 1384 du code civil, a notamment eu pour objet le remboursement des différentes sommes versées à l'établissement incendié. La cour d'appel d'Angers a débouté l'assureur de l'établissement. Selon elle, seul ce dernier aurait commis une faute, laquelle permet par ailleurs d'exonérer entièrement le résident de sa responsabilité du fait des choses. Insatisfait, l'assureur a formé un pourvoi en cassation.

Pour exclure la responsabilité du résident et rejeter en conséquence les demandes de l'assureur de l'EHPAD tant sur le fondement de la responsabilité du fait personnel que celui de la responsabilité du fait des choses, la juridiction d'appel angevine a d'abord relevé que l'origine de l'incendie provenait de la chambre du résident. Ce dernier aurait causé l'incendie lorsqu'il « avait allumé, fait tomber ou mal éteint un cigare, qui avait mis le feu à son lit ». Or malgré cela, un faisceau d'indices permet, selon la cour, de mettre en lumière le rôle déterminant joué par le personnel de l'établissement dans la survenance dudit sinistre. Ainsi, il ressort des faits que ces derniers étaient informés que le résident fumait régulièrement dans sa chambre et qu'il disposait près de son lit de cigares et un briquet, dont l'achat était facilité par eux. La cour d'appel a pu également souligner que, malgré l'absence d'une interdiction formelle de fumer faite aux résidents, il n'en demeure pas moins qu'une telle règle « élémentaire » ne pouvait être méconnue par le personnel à qui il arrivait parfois même d'allumer des cigares audit résident pendant que celui-ci se trouvait sur son lit. De plus, il est apparu que durant les jours précédant la catastrophe, le résident était très affaibli, ce qui rendait particulièrement risqué la mise à sa disposition des cigares et du feu.

Dès lors, les deux questions soumises au contrôle de la Cour de cassation étaient de savoir d'une part si la faute d'un EPHAD permet d'exclure celle d'un résident à l'origine d'un incendie ayant causé des dommages matériels audit établissement ? D'autre part, dans quelle mesure la faute d'un EPHAD ayant concouru au dommage qu'il a subi peut-elle entraîner l'exonération de la responsabilité de plein droit du résident gardien des choses ayant donné lieu à l'incendie ?

Au visa de l'article 1382 (nouv. 1240) du code civil, les Hauts magistrats cassent d'abord l'arrêt rendu par la cour d'appel d'Angers en ce qu'elle s'est fondée sur la responsabilité personnelle de l'établissement pour déduire l'absence de toute faute commise par le résident. En faisant tomber ou en ayant mal éteint son cigare, le résident fumeur avait, selon la Cour régulatrice, commis une faute personnelle d'imprudence non exclusive de la responsabilité de l'établissement. S'agissant ensuite de la seconde question, l'arrêt de la cour d'appel encourt également la censure lorsqu'il a retenu l'exonération totale de la responsabilité du fait des choses du résident, au seul motif que l'établissement aurait commis une faute. Ce raisonnement s'exposait à la cassation car les juges n'ont pas démontré que la faute de l'établissement présentait les caractères de la force majeure. Or, seule cette hypothèse permettait d'exonérer totalement le résident de sa responsabilité de plein droit du fait des choses énoncée à l'article 1384 alinéa 1er (nouv. 1242, al. 1er) du code civil. Ce faisant, l'affaire fut renvoyée devant la cour d'appel de Rennes, à qui reviendra la tâche de fixer le quantum de la réparation du préjudice en partie causé par le résident.

Si l'arrêt étudié ne constitue pas un arrêt de principe car il n'apporte aucune évolution sur deux régimes bien étoffés par la jurisprudence, il n'en reste pas moins qu'il permet de rappeler les solutions en vigueur sur les interactions entre les fautes des protagonistes dans la responsabilité pour fait personnel ou encore les conditions que doit remplir la faute de la victime pour entraîner l'exonération totale du gardien d'une chose ayant causé un dommage. Aussi, après avoir affirmé l'existence d'une faute du résident auteur direct des dommages (I), la Cour de cassation refuse d'écarter sa responsabilité du fait des choses (II).

I/ La responsabilité du fait personnel du résident

Condition centrale dans la mise en œuvre de la responsabilité du fait personnel, la faute fit en l'espèce l'objet d'un contrôle opéré par la Cour de cassation. À l'issue de ce contrôle, elle a conclu à l'existence d'une faute d'imprudence du résident victime directe (A), ce qui permettra, par un effet de vases communicants, d'alléger la responsabilité de l'établissement (B).

A – L'existence d'une faute d'imprudence du résident

Contrairement à la position de la cour d'appel laquelle a rejeté la faute du résidant, la Cour de cassation a estimé que ce dernier a bien commis une faute de nature à engager sa responsabilité personnelle. À ce titre, il est nécessaire de rappeler que le décès de l'auteur d'un dommage n'emporte pas l'extinction du droit de la victime à demander réparation des préjudices qu'elle a subis et n'interdit pas toute discussion sur la responsabilité de la personne décédée. La Cour de cassation a donc condamné le raisonnement de la cour d'appel qui, après avoir reconnu de manière argumentée les manquements du personnel de l'établissement incendié, en a déduit l'absence de toute faute de l'auteur direct du dommage. Or, l'une n'exclut pas automatiquement l'autre, a affirmé la Haute juridiction. En effet, malgré l'indétermination des circonstances exactes de l'incendie, la Cour de cassation s'est appuyée sur les éléments de fait relevés par la cour d'appel pour en tirer des conséquences de droit radicalement différentes. Ainsi, en faisant tomber ou en ayant mal éteint son cigare, le résident aurait provoqué l'incendie et partant commis une faute.

La solution de la Cour de cassation est à approuver sur ce point, tant il est difficile d'extirper les agissements du résident du champ de la définition classique de la faute proposée dès 1932 par Planiol ou encore, *de lege feranda*, celle figurant à l'article 1241 du Projet de réforme de la responsabilité civile de 2017. Aussi, quelle que soit l'étendue du rôle de l'établissement dans l'incendie, cela ne saurait-il occulter le caractère objectivement illicite du fait du résident, quand bien même la direction de l'établissement n'aurait pas interdit aux résidents de fumer dans leur lit. À cet égard, le fait d'interdire expressément aux résidents de l'EHPAD de fumer dans leur lit n'aurait sans doute eu aucune incidence sur la responsabilité de l'auteur du dommage car ce n'est pas le fait de fumer dans le lit qui est en l'espèce constitutif d'une faute mais celui d'avoir déclenché l'incendie. L'existence d'une telle interdiction ne pouvait dès lors intervenir qu'au stade de l'examen de la faute de l'établissement.

Pour retenir l'existence de la faute, la Cour de cassation ne semble par ailleurs accorder aucune importance à l'état dans lequel se trouvait le résident au moment des faits. Ainsi, il ressort des énonciations des juges du fond que, peu de temps avant la catastrophe, celui-ci ne quittait plus son lit car il était « ralenti, très affaibli, très fatigué ». Si ces éléments semblent avoir joué un rôle déterminant dans l'éviction de la responsabilité du résident devant la cour d'appel, ils furent implicitement rejetés par les Hauts magistrats. La solution est sur ce point exempte de critiques eu égard à l'important mouvement d'objectivation de la responsabilité personnelle. À l'heure où les solutions dégagées par l'Assemblée plénière en 1984 sur la responsabilité des enfants conservent une vigueur intacte, il serait insensé d'ériger la diminution physique en une cause d'irresponsabilité civile. Aussi sévère qu'elle puisse paraître, pareille solution a le mérite de maintenir la cohérence du régime de la responsabilité pour faute.

S'agissant enfin de la nature de la faute, la Cour suprême a retenu que le résident avait commis une faute d'imprudence. Certes, il est traditionnellement enseigné que la nature intentionnelle ou non de la faute n'a aucune incidence sur le plan de la réparation. L'objectif de la responsabilité civile n'étant pas, du moins explicitement, de sanctionner le responsable mais seulement de réparer le dommage qu'il a causé à autrui. Ce faisant, le véritable enjeu de cette qualification de faute d'imprudence apparaît sur le terrain du caractère assurable ou non de la faute. En effet, l'article L. 113-1 al. 2 du code des assurances prévoit que la faute intentionnelle de l'assuré ne peut être prise en charge par l'assureur. En retenant dans le cas d'espèce l'existence d'un quasi-délit, la Cour de cassation met définitivement la dette de réparation découlant de la faute du résident à la charge de son assureur. Or, cela a pour conséquence d'amoindrir la responsabilité de l'EPHAD et partant la réparation due par son assureur.

B – L'allégement corrélatif de la responsabilité de l'établissement

Bien qu'elle ne l'ait pas formulé de manière explicite, la Cour de cassation sous-entend un partage de responsabilités entre l'établissement et le résident lorsqu'elle juge que la faute d'imprudence de ce dernier « avait concouru au dommage ». Au-delà d'une simple action cherchant à établir la responsabilité *post-mortem* de l'auteur du dommage, c'est là sans doute l'enjeu principal du pourvoi de l'assureur de l'EHPAD. Toutefois, si la Cour de cassation s'est prononcée sur l'obligation à la dette de réparation, il reviendra aux juges du fond de régler la question, non moins délicate, de la contribution finale des parties à la dette, notamment en fixant le quantum de celle-ci pour chacune des parties. Autrement dit, tandis que la Cour de cassation traite le concours de responsabilités d'un point de vue qualitatif, les juges du fond se livrent quant à eux une analyse, davantage quantitative, des parts contributives de chacun des coresponsables. Pour ce faire, ils apprécient souverainement l'intensité de son rôle causal dans la naissance du dommage.

Néanmoins, l'appréciation souveraine des juges du fond ne devrait pas inhiber toute tentative de projection. Ainsi, l'on pourrait en l'espèce légitimement penser que les juges de renvoi vont écarter l'hypothèse d'un partage symétrique des responsabilités entre le résident et l'établissement. Même si le dommage trouve directement son origine dans la faute d'imprudence du résident, il n'en reste pas moins que le centre de gravité de ce dommage est à chercher dans la faute du personnel de l'établissement ; ceux-ci ont en effet joué un rôle causal prépondérant. L'incendie n'est qu'une conséquence, somme toute assez logique, du fait d'acheter et laisser à la disposition d'une personne complètement alitée et affaiblie un briquet et des cigares. La faute de l'établissement aurait donc davantage concouru à la réalisation du dommage que celle du résident.

En poussant l'analyse plus loin, l'on pourrait même avancer que rien n'interdisait théoriquement aux ayants droit ou l'assureur du défunt d'agir contre l'établissement en vue de demander la réparation de divers préjudices. Dans ce cas, la faute du résident n'eût sans doute pas été de nature à exonérer totalement l'EHPAD tant il est difficile d'y voir un événement imprévisible pour ce dernier.

Pas moins que sur le fondement de la faute, la Cour de cassation a refusé de valider le rejet de la responsabilité du résident sur le terrain de la responsabilité du fait des choses.

II/ La persistance de la responsabilité du fait des choses du résident

En parallèle de la responsabilité subjective du résident, était également recherchée sa responsabilité de plein droit du fait des choses dont il était gardien. Afin de mieux comprendre la position de la Cour de cassation, il convient d'abord de souligner l'intérêt du recours à ce régime (A) avant d'expliquer pourquoi une exonération totale du résident, en sa qualité de gardien, s'avère impossible en l'espèce (B).

A – L'intérêt du recours à la responsabilité de plein droit du fait des choses

Dans la troisième branche de son moyen, l'assureur de l'EPHAD reproche à la cour d'appel d'avoir écarté la responsabilité du résident sur le fondement de l'article 1384 al. 1er (nouv. 1242, al. 1er) du code civil. En effet, il est de pratique constante dans le contentieux délictuel que le demandeur démultiplie les fondements invoqués dans la perspective d'accroître les chances de succès de sa prétention. En l'espèce, l'assureur ne s'est donc pas contenté de chercher la responsabilité personnelle du résident, mais il s'est également prévalu du principe général de responsabilité du fait des choses. En effet, l'on sait qu'à la différence de la première qui suppose toujours la preuve d'une faute, la responsabilité énoncée à l'alinéa 1er de l'article 1384 (nouv. 1242, al. 1er) du code civil n'est pas subordonnée à la preuve d'une faute, et ce depuis le célèbre arrêt *Jand'heur* (Cass., ch. réun., 13 févr. 1930). Entre autres conditions, il suffit de démontrer que la personne dont on cherche à établir la responsabilité était bien gardienne de la chose instruments du dommage.

Le recours à la responsabilité objective s'analyse donc pour l'assureur de l'EPHAD comme un substitut dans le cas où la faute personnelle du résident venait à être écartée par les juges du fond. Cette possibilité n'est pas sans rappeler l'hypothèse de l'invocation de la responsabilité personnelle de l'enfant mineur subsidiairement à celle de ses parents, civilement responsables au sens de l'article 1384, alinéa 4 (nouv. 1242, al. 4) du code civil. Elle permet de désigner un responsable lorsque l'une des trois conditions de mise en œuvre de la responsabilité parentale fait défaut. Toutefois, si le cumul des responsabilités des parents et de l'enfant est habituellement admis par la Cour de cassation (Civ. 2e, 11 sept. 2014), il ne saurait l'être, comme en l'espèce, lorsque les deux responsabilités, de plein droit et pour faute, désignent le même responsable. Vouloir en effet attribuer un quelconque effet concret à cette superposition des responsabilités paraît tautologique. Dans l'arrêt étudié, les deux fondements sont distinctement mobilisés à l'égard du résident qui voit sa responsabilité engagée de manière alternative sur l'un comme sur l'autre. À ce titre, il faut souligner l'absence de primauté du fondement de la responsabilité pour faute sur celui du fait des choses. Inversement, il n'existe pas non plus entre ces deux fondements un rapport de général à spécial de nature faire primer le second sur le premier. Il s'avère donc que le choix de la victime devant les juges du fond est décisif.

En tout état de cause, si c'est la responsabilité du fait des choses qui prévaut devant la cour d'appel de renvoi, les juges rennais devraient résister à la tentation de prononcer la négation totale de la responsabilité du résident. Tout au plus, un partage de responsabilité entre ce dernier et l'établissement fautif est-il envisageable.

B – L'impossible exonération totale du résident gardien des choses instruments du dommage

À la différence des deux premières branches du moyen qui cherchaient à établir en amont la faute et donc le principe même de la responsabilité personnelle du résident, l'examen de la Cour de cassation relativement à la responsabilité du fait des choses se situe plus en aval dans la dialectique de la responsabilité délictuelle, notamment sur le plan de l'exonération. Autrement dit, cela signifie que toutes les conditions de mise en œuvre de cette responsabilité objective sont réunies en l'espèce.

Aussi, pour débouter l'assureur de l'établissement, la cour d'appel n'a-t-elle contesté ni le rôle actif des choses (à savoir les cigares et briquet) dans la survenance du dommage, ni la qualité de gardien du résident. On remarquera à cet égard que ce dernier avait, selon la définition de la garde dégagée par la jurisprudence *Franck* (Cass. ch. réun., 2 déc. 1941) l'usage, le contrôle et la direction desdits instruments. Son analyse consistait plutôt à affirmer que la faute de l'établissement victime était une cause d'exonération totale de la responsabilité qui incombait au résident au titre de l'article 1384 al. 1er (nouv. 1242, al. 1er) du code civil. Or, pareille conclusion a semblé insuffisamment étayée pour les Hauts magistrats qui l'ont censurée pour défaut de base légale. Pour rappel, ce cas d'ouverture à cassation s'emploie lorsque le juge du fond ne motive pas suffisamment sa décision rendant ainsi difficile à la Cour de cassation d'exercer son contrôle normatif. En l'espèce, il est donc reproché à la cour d'appel de ne pas avoir justifié pourquoi la faute de l'établissement exclurait la responsabilité du résident. Or, comme le souligne la Cour de cassation, il est acquis de longue date que seule la faute de la victime qui satisfait aux caractères de la force majeure est de nature à exonérer totalement le responsable.

Cela étant, eu égard à la particularité du cas de cassation utilisé, une lecture *a contrario*, impliquant une motivation plus prolixe des juges du fond sur les caractères de la force majeure de la faute leur aurait-elle permis (ou permettrait-elle) d'exonérer complètement le gardien ? Cela est pour le moins incertain. Outre la traditionnelle rigueur jurisprudentielle dans la caractérisation de la force majeure en présence du fait de la victime, l'examen de la faute de l'établissement à l'aune des caractères de la force majeure plaide en faveur d'une exonération partielle du gardien. En effet, la faute de l'établissement ne paraît ici ni irrésistible ni imprévisible. Quant à la condition d'extériorité, on notera simplement la tendance de la jurisprudence à la négliger en présence d'une faute de la victime.

Résistible d'abord car les manquements commis par le personnel de l'EHPAD n'étaient pas raisonnablement insurmontables. Dans ce cadre, la cour d'appel avait dans son arrêt, elle-même qualifié comme élémentaire la règle interdisant aux résidents de fumer dans leur lit. Prévisible ensuite puisque la faute de l'établissement pouvait aisément être évitée par la formulation de consignes claires au sujet de l'usage du feu dans les chambres des résidents ainsi qu'une sensibilisation sur les risques y afférents. De plus, les accoutumances du résident étaient bien connues. Il en découle que la faute de l'établissement ne peut vraisemblablement donner lieu qu'à une exonération partielle du résident gardien des instruments du dommage.

Quel que soit en définitive le fondement retenu par les juges du renvoi, il est certain que l'assureur du résident devra également assumer une partie de la réparation du préjudice subi par l'EHPAD, ce qui ne manquera pas de réjouir son assureur. Mais au-delà d'une analyse purement juridique, d'aucuns pourraient voir en creux dans la solution une certaine iniquité car si la faute du résident a contribué au dommage matériel subi par l'établissement, la faute de ce dernier a, quant à elle, joué un rôle dans le décès dudit résident.

La responsabilité civile

Thème principal

Responsabilité civile extra-contractuelle

Mots-clés

Accident de la circulation, Responsabilité des commettants du fait de leurs préposés, Responsabilité du fait des animaux, Responsabilité du fait personnel

Sujet donné par

Christophe Alleaume, Professeur, Université de Caen Normandie

Corrigé établi par

Camille Jussiaux, ATER et Ludwig Carlin, Doctorant, Université de Caen Normandie

Second semestre 2018-2019

› *Cas pratique*

Nicolas est un joueur de football professionnel salarié de la Société anonyme *Caen Foot*. Au cours de l'ultime match de la saison, son club affronte l'équipe en tête du championnat de première division. Excédé par la perspective d'une nouvelle défaite, Nicolas tacle sciemment et brutalement Thomas, joueur vedette de l'équipe adverse, alors que ce dernier n'était même pas en possession du ballon... Constatant la grossièreté de la faute et l'état inquiétant de Thomas qui se tordait de douleurs, l'arbitre du match expulse immédiatement Nicolas du terrain et accorde un coup franc à l'équipe adverse. Thomas est quant à lui transporté à la clinique. Les examens médicaux révèlent une fracture de la malléole interne. Les médecins sont unanimes : sa poursuite du football en compétition ne pourra plus se faire avec la même intensité, ce qui risque sérieusement de diminuer ses revenus et l'aide financière qu'il apporte à ses proches.

Son équipe ayant finalement gagné le match, Nicolas décide de fêter la victoire en centre-ville. Manifestement ivre, il choisit de rentrer à pied chez lui. Alors qu'il zigzaguait au milieu de l'avenue du 6 juin, la voiture flambant neuve de Pierre le percute de plein fouet. Tellement enchanté à l'idée de tester son nouveau jouet, ce dernier a en effet déboulé à toute allure d'une rue annexe. Pierre s'en sort indemne, sa voiture n'a même pas une égratignure. En revanche, on ne peut pas en dire autant de Nicolas ! Celui-ci a la jambe droite cassée et un traumatisme crânien. Sans parler de son smartphone dernier cri, qu'il tenait dans la main au moment du choc, qui, lui, n'a pas survécu.

Contrairement à son mari Nicolas, Pauline n'est pas attirée par le football mais plutôt par les chevaux. Elle pratique l'équitation depuis son plus jeune âge. Dès qu'elle a atteint la majorité, elle s'est offert le Graal : Tornade, un magnifique pur-sang anglais. À son grand regret, elle est contrainte de s'absenter plusieurs jours pour son travail. Elle confie alors le cheval à une amie, Victoire, avec pour consigne de le nourrir et de le promener. Souhaitant profiter du soleil, cette dernière s'improvise une petite balade avec Tornade. Alors qu'elle le tenait en longe, en marchant à ses côtés, le cheval s'est brusquement retourné pour lui donner un coup de sabot. Fort heureusement, Victoire n'a rien ! Apprenant la nouvelle, Pauline est prise de remords... Elle se demande si elle n'a pas pris un risque en confiant son cheval et s'interroge sur ce qu'il se serait passé si, par malheur, il était arrivé quelque chose à Victoire.

Qu'en pensez-vous ?

Vous ne traiterez pas les éventuelles actions en responsabilité contractuelle ou pénale.

› Préparation

Analyse du sujet

Le traitement du sujet ne présentait aucune difficulté particulière. Il nécessitait une bonne connaissance des différents régimes de responsabilité civile présentés en cours et une application maîtrisée de la méthodologie de la consultation juridique étudiée en travaux dirigés. L'étudiant devait faire preuve de rigueur et de précision pour le traiter. La qualité et la cohérence du raisonnement étaient évaluées, rendant possible des solutions différentes de celles retenues par le présent corrigé lorsque l'étudiant était à même de convaincre le lecteur. Enfin, le sujet était relativement long et demandait une bonne gestion du temps.

Plan du corrigé

I/ Le match de football
- *A – Les dommages*
- *B – Les possibilités d'indemnisation*

II/ L'accident de la circulation
- *A – Le dommage*
- *B – L'action en indemnisation*

III/ Le coup de sabot de Tornade
- *A – La responsabilité du fait personnel de Pauline (art. 1240 et 1241, C. civ.)*
- *B – La responsabilité de Pauline du fait de l'animal (art. 1243, C. civ.)*

› Corrigé

I/ Le match de football

Plusieurs victimes sont identifiables dans ce premier cas : Thomas (victime immédiate) et ses proches (victimes par ricochet).

A – Les dommages

1 • La qualification

Le dommage est une atteinte subie par une personne.

Le **dommage corporel** constitue une atteinte à l'intégrité physique de la personne. Cette atteinte corporelle est susceptible d'entraîner des préjudices patrimoniaux (cf. *infra : dommage matériel*) et/ou extrapatrimoniaux (cf. *infra : dommage moral*).

En l'espèce, Thomas est blessé. Il subit un dommage corporel.

Le **dommage matériel** constitue une atteinte au patrimoine de la personne. Il peut entraîner deux sortes de préjudices patrimoniaux :

– La **perte subie** (*damnum emergens*) désigne la diminution de la valeur du patrimoine de la victime.

En l'espèce, Thomas s'est fracturé la malléole. Il pourra demander réparation des dépenses de santé engagées (frais médicaux, paramédicaux, rééducation…).

– Le **gain manqué** (*lucrum cessans*) vise la privation d'un enrichissement sur lequel la victime pouvait légitimement compter.

En l'espèce, les revenus professionnels de Thomas risquent de diminuer, de sorte qu'il pourrait demander réparation de sa perte de gains professionnels (actuels et futurs). Ses proches pourraient solliciter une réparation pour la diminution de leurs ressources consécutive à l'accident.

Le **dommage moral** évoque une atteinte aux sentiments. Il existe une grande diversité de préjudices « moraux » ou extrapatrimoniaux, parmi lesquels :

– Le ***pretium doloris*** (« prix de la douleur ») comprend l'ensemble des souffrances physiques (expériences sensorielles déplaisantes) et/ou psychiques (souffrances morales post-traumatiques) éprouvées par la victime.

En l'espèce, Thomas a souffert. Il pourra bénéficier d'une réparation proportionnelle à l'intensité et à la durée de ses souffrances.

– Le **préjudice esthétique** répare les atteintes, temporaires et/ou permanentes, à l'apparence physique de la victime. Ce chef de préjudice ne se réduit pas au visage.

En l'espèce, Thomas s'est fracturé la malléole. Il pourra prétendre à une réparation (port d'un plâtre, utilisation des béquilles, anomalie démarche, cicatrices…).

– Le **préjudice d'agrément** désigne « l'impossibilité pour la victime de pratiquer régulièrement une activité sportive ou de loisirs » (Civ. 2e, 28 mai 2009, n° 08-16.829) à laquelle elle s'adonnait avant l'accident. L'impossibilité ne doit pas être entendue strictement : il peut s'agir d'une simple limitation de la pratique sportive ou de loisirs antérieurs (Civ. 2e, 29 mars 2018, no 17-14.499 – V. aussi : Civ. 2e, 5 juill. 2018, no 16-21.776).

En l'espèce, si Thomas ne peut définitivement plus jouer au football avec la même intensité qu'auparavant, il pourra demander une réparation sur ce fondement. S'agissant de son impossibilité provisoire, elle est réparable sur le déficit fonctionnel temporaire.

D'autres préjudices extrapatrimoniaux peuvent être envisagés pour Thomas (par ex. : déficit fonctionnel) et ses proches (par ex. : préjudice d'affection).

2 • Les caractères

Seuls les préjudices **certains**, **directs**, **personnels** et **légitimes** sont réparables.

L'exigence de **certitude** exclut la réparation de préjudices hypothétiques. Les victimes doivent établir l'existence de leurs dommages et l'effectivité des préjudices qui en résultent.

En l'espèce, Thomas est blessé : le dommage corporel est constitué. Certaines incertitudes demeurent sur la réalisation des préjudices des victimes et s'analyseront mieux après consolidation.

Le caractère **direct** du préjudice renvoie à l'exigence d'un lien de causalité.

Seul celui qui a **personnellement** souffert d'un dommage peut en obtenir réparation.

En l'espèce, Thomas a personnellement souffert. Même si le fait générateur est extérieur à ses proches, ces derniers sont personnellement atteints.

Le préjudice doit consister dans la lésion d'un intérêt **légitime** juridiquement protégé. Cet intérêt ne doit pas être contraire à la loi, ni à l'ordre public ou aux bonnes mœurs.

En l'espèce, ce caractère ne pose pas de difficulté.

Les préjudices subis par Thomas et ses proches semblent réparables.

B – Les possibilités d'indemnisation

1 • Par la législation sur les accidents du travail (*pour information*)

Les faits autorisaient un raisonnement sur l'applicabilité de la législation sur les accidents du travail, instaurée par la loi du 9 avril 1898. L'article L. 411-1 du code de la sécurité sociale définit l'accident du travail et son champ d'application. Cette législation spéciale est susceptible de s'appliquer lorsque survient un accident par le fait ou à l'occasion du travail et dont il résulte une lésion pour une personne salariée ou assimilée.

En l'espèce, Thomas semble être un joueur professionnel de football. Il a été blessé au cours d'un match officiel, i.e. pendant son temps et sur son lieu de travail. Les conditions semblent réunies.

Les prestations des Caisses primaires d'assurance-maladie sont servies en nature (principe de gratuité des soins) et/ou en espèces (principe de réparation forfaitaire : indemnités journalières de sécurité sociale pour la période d'interruption temporaire de travail; capital ou rente pour l'incapacité permanente).

L'article L. 451-1 du code de la sécurité sociale exclut, en principe, tout recours en responsabilité civile contre l'employeur ou un tiers. Toutefois, ce texte aménage une série d'exceptions dont l'article L. 454-1, alinéa 1, qui permet à la victime d'agir contre un tiers pour obtenir réparation des préjudices non indemnisés par les prestations de sécurité sociale.

En l'espèce, la législation sur les accidents du travail risque d'offrir une réparation incomplète à Thomas. Il devrait tenter de compléter son indemnisation par un mécanisme de responsabilité.

2 • Par le droit commun de la responsabilité civile

Les victimes peuvent-elles engager la responsabilité civile de la Société anonyme *Caen Foot* et/ou celle de son joueur salarié Nicolas ?

a. L'action contre la S.A. *Caen Foot*

La responsabilité de la **S.A. *Caen Foot*** peut-elle être engagée sur le fondement de **l'article 1242, alinéa 5, du code civil** relatif à la responsabilité des commettants du fait de leurs préposés ?

i. Les conditions d'engagement

Plusieurs conditions cumulatives sont nécessaires pour engager la responsabilité du commettant sur ce fondement : il faut un dommage, un lien de préposition, une faute dommageable du préposé et un lien de connexité entre cette faute et ses fonctions.

– Le dommage : cf. *supra*.

– L'existence d'un **rapport de préposition** entre le commettant et le préposé.

Ce lien est défini en jurisprudence comme « le droit de donner au préposé des ordres ou des instructions sur la manière de remplir les fonctions auxquelles il est employé » (Civ. 4 mai 1937). Ce lien peut résulter d'un contrat ou d'une situation purement factuelle.

En l'espèce, Nicolas est salarié de la S.A. *Caen Foot*. Le contrat de travail conclu entre eux permet d'établir aisément le rapport de préposition.

– Une **faute du préposé** ayant causé le dommage

Dans le silence de la loi, la jurisprudence a rapidement exigé une faute du préposé (Req. 19 févr. 1866). Il s'agit d'une responsabilité « indirecte » qui passe par une « primo-responsabilité » du préposé (*cf.* en matière sportive : Civ. 2e, 8 avr. 2004, *Olympique de Marseille*).

La notion de faute civile extracontractuelle a été objectivisée. Depuis la loi du 3 janvier 1968 relative aux incapables majeurs et les arrêts *Lemaire* et *Derguini* (Cass., Ass. plén., 9 mai 1984) pour les *infantes*, la faute ne nécessite plus de rechercher le discernement de son auteur. Toutefois, la faute exige un élément objectif : la transgression d'une norme. Il peut s'agir d'un acte positif ou négatif, intentionnel ou non, de la violation de l'obligation générale de prudence ou d'une norme de droit objectif déterminée.

En matière sportive, le seuil de déclenchement de la faute civile est rehaussé. Celle-ci devient la « violation caractérisée des règles du jeu » (*cf.* arrêt *O.M.*). Il ne s'agit pas seulement d'une « faute sportive » entendue comme la violation du règlement du sport pratiqué (appelée « faute de jeu ») car même le sportif diligent commet ce type de comportement. La jurisprudence semble exiger une « faute caractérisée » (appelée « faute contre le jeu »), *i.e.* un acte intentionnel du sportif, une brutalité volontaire, ou une violence excessive. Par ailleurs, le juge civil n'est pas tenu par l'arbitre sportif (Civ. 2e, 10 juin 2004).

En l'espèce, Nicolas a taclé sciemment Thomas, caractérisant une volonté. Son tacle était brutal alors qu'il ne semblait pas en mesure d'intercepter le ballon. Il s'agit d'un acte de commission volontaire susceptible de constituer une « faute contre le jeu ». Un sportif normalement avisé placé dans une situation semblable n'aurait pas taclé ainsi. L'arbitre a sanctionné le geste par une expulsion du « tacleur » et un coup franc. Le juge civil ne sera pas tenu par cette sanction sportive, même si cette considération pourrait toutefois faciliter l'admission de la faute civile de Nicolas.

Il doit exister **un lien de causalité** entre la faute du préposé et le dommage. Ce lien est dépourvu de définition légale, mais la jurisprudence reçoit deux théories doctrinales : **la théorie de la causalité adéquate** qui opère un tri parmi les antécédents du dommage pour ne retenir que la cause prépondérante et **la théorie de l'équivalence des conditions**, plus extensive, qui admet comme cause tout événement sans lequel le dommage ne se serait pas produit. Si la jurisprudence n'a pas pris de parti exclusif en faveur de l'une ou l'autre théorie, la première est beaucoup plus souvent consacrée que la seconde.

En l'espèce, la cause prépondérante du dommage gît dans le tacle fautif de Thomas. Le lien causal peut être établi aisément par les deux théories.

Il faut analyser les éventuelles causes de réduction ou de suppression de la réparation par une cause étrangère au préposé (cas fortuit, fait du tiers, fait ou faute de la victime).

En l'espèce, Thomas jouait au football. Aucun élément n'incite à retenir l'illicéité de son comportement. Son simple fait ne pourra limiter ni exclure sa réparation.

– Un **lien de connexité entre la faute du préposé et ses fonctions**

Le commettant ne répond de la faute du préposé que si elle présente un lien avec ses fonctions. Le commettant peut échapper à sa responsabilité en démontrant un abus de fonction du préposé.

La Cour de cassation définit l'abus de fonction comme le fait pour le préposé d'avoir « agi hors des fonctions auxquelles il était employé, sans autorisation et à des fins étrangères à ses attributions » (Cass., Ass. plén., 19 mai 1988). La condition d'extériorité de l'acte aux fonctions est appréciée en fonction d'indices objectifs tenant compte notamment du lieu et du moment de production du dommage, ainsi que des moyens l'ayant permis.

En l'espèce, la faute de Nicolas est survenue sur le terrain de football (lieu de travail), durant un match (temps de travail). Les trois critères de l'abus de fonction étant cumulatifs, celui-ci devrait être écarté. Le lien entre la faute du préposé et ses fonctions est préservé.

La responsabilité de la S.A. *Caen Foot* peut être engagée en tant que commettant.

ii. Les causes d'exonération

L'article 1242, alinéa 7 du code civil ne vise que les père et mère et les artisans. La responsabilité des commettants est une responsabilité objective et entière. Ainsi, le commettant ne pourra opposer son absence de faute à la victime, ni une autre cause d'exonération.

b. L'action contre le préposé (Nicolas)

Les victimes peuvent-elles engager la responsabilité du fait personnel de Nicolas sur le fondement des articles 1240 et 1241 du code civil ?

L'engagement de cette responsabilité nécessite la réunion de trois conditions cumulatives : un dommage, une faute (cf. *supra*) et un lien de causalité (cf. *supra*).

Depuis un revirement de jurisprudence opéré par l'Assemblée plénière de la Cour de cassation le 25 février 2000 (*Costedoat*), le préposé qui agit sans excéder les limites de sa mission impartie par son commettant bénéficie d'une immunité de responsabilité civile.

Toutefois, la Cour de cassation a apporté des limites à ce principe. Elle a d'abord écarté l'immunité du préposé en cas d'infraction pénale intentionnelle (Cass., Ass. plén., 14 déc. 2001, *Cousin*) ou de faute pénale qualifiée. Elle a également écarté l'immunité en cas de faute civile intentionnelle et, semble-t-il, pour toute infraction pénale (Civ. 2e, 21 févr. 2008).

En l'espèce, Nicolas a taclé sciemment et brutalement Thomas alors que ce dernier ne disputait pas le ballon. Il ne semble pas que le tacle ait été réalisé au cours d'une phase classique de jeu. Cette conduite violente est susceptible de constituer une infraction pénale et constitue assurément une faute civile intentionnelle. Il est donc possible d'écarter l'immunité du préposé, même s'il est permis de douter que le « tacleur » ait effectivement voulu infliger une souffrance à la victime.

Dès lors, les victimes pourront agir sur le fondement de la responsabilité du fait personnel contre Nicolas, et sur le fondement de la responsabilité des commettants du fait de leurs préposés contre la S.A. *Caen Foot* (sachant que les prestations de sécurité sociale versées par la législation sur les accidents du travail doivent être déduites des réparations mises à leur charge).

Le cas échéant, la S.A. *Caen Foot* pourrait exercer une action récursoire à l'encontre de son préposé.

II/ L'accident de la circulation

A – Le dommage

Pour les règles de droit (cf. *supra*)

En l'espèce, Nicolas a la jambe cassée et un traumatisme crânien. Il a subi un dommage corporel susceptible d'entraîner une perte subie en raison des frais de soins et un gain manqué en raison de son arrêt de travail (privation de gains professionnels). Cette atteinte peut produire divers préjudices extrapatrimoniaux (*pretium doloris*, préjudice d'agrément, préjudice esthétique, déficit fonctionnel…).

En l'espèce, le portable de Nicolas n'a pas résisté au choc. Il a subi un dommage matériel appauvrissant son patrimoine de la valeur du téléphone.

Les caractères des dommages (cf. *supra*) ne posent pas de difficulté.

Pauline (femme de Nicolas) pourrait agir en tant que victime par ricochet (en réparation d'un préjudice patrimonial médiat et/ou d'un préjudice d'affection).

B – L'action en indemnisation

Le dommage ayant été causé par une voiture, il convient de vérifier l'applicabilité de **la loi dite *Badinter* du 5 juillet 1985**, tendant à l'amélioration de la situation des victimes d'accidents de la circulation. Cette loi, d'application **exclusive**, transcende par ailleurs la distinction des ordres contractuel et extracontractuel de responsabilité (art. 1 de la loi).

1 • Les conditions d'application de la loi du 5 juillet 1985

a. Un accident de la circulation

Le terme accident désigne un événement soudain, fortuit et imprévu.

En l'espèce, Nicolas a été percuté par une voiture. Aucun élément n'indique une volonté du conducteur de causer le dommage. Il s'agit bien d'un accident.

L'accident doit s'être produit sur un lieu de circulation. La jurisprudence apprécie largement cette condition : l'accident peut être survenu sur un lieu privé ou public et il importe peu que le véhicule ait été en mouvement ou à l'arrêt.

En l'espèce, l'accident s'est produit sur une avenue : il s'agit d'un lieu de circulation.

b. Un véhicule terrestre à moteur (VTAM)

Cette notion est définie par le législateur. L'article L. 110-1, 1° du code de la route définit le véhicule à moteur comme « tout véhicule terrestre pourvu d'un moteur de propulsion, y compris les trolleybus, et circulant sur toute par ses moyens propres, à l'exception des véhicules qui se déplacent sur rails » (pour une autre définition légale : L. 211-1 C. assur.).

En l'espèce, Pierre conduisait une voiture. Il s'agit bien d'un VTAM.

c. L'implication du VTAM dans l'accident

– Selon la jurisprudence, est impliqué dans un accident de la circulation « tout véhicule qui est intervenu, à quelque titre que ce soit, dans la survenance de l'accident » (Civ. 2e, 18 mai 2000, n° 98-10.190).

La jurisprudence distingue selon que le VTAM est ou non entré en contact avec la victime ou le siège du dommage :

– En cas de contact, l'implication du VTAM dans l'accident est présumée (peu importe que le véhicule soit en mouvement, à l'arrêt, ou en stationnement – Civ. 2e, 25 janv. 1995, pourvoi n° 92-17.164).

– En l'absence de contact (que le véhicule ait été en mouvement ou immobile), la victime ne bénéficie pas de la présomption. Elle devra prouver l'implication du VTAM dans l'accident, *i.e.* démontrer qu'il a joué un rôle dans l'accident.

En l'espèce, il y a eu contact entre le VTAM de Pierre et la victime immédiate puisque cette dernière a été « percutée ». L'implication du VTAM dans l'accident est présumée.

d. L'imputabilité du dommage à l'accident

L'imputabilité rattache le dommage subi par la victime à l'accident dans lequel est impliqué le VTAM. Selon la jurisprudence, l'imputabilité du dommage à l'accident est présumée lorsque le véhicule est impliqué (Civ. 2e, 19 févr. 1997, n° 95-14.034). Il s'agit d'une présomption simple, que le défendeur peut renverser en apportant la preuve contraire.

En l'espèce, la présomption d'implication du VTAM de Pierre dans l'accident emporte présomption d'imputabilité des dommages subis par Nicolas à l'accident.

e. Le responsable

L'obtention d'un droit à indemnisation sur ce fondement nécessite que l'action de la victime soit dirigée contre le conducteur (personne aux commandes du véhicule) ou le gardien (celui qui a l'usage, le contrôle et la direction du véhicule) du VTAM impliqué. L'action contre une autre personne relèverait du droit commun de la responsabilité.

En l'espèce, les victimes devront agir contre Pierre (conducteur et, semble-t-il, gardien).

Les conditions d'ouverture du droit à indemnisation sur le fondement de la loi du 5 juillet 1985 sont réunies.

2 • L'éventuelle déchéance du droit à indemnisation

L'article 2 de la loi du 5 juillet 1985 exclut l'effet exonératoire de la force majeure et du fait du tiers. Le dispositif exonératoire par la faute de la victime (art. 3 à 5 de la loi) est original : il conduit d'abord à distinguer le conducteur victime du non conducteur victime.

a. En cas de victime conductrice

La faute de la victime conductrice peut limiter ou exclure son indemnisation (art. 4).

En l'espèce, Nicolas rentrait à pied chez lui. Il avait la qualité de piéton. L'article 4 ne lui est pas applicable.

b. En cas de victime non conductrice

Dans cette hypothèse, il convient de distinguer selon le type d'atteinte.

En cas d'atteinte à un bien, la faute (fût-elle simple) causale de la victime non conductrice peut limiter ou exclure son indemnisation (art. 5).

En cas d'atteinte à la personne, l'article 3 de la loi conduit à distinguer :

– La victime « simplement protégée » : son indemnisation disparaît si elle a commis une faute inexcusable (« faute volontaire d'une exceptionnelle gravité exposant sans raison valable son auteur à un danger dont il aurait dû avoir conscience » : Cass., Ass. plén., 10 nov. 1995) cause exclusive de l'accident (art. 3, al. 1) ou si elle a volontairement recherché le dommage subi (art. 3, al. 3).

– La victime « privilégiée » (personne de moins de 16 ans ou de plus de 70 ans ou ayant un taux d'incapacité permanente au moins égal à 80 %) : son indemnisation ne peut être compromise que si elle a volontairement recherché le dommage (art. 3, al. 2 et 3).

En l'espèce, il convient de dissocier les dommages matériel et corporel de Nicolas.

– Concernant son téléphone, sa faute pourrait lui être opposée pour limiter ou pour exclure son indemnisation. Au moment de l'accident, Nicolas zigzaguait, ivre, au milieu d'une avenue ouverte à la circulation. Une personne raisonnable n'aurait pas adopté le même comportement. Un tel comportement est fautif, ce qui pourrait limiter l'indemnisation de ce préjudice.

– Concernant les préjudices résultant de son atteinte corporelle : il est très probable que Nicolas soit une victime « simplement protégée ». Il n'a pas volontairement recherché le dommage. S'agissant de la faute inexcusable, il est douteux que les juges retiennent l'exceptionnelle gravité (accident survenu en agglomération, sans franchissement d'un obstacle particulier). De plus, cette faute ne semble pas avoir été la cause exclusive de l'accident. En effet, Pierre semble avoir contribué à l'accident en déboulant à vive allure. Avec une vitesse réduite, il aurait peut-être pu éviter Nicolas ; ce dernier pourrait dès lors être intégralement indemnisé des préjudices résultant de son atteinte corporelle.

L'article 6 de la loi du 5 juillet 1985 assimile le sort de la victime par ricochet à celui de la victime immédiate. *En l'espèce*, Pauline bénéficierait du même traitement à ce stade que celui réservé à Nicolas.

III/ Le coup de sabot de Tornade

Dans ce cas, se pose la question des actions en responsabilité qui auraient pu être envisagées par Victoire si elle avait subi un dommage.

A – La responsabilité du fait personnel de Pauline (art. 1240 et 1241, C. civ.)

L'engagement de cette responsabilité suppose la réunion de trois conditions cumulatives : un dommage, une faute et un lien de causalité (cf. *supra*).

1 • Un dommage

L'étude du dommage est à exclure en l'espèce : Victoire ne subit pas d'atteinte. La propriétaire du cheval vous demande simplement un conseil dans l'hypothèse où Victoire aurait été blessée.

2 • La faute (cf. *supra* pour les règles de droit)

L'énoncé comprend peu d'indices sur ce point.

Il n'est pas exclu d'envisager une faute d'imprudence de Pauline qui pourrait être constituée par le fait d'avoir confié le cheval à Victoire si cette dernière est novice dans le milieu équestre. En plus, il s'agit d'un pur-sang : les chevaux de cette race sont des animaux particulièrement imprévisibles. Dans ce cas, il n'est pas exclu que le comportement de Pauline se soit écarté de celui qu'aurait adopté une personne raisonnable.

(*Il est possible de retenir que Pauline n'a commis aucune faute. En effet, si Victoire a l'habitude de s'occuper des chevaux ou si le cheval est particulièrement docile et qu'elle lui a donné toutes les consignées nécessaires pour s'en occuper sans risque*).

3 • Le lien de causalité (cf. *supra* pour les règles de droit)

En l'espèce, Victoire aurait dû démontrer un lien causal entre la faute d'imprudence et la réalisation de son dommage. Le coup de sabot permis par la faute d'imprudence aurait pu être la cause prépondérante du dommage.

Les **incertitudes** demeurent quant au sort de cette action si un dommage était survenu. Par ailleurs, aucune cause d'exonération ne semblait envisageable.

B – La responsabilité de Pauline du fait de l'animal (art. 1243, C. civ.)

Envisagée à l'article 1243 du code civil, la responsabilité du fait des animaux constitue un cas particulier de responsabilité du fait des choses.

1 • Le domaine d'application : un dommage causé par un animal approprié

Dans le silence du texte, il faut considérer que **toutes les espèces animales** peuvent donner lieu à l'application de cet article dès lors qu'il y a **une appropriation**. Par conséquent, sont exclus les animaux sur lesquels il n'existe pas de droit de propriété (*res nullius* : gibier).

En l'espèce, le cheval est bien un animal approprié.

En raison de l'adage « *specialia generalibus derogant* », il n'est pas possible de cumuler la responsabilité générale du fait des choses (art. 1242, al. 1 du C. civ.) et la responsabilité du fait des animaux (art. 1243 du C. civ.). Le dommage ayant été causé par un animal approprié, seule cette dernière est susceptible de s'appliquer.

2 • Les conditions de la responsabilité du fait des animaux

a. Les conditions d'engagement

i. Un fait de l'animal

La victime devra prouver l'intervention matérielle de l'animal dans son dommage.

De plus, **l'animal doit avoir eu un rôle causal dans la réalisation du dommage**. Les solutions adoptées en jurisprudence pour l'article 1242, alinéa 1, du code civil sont ici transposables :

– Le rôle actif de l'animal sera présumé dans l'hypothèse où il est entré en contact avec le siège du dommage alors qu'il était en mouvement.

– Dans les cas contraires, la victime devra rapporter la preuve du rôle actif de l'animal.

En l'espèce, il n'y aurait eu aucune difficulté puisque le cheval s'est retourné et a donné un coup de sabot (mouvement) à Victoire (contact). Le rôle actif serait présumé.

ii. La garde de l'animal

L'article 1243 du code civil vise **le propriétaire de l'animal ou celui qui s'en sert**. En principe, les solutions retenues sur le fondement de l'article 1242, alinéa 1 du code civil peuvent être transposées, qu'il s'agisse de la définition du gardien (*cf.* Civ. 2e, 5 mars 1953, *Jousselin*) ou des conditions du transfert de garde.

Initialement, le gardien était celui qui avait un titre de propriété sur la chose (conception juridique). La Cour de cassation a évolué vers une conception matérielle en affirmant que le gardien est celui qui a « l'usage, le contrôle et la direction de la chose » (Cass., ch. réun., 2 déc. 1941, *Franck*). Cependant, le propriétaire est présumé gardien.

En l'espèce, Pauline est propriétaire de Tornade, elle est donc présumée gardienne.

Le propriétaire peut renverser cette présomption en rapportant la preuve d'un transfert de garde, *i.e.* qu'au moment du dommage un tiers disposait des trois pouvoirs sur l'animal.

En confiant son cheval à Victoire, Pauline lui a-t-elle transféré la garde ?

La Cour de cassation a déjà refusé de transférer la garde d'une jument lorsque le rôle de la personne est limité à l'entretien courant de l'animal au sens de la nourriture, des soins quotidiens et des promenades (Civ. 2e, 15 avr. 2010, n° 09-13.370).

En l'espèce, la garde de Tornade ne semble pas avoir été transférée à Victoire puisque la mission de cette dernière est limitée à l'entretien courant de l'animal. Victoire ne pouvait aucunement prendre des décisions concernant le sort de l'animal. Par conséquent, Pauline avait conservé la garde de son cheval et aurait pu voir sa responsabilité engagée pour son fait.

b. Les causes d'exonération

La responsabilité du fait des animaux est devenue une responsabilité objective (Civ. 27 oct. 1885, *Montagnier*) : le gardien ne peut s'exonérer par son absence de faute. La cause étrangère peut entraîner une exonération.

En l'espèce, aucune cause d'exonération ne semblait applicable dans le présent cas.

La responsabilité civile

› *Cas pratique*

Thème principal

Responsabilité du fait personnel

Mots-clés

Préjudices, Responsabilité pour faute, Responsabilité du fait des choses, Responsabilité du commettant et du préposé, Responsabilité contractuelle, Accidents de la circulation, Responsabilité du fait des animaux

Sujet donné et corrigé établi par

Ingrid Maria, Professeure en droit privé, Université de Grenoble Alpes

Second semestre 2018-2019

Mme Nicole Dasine vous demande conseil car elle cumule les horreurs en ce moment.

D'abord, alors qu'elle allait rendre visite à son frère placé sous curatelle et résidant dans un centre hospitalier, un incident terrible est survenu. Un résident, dans un état de démence avéré, s'est jeté sur elle et son frère, un couteau à la main. Plusieurs coups ont alors été assenés et son frère y a laissé la vie. Mme Dasine s'en est sortie avec des blessures multiples mais a surtout été terriblement touchée psychologiquement, ce décès la laissant seule, sans parents et sans frère et sœur. Aujourd'hui, elle veut se battre et obtenir réparation des préjudices qu'elle et son frère ont subis du fait de ce fou. Elle se doute bien qu'elle ne pourra rien obtenir du coupable lui-même au regard de l'altération de ses facultés mais estime que tant le préposé de l'hôpital qui avait été nommé curateur du meurtrier que l'établissement lui-même portent une part de responsabilité dans ce qui est arrivé. Néanmoins l'hôpital lui oppose une clause du contrat d'hébergement indiquant qu'en cas d'atteinte à la personne aux résidents et à leur famille, l'hôpital décline toute responsabilité.

Et les soucis ne s'arrêtent pas là. Son fils, Romain, détenteur de son permis depuis peu, a percuté un piéton en voiture parce qu'il a voulu éviter le chien de Mme Loup qui était parvenu à se défaire de sa laisse à cause d'une bourrasque. Aujourd'hui bien sûr, le piéton demande une indemnisation à Romain qui conduisait malheureusement un véhicule non assuré...

Que pensez-vous de tout cela ?

› *Préparation*

Analyse du sujet

Ce cas présentait plusieurs difficultés. D'une part, il imposait d'avoir une vision d'ensemble des connaissances dispensées en cours de responsabilité civile puisque plusieurs fondements devaient être envisagés, y compris des cas spéciaux de responsabilité tels que la loi Badinter et la responsabilité du fait des animaux. D'autre part, certaines parties du sujet n'étaient pas aisées à analyser. Il fallait, en particulier, commencer par bien identifier les victimes en présence (il y en avait deux et non qu'une seule...) et envisager la réparation des préjudices de chacune d'entre elles de manière distincte afin de faire une application correcte du principe de non-cumul des responsabilités, ce qui a été plus que rarement fait.

Enfin, les points à traiter étaient nombreux ce qui imposait de sélectionner les informations à donner :

1 : Nicole peut-elle demander réparation des préjudices subis par son frère décédé ? (Problème suggéré par la phrase « elle [...] veut obtenir réparation des préjudices qu'elle et son frère ont subis »).

2 : Quels sont les préjudices indemnisables (tant pour Nicole que pour son frère) ?

3 : Peut-elle obtenir réparation directement auprès du dément auteur des coups malgré l'altération de ses facultés (Problème suggéré par la périphrase « Elle se doute bien qu'elle ne pourra rien obtenir du coupable lui-même ») ?

4 : Peut-elle obtenir réparation auprès du curateur, préposé de l'hôpital ?

5 : Peut-elle obtenir réparation auprès de l'établissement hospitalier ?

6 : Romain verra-t-il sa responsabilité envers le piéton renversé ?

7 : Ces problèmes seront traités successivement dans l'ordre établi.

Plan du corrigé

I/ Qualité de Nicole pour demander réparation des préjudices de son frère

II/ Caractérisation des préjudices

III/ Responsabilité du dément auteur des coups

A – Responsabilité pour faute

B – Responsabilité du fait des choses

IV/ Responsabilité du curateur préposé

V/ Responsabilité de l'hôpital

A – Réparation du préjudice du frère décédé

B – Réparation des préjudices de Nicole

VI/ La responsabilité de Romain

A – Action contre Romain

B – Action contre Mme Loup

› *Corrigé*

I/ Qualité de Nicole pour demander réparation des préjudices de son frère

Nicole et son frère n'ayant ni parents ni autres frères et sœurs, elle est l'unique héritière et donc ayant droit de son frère. Elle peut, à ce titre, solliciter réparation des préjudices propres à son frère (en sus des siens).

II/ Caractérisation des préjudices

Deux victimes sont identifiables dans ce cas d'espèce : le frère de Nicole et Nicole elle-même.

Concernant le frère de Nicole, le dommage subi est la mort donc un dommage de nature corporel. Ce dommage a engendré un préjudice de perte de chance de survie.

Concernant Nicole, elle est à la fois victime directe (puisqu'elle « a subi des blessures multiples » et a été « très touchée psychologiquement ») et victime par ricochet. En tant que victime directe, elle subit un dommage corporel qui entraîne des préjudices tant patrimoniaux (dépenses de santé, frais divers, pertes de gains professionnels éventuellement...) que moraux (déficit fonctionnel, *pretium doloris*, préjudice esthétique éventuellement, préjudice d'agrément également envisageable selon la nature des blessures). En tant que victime par ricochet, Nicole subit également des préjudices patrimoniaux (frais d'obsèques et frais divers engagés pour le décès) et des préjudices extra-patrimoniaux (préjudices d'accompagnement et d'affection).

Pour être indemnisables, les préjudices subis doivent revêtir les caractères de certitude, d'actualité et de légitimité. En l'espèce, aucun élément ne permettait de discuter la présence de ces caractères si bien qu'il est possible de les tenir pour acquis.

III/ Responsabilité du dément auteur des coups

Contrairement à ce que pense Nicole, il est possible d'engager la responsabilité civile du dément car l'article 414-3 du code civil prévoit bien qu'un majeur « sous l'empire d'un trouble mental n'en est pas moins obligé à réparation ». Reste à savoir sur quel fondement exactement cette responsabilité pourra être engagée. Deux fondements sont envisageables : la responsabilité pour faute (art. 1240, C. civ.) et la responsabilité du fait des choses (art. 1242, al. 1, soit ancien article 1384, al. 1, tel qu'interprété par la Cour de cassation depuis son arrêt *Jand'heur* du 13 février 1930).

A – Responsabilité pour faute

Pour engager la responsabilité du dément sur le fondement de l'article 1240 du code civil Nicole devra rapporter la preuve d'une faute imputable à celui-ci, d'un préjudice et d'un lien de causalité. La faute est généralement envisagée *in abstracto* comme un fait illicite par référence au standard de l'homme normalement diligent et prudent. Or, assener des coups de couteau ne relève certainement pas d'une conduite diligente et prudente. Par conséquent, la faute du dément est bien caractérisée. Le dommage est, lui aussi, avéré (cf. *supra*) et c'est bien la faute du dément qui a causé les dommages de Nicole et son frère.

Ainsi Nicole peut-elle tout à fait envisager d'agir contre le dément et aurait des chances de voir sa demande aboutir. Toutefois, comme il lui faudra démontrer la faute, preuve pas toujours aisée à rapporter, nous lui conseillons d'agir sur un autre fondement.

B – Responsabilité du fait des choses

Depuis l'arrêt *Jand'heur* rendu par la Cour de cassation le 13 février 1930, il est admis que le gardien d'une chose peut voir sa responsabilité engagée sur le fondement de l'ancien article 1384, alinéa 1er (soit l'actuel article 1242, al. 1) si 3 conditions sont réunies : une chose non appréhendée par un régime spécial, un fait de la chose et une garde de la chose. La première condition ne suscite aucune difficulté en l'espèce, un couteau n'étant évidemment pas l'objet d'un régime de responsabilité spécial. Quant au rôle causal de la chose, il y a eu contact entre le couteau et le siège du dommage et le couteau était en mouvement au moment de la réalisation du dommage. Aussi Nicole bénéficie-t-elle d'une présomption de causalité (Civ. 2e, 2 avr. 1997). Enfin, quant à la garde de la chose, depuis l'arrêt *Franck* rendu par les chambres réunies de la Cour de cassation en 1941, est considéré comme gardien celui qui a l'usage, la direction et le contrôle de la chose. Le dément, auteur des coups de couteau nous paraît avoir parfaitement eu l'usage, la direction et le contrôle du couteau au moment des faits. Par conséquent, Nicole pourra facilement engager la responsabilité du dément sur le fondement de l'article 1242, alinéa 1, du code civil.

IV/ Responsabilité du curateur préposé

Il est *a priori* envisageable d'engager la responsabilité du curateur sur deux fondements distincts : responsabilité pour faute (1240) et responsabilité du fait d'autrui (1242, al. 1 soit ancien art. 1384, al. 1 tel qu'interprété par la Cour de cassation depuis son arrêt *Blieck* rendu en Assemblée plénière le 29 mars 1991). Il sera, d'abord, difficile de rapporter la preuve d'une faute imputable au curateur. En effet, la mission de celui-ci (assister le curatélaire dans les actes les plus graves *cf.* article 467 du code civil) n'inclut pas une surveillance constante du dément. Il ne sera certainement pas plus aisé d'engager sa responsabilité sur le fondement de la jurisprudence *Blieck* celle-ci imposant que le responsable ait accepté la charge d'organiser et de contrôler, à titre permanent, le mode de vie du curatélaire, ce que n'accepte pas le curateur (Civ. 2e, 25 févr. 1998 qui a refusé d'engager sur ce fondement la responsabilité du tuteur ou de l'administrateur légal du majeur). Mais surtout, il est impossible d'engager la responsabilité personnelle du curateur dans la mesure où il est préposé et où il a agi dans la limite des missions qui lui étaient imparties (Cass., Ass. plén., 25 févr. 2000, *Costedoat*). En l'espèce, aucune indication ne nous permet de penser que le préposé a agi hors des limites de sa mission. Aussi sera-t-il vraisemblablement immunisé contre toute action en responsabilité civile intentée contre lui.

V/ Responsabilité de l'hôpital

La rigueur imposait ici de bien distinguer entre la réparation du préjudice subi par le frère de Nicole et la réparation de ses préjudices à elle. En effet, son frère semble lié par un contrat à l'hôpital vu la précision faite dans l'énoncé quant à l'existence d'une clause exclusive de responsabilité. Par conséquent, pour son préjudice à lui, le principe de non-cumul impose qu'il soit fait application des articles 1231-1 et s. du code civil (Civ. 1re, 15 déc. 2011, *Bull. civ.* I, n° 220) et que la validité de la clause de non responsabilité soit examinée (A). Pour Nicole, au contraire, aucun contrat ne la liant *a priori* à l'établissement, la responsabilité ne pouvait être qu'extra-contractuelle (B).

A – Réparation du préjudice du frère décédé

Pour pouvoir engager la responsabilité de l'établissement sur le fondement des articles 1231-1 et suivants du code civil en réparation du préjudice subi par son frère, Nicole devra rapporter la preuve d'une mauvaise exécution du contrat, d'un préjudice et d'un lien de causalité entre les deux. Concernant le manquement contractuel, il ne semble pas faire de doute. Le centre hospitalier paraît avoir manqué à une obligation de sécurité ou à une obligation de surveillance qui sont toutes deux probablement des obligations de moyen (en ce sens, par exemple, pour une maison de retraite : Civ. 1re, 15 déc. 2011 suscité. *La qualification pouvait néanmoins être discutée…*). Nicole devra donc rapporter la preuve du manquement. Il semble que cela ne soit pas trop difficile dans la mesure où il n'est pas bien normal qu'un dément se trouve en possession d'un couteau. Quant au préjudice, il est établi (cf. *supra*) et c'est bien en raison de ce manquement que le dommage est survenu. La responsabilité contractuelle de l'établissement hospitalier semble donc pouvoir être engagée.

Ce centre peut-il alors faire jouer la clause exonératoire de responsabilité insérée au contrat (*NB : il est important de bien qualifier la clause en cause*) ? L'article 1231-3 admet implicitement la validité de ces clauses au regard de la liberté contractuelle (« Le débiteur n'est tenu que des dommages et intérêts qui ont été prévus »). Quatre exceptions à ce principe existent toutefois. Ce type de clause est ainsi mis à l'écart, d'abord, en cas de faute lourde assimilable au dol (Req. 24 oct. 1932 repris par l'article 1231-3 du code civil). La faute lourde est définie par une chambre mixte dans un arrêt du 22 avril 2005 comme la faute « caractérisée par une négligence d'une extrême gravité confinant au dol et dénotant l'inaptitude du débiteur de l'obligation à l'accomplissement de sa mission contractuelle »). La clause est, ensuite, mise à l'écart si la clause lie un professionnel et un consommateur (art. L. 212-1, C. consom. qui la classe parmi les clauses abusives). Elle l'est également si elle créé un déséquilibre significatif entre les droits et obligations des parties dans un contrat d'adhésion (art. 1171, C. civ.) et, enfin, si elle prive de sa substance l'obligation essentielle du débiteur (art. 1170, C. civ.). En l'espèce, toutes ces exceptions pouvaient être discutées. La faute lourde pouvait éventuellement être identifiée dans le fait d'avoir laissé à disposition d'un dément un couteau, arme dangereuse par nature. L'application de la législation consumériste était discutable. Certes le frère de Nicole se présente comme un profane ayant contracté avec un professionnel de santé. Toutefois on peut se demander si l'hôpital correspond vraiment à un « professionnel » au sens du code de la consommation (voir art. liminaire de ce code). La troisième exception était peut-être plus facile à mobiliser car le contrat d'hébergement peut être regardé comme un contrat d'adhésion au sens de l'article 1110 du code civil. La clause paraît bien, en outre, crée un déséquilibre entre les parties. La moins facile à mobiliser était peut-être le manquement à une obligation essentielle. Celui-ci semble difficile à trouver car les obligations de sécurité et de surveillance n'apparaissent pas comme des obligations essentielles du contrat d'hébergement (*même si cela est discutable*). En tout état de cause, il semblerait bien que la clause puisse être écartée si bien que Nicole a bon espoir d'obtenir une indemnisation pour le préjudice de son frère sur le fondement de la responsabilité contractuelle.

B – Réparation des préjudices de Nicole

Nicole peut agir sur deux fondements différents : la responsabilité pour faute, d'abord, et la responsabilité du commettant du fait de son préposé, ensuite.

La responsabilité pour faute est d'abord envisageable sur le fondement de l'article 1240 du code civil combiné à l'arrêt rendu en Assemblée plénière le 6 octobre 2006. Nicole peut, en effet, invoquer le manquement contractuel à l'obligation de sécurité (et/ou de surveillance) comme étant constitutif d'une faute au sens de l'article 1240 sans que ne puisse lui être opposée la clause de non-responsabilité.

Ensuite, Nicole peut envisager d'agir sur le fondement de l'article 1242, alinéa 5, du code civil. Elle devra alors rapporter la preuve d'un lien de préposition entre le curateur préposé et le centre hospitalier, une faute du préposé (Civ. 2e, 8 avr. 2004) et le lien entre la faute commise et la fonction. En l'espèce si le lien de préposition ne semble guère pouvoir être discuté, la qualification de préposé laissant supposer ce lien établi, la discussion pouvait davantage être portée sur l'existence d'une faute du préposé. Au regard de ce qui a été dit ci-avant, nous ne pensons pas possible de pouvoir démontrer une faute du curateur préposé.

Par conséquent, le fondement le plus adéquat pour que Nicole obtienne réparation de ses préjudices personnels en agissant contre le centre hospitalier nous paraît être l'article 1240 du code civil.

VI/ La responsabilité de Romain

La victime est ici le piéton renversé par Romain. Ce piéton a subi un dommage corporel ayant pu engendrer des préjudices tant patrimoniaux (dépenses de santé, frais divers, pertes de gains professionnels éventuellement…) que moraux (déficit fonctionnel, *pretium doloris*, préjudice esthétique éventuellement, préjudice d'agrément également envisageable selon la nature des blessures). Le piéton agira vraisemblablement contre Romain sur le fondement de la loi dite Badinter (A) mais Romain peut tenter une action récursoire contre Mme Loup sur le fondement de la responsabilité du fait des animaux (B).

A – Action contre Romain

Pour que la responsabilité prévue par la loi du 5 juillet 1985 trouve à s'appliquer, encore faut-il que le piéton rapporte la preuve que quatre conditions sont bien remplies (*cf.* art. 1 de ladite loi) : l'existence d'un véhicule terrestre à moteur d'abord. En l'espèce, il s'agit d'une voiture, véhicule terrestre à moteur par excellence. Il faut ensuite démontrer qu'il y a eu un véritable accident de la circulation, ce qui ne semble guère contestable ici aussi. Il faut, enfin, démontrer que le véhicule est bien un véhicule impliqué et que le lien de causalité existe entre le dommage et l'accident. Ces deux dernières conditions paraissent également bien remplies en l'espèce, le contact entre la voiture et le piéton faisant présumer l'implication (Civ. 2e, 25 janv. 1995) et, par voie de conséquence, un lien de causalité.

Il sera donc *a priori* facile pour le piéton d'engager la responsabilité de Romain sur le fondement de la loi du 5 juillet 1985 tendant à l'amélioration de la situation des victimes d'accidents de la circulation. Romain peut-il alors espérer pouvoir s'exonérer ?

Selon l'article 3 de la loi Badinter il convient de distinguer suivant l'âge de la victime. Rien ne nous étant précisé dans l'énoncé sur ce point, il faut envisager tant la situation des victimes dites privilégiées que celle des victimes simplement protégées. Pour les premières, (c'est-à-dire âgées de moins de 16 ans ou de plus de 70 ans ou disposant d'un titre attestant d'un taux d'invalidité ou d'incapacité d'au moins 80 %), l'indemnisation est quasi automatique puisque c'est seulement si le dommage a été recherché par la victime qu'il n'y aura pas d'indemnisation (art. 3, al. 3). Pour les secondes, deux causes d'exonération existent : la faute de la victime inexcusable et cause exclusive de l'accident (art. 3, al. 1) et la faute intentionnelle (art. 3, al. 3). En l'espèce, aucun élément ne nous permet de penser que de telles fautes aient été commises. Aussi Romain ne paraît pas pouvoir s'exonérer de sa responsabilité. Il lui reste alors à espérer qu'une action récursoire contre Mme Loup aboutisse…

B – Action contre Mme Loup

Romain devra agir sur le fondement de l'article 1243 du code civil qui prévoit que le gardien d'un animal est responsable du dommage causé par celui-ci. Les conditions d'application de cette responsabilité sont les mêmes que celles de la responsabilité générale du fait des choses (cf. *supra*). Il faudra donc que Romain démontre qu'un animal a causé le dommage et que Mme Loup en avait l'usage, la direction et le contrôle. Le plus complexe ici résidait certainement dans la caractérisation du rôle causal de l'animal. Celui-ci ne pouvait être admis que si la théorie de l'équivalence des conditions était retenue : sans l'intervention du chien, Romain n'aurait pas cherché à l'éviter et ne serait donc pas entré en collision avec le piéton. En revanche, si la théorie de la causalité adéquate était retenue, l'action de Romain ne pourrait certainement pas aboutir. En outre, même si faveur était donnée à l'équivalence des conditions, il est plus difficile de démonter le rôle causal de la chose lorsqu'il n'y a eu aucun contact entre celle-ci et la victime ce qui était le cas en l'espèce... Les autres conditions ne devaient pas, en revanche, entraîner grand nombre de développements.

En tout état de cause, même si les conditions de la responsabilité du fait des animaux étaient considérées comme remplies, Mme Loup pourrait peut-être s'exonérer en invoquant la force majeure. La « bourrasque » est-elle caractéristique d'un cas de force majeure ? La Cour de cassation a défini cette dernière dans son arrêt rendu en assemblée plénière le 14 avril 2006, comme un événement imprévisible et irrésistible. Une bourrasque peut tout à fait revêtir ces caractères si les conditions climatiques ne la rendaient pas prévisible. Romain pourrait donc risquer de se voir opposer cette cause d'exonération par Mme Loup.

La responsabilité civile

Thème principal

Responsabilité des parents du fait de leur enfant

Mots-clés

Anormalité, Rôle actif de la chose inerte, Responsabilité sans faute, Responsabilité causale, Responsabilité directe et personnelle, Lien de causalité

Sujet donné par

Cyril Bloch, Professeur de droit privé, Université d'Aix-Marseille

Corrigé établi par

Alexis Bacon, Doctorant, Université d'Aix-Marseille

Second semestre 2018-2019

› *Commentaire d'arrêt : Civ. 2e, 18 novembre 2010, n° 09-17.021*

Attendu, selon l'arrêt attaqué (Angers, 15 juill. 2009), que le 7 octobre 2006, Steve L., alors âgé de quinze ans, participait à une soirée au domicile d'un ami de son âge, Julien N., en compagnie de cinq autres adolescents et en l'absence des parents de Julien N. ; que Steve L. est tombé dans le bassin situé sur la propriété de M. et Mme N. ; que M. et Mme L., agissant au nom de leur fils mineur, ont fait assigner M. N. et son assureur, la société Assurances du crédit mutuel IARD (l'assureur) ainsi que la caisse primaire d'assurance-maladie d'Angers (la caisse) devant un tribunal de grande instance, aux fins de voir déclarer M. N. responsable des préjudices subis par Steve L. ;

Sur le second moyen du pourvoi principal et le second moyen du pourvoi provoqué [...] :

Attendu que M. et Mme L. et la caisse font grief à l'arrêt de les débouter de toutes leurs demandes ;

Mais attendu que l'arrêt retient notamment que le fait de se trouver juste au bord du bassin la nuit tombée suppose un acte forcément volontaire de la part de Steve L., alors âgé de quinze ans, qui a dû pour cela passer au-dessus du grillage pour emprunter le portail réservé à cet effet et ôter le dispositif destiné à en assurer la fermeture ; que, d'une part, sur la responsabilité de M. N. sur le fondement de l'article 1384, alinéa 1er, en tant que gardien, le bassin en cause, outre que sa présence était connue de la victime, était distant d'une vingtaine de mètres de l'habitation où se tenait la réunion festive, et n'occupait pas une place anormale à l'intérieur d'une propriété isolée en secteur rural ; qu'en effet, entouré d'un grillage d'une hauteur d'un mètre cinq centimètres, le bassin était également signalé d'une manière suffisante à quiconque déambulait dans cette propriété ; que le bassin en cause présentait dans sa structure, sa configuration et sa disposition un caractère parfaitement normal et qu'ainsi il avait eu un rôle uniquement passif et n'avait pas été l'instrument du dommage causé à Steve L. ; que, d'autre part, sur la responsabilité de M. N., sur le fondement de l'article 1384, alinéa 4, en tant que parent, que M. et Mme L. font valoir que les époux N. ont confié leur maison à leur fils Julien, lequel n'a pas prévenu ses invités de la dangerosité du bassin et en particulier n'a pas dissuadé la victime de s'en approcher ; que la responsabilité des père et mère ne valant qu'autant qu'il existe un lien direct entre le fait de l'enfant habitant avec eux et le dommage subi, ce qui n'est pas le cas en l'espèce dès lors que l'acte de la victime a été volontaire et que la faute alléguée de Julien N. est sans lien de causalité directe avec les blessures de la victime ;

Qu'en l'état de ces constatations et énonciations établissant l'absence d'anormalité de la chose, la cour d'appel, qui n'avait dès lors pas à examiner le caractère de force majeure du fait de la victime, a pu en déduire que le bassin n'avait pas été l'instrument du dommage ;

Et attendu qu'ayant retenu que le dommage subi par la victime n'avait pas été directement causé par le fait, même non fautif, du mineur, la cour d'appel en a exactement déduit que la responsabilité de M. N. en sa qualité de parent ne pouvait être retenue ;

D'où il suit que le moyen n'est pas fondé ;

Par ces motifs : Rejette les pourvois [...].

Préparation

Analyse du sujet

L'arrêt donné à commenter ne présente pas de difficulté particulière quant à l'organisation du raisonnement : les deux régimes de responsabilité dont il est question doivent être abordés successivement, une partie entière étant consacrée à chacun d'eux. En revanche, et si l'on excepte les difficultés d'ordre méthodologique, le commentaire de cette décision nécessite des connaissances suffisamment solides pour faire état de l'évolution de la jurisprudence, qu'il convient d'exposer de manière critique.

Plan du corrigé

I/ L'exclusion de la responsabilité du fait des choses que l'on a sous sa garde

A – Le déclin de l'anormalité comme condition du rôle actif de la chose

B – Le maintien de l'anormalité comme condition du rôle actif de la chose inerte

II/ L'exclusion de la responsabilité des parents du fait de leur enfant mineur habitant avec eux

A – La disparition du fait fautif de l'enfant comme condition de la responsabilité des parents

B – Le renforcement du lien de causalité entre le fait de l'enfant et le dommage

Corrigé

En dépit de l'objectivisation croissante de la responsabilité civile, la sollicitude des juges se heurte à certaines limites et le droit de la victime à obtenir réparation de son préjudice n'est pas encore absolu. C'est ce dont témoigne l'arrêt rendu le 18 novembre 2010 par la deuxième Chambre civile de la Cour de cassation.

En l'espèce, alors que ses parents étaient absents et lui avaient confié leur maison, un adolescent de quinze ans a organisé une soirée à laquelle ont été conviés six camarades de son âge. L'un d'eux s'est blessé en chutant dans le bassin situé sur la propriété.

Agissant au nom de leur fils mineur, les parents de la victime ont assigné le père du mineur organisateur de la soirée, défendeur, en réparation des préjudices subis par leur enfant. C'est à la fois sur l'alinéa 1er de l'ancien article 1384 (devenu 1242) du code civil, qui prévoit la responsabilité du fait des choses, et sur l'alinéa 4 de cette même disposition, qui prévoit la responsabilité des parents du fait de leur enfant, que les demandeurs ont fondé leur action en réparation.

Par un arrêt du 15 juillet 2009, la Cour d'Angers les a déboutés de leurs demandes. Les juges du second degré ont retenu que la responsabilité du gardien d'une chose inerte – du bassin, en l'occurrence – ne saurait être engagée dès lors que cette chose n'a pas eu un rôle actif dans la survenance du dommage. Ce serait d'autant moins possible que le dommage résulterait ici d'un acte « forcément volontaire » de la victime. Également, le fait que l'organisateur de la soirée ait manqué de prévenir ses invités de la dangerosité du bassin serait sans lien de causalité directe avec les blessures de la victime. Dès lors, il ne serait pas davantage possible de rechercher la responsabilité de ses parents : ils ne pourraient être condamnés à réparer le préjudice que dans la mesure où il existe un lien direct, qui fait ici défaut, entre le fait de leur enfant et le dommage subi par la victime. Cette solution a conduit les parents de la victime à former un pourvoi en cassation.

La deuxième Chambre civile de la Cour de cassation était amenée à se prononcer sur les deux questions de responsabilité qui se posaient en l'espèce. Convenait-il d'admettre qu'il est nécessaire de prouver l'anormalité d'une chose inerte pour retenir son rôle actif dans la survenance du dommage ? Parallèlement, la responsabilité des parents peut-elle être engagée en l'absence de lien direct entre le fait de leur enfant et le dommage subi par la victime ?

Le 18 novembre 2010, la Cour de cassation a retenu que, l'absence d'anormalité de la chose étant établie, « la cour d'appel [...] a pu en déduire que le bassin n'avait pas été l'instrument du dommage ». S'agissant de la responsabilité des parents du fait de leur enfant, le raisonnement du juge d'appel est également approuvé : « ayant retenu que le dommage subi par la victime n'avait pas été directement causé par le fait, même non fautif, du mineur, la cour d'appel en a exactement déduit que la responsabilité [du père de l'organisateur de la soirée] ne pouvait être retenue ». Le pourvoi formé par les parents de la victime est donc rejeté.

Ainsi, les faits de l'espèce ont conduit la Cour de cassation à exclure, d'une part, la responsabilité du fait des choses (I) et, d'autre part, la responsabilité des parents du fait de leurs enfants (II).

I/ L'exclusion de la responsabilité du fait des choses que l'on a sous sa garde

Pour mettre en œuvre la responsabilité du fait des choses, plusieurs conditions doivent être réunies dont celle, déterminante en l'espèce, tenant à l'anormalité de la chose. Si l'on constate un déclin de l'anormalité comme condition du rôle actif de la chose (A), l'importance de cette notion a toutefois été réaffirmée s'agissant des choses inertes (B).

A – Le déclin de l'anormalité comme condition du rôle actif de la chose

Pour que la responsabilité du gardien d'une chose puisse être engagée sur le fondement de l'alinéa 1er de l'article 1242 (1384 ancien) du code civil, il est nécessaire que la chose gardée ait joué un rôle actif dans la réalisation du dommage. Il ne s'agit pas ici d'une simple question de causalité matérielle : la chose doit véritablement être la « cause génératrice » du dommage, « l'instrument du dommage ». Pour qu'il en soit ainsi, le dommage doit résulter d'une anormalité de la chose ; celle-ci peut être anormale dans sa fabrication, dans son état, dans son comportement, dans son fonctionnement, dans sa solidité ou dans sa position. Moins qu'une illicéité, l'anormalité réside dans un caractère inhabituel, sans lequel on estime que la chose n'est pas, par elle-même, à l'origine du dommage. Cette notion de « rôle actif », étroitement liée à celle « d'anormalité », est appréhendée différemment selon que la chose considérée est une chose en mouvement entrée en contact avec le siège du dommage ou, comme c'est le cas en l'espèce, une chose inerte (ou une chose en mouvement qui n'est pas entrée en contact avec le siège du dommage).

Pour les choses en mouvement entrées en contact avec le siège du dommage, le rôle actif de la chose est présumé. En effet, il serait ici trop complexe pour la victime de prouver une quelconque anormalité ; la preuve du seul fait causal de la chose est donc suffisante. Dès lors, c'est au gardien qu'il reviendrait de renverser cette présomption en rapportant la preuve de la normalité de la chose impliquée dans le dommage. Si cette possibilité était admise en jurisprudence, il semblerait qu'elle ait été abandonnée par la Cour de cassation (Civ. 2e, 13 mars 2003, n° 01-12.356). Ainsi, pour les choses en mouvement entrées en contact avec le siège du dommage, le rôle actif est désormais présumé de manière irréfragable, sans que la normalité ou l'anormalité de la chose ne soient plus prises en compte.

S'agissant des choses inertes – catégorie à laquelle appartient le bassin dont il est question en l'espèce – le rôle actif n'est plus présumé : il doit être prouvé par la victime du dommage, à laquelle il revient de démontrer l'anormalité de la chose. Cependant, la tentation de s'affranchir de l'anormalité comme condition du rôle actif de la chose peut également être constatée dans ce cadre. En effet, la Cour de cassation semble avoir étendu aux choses inertes la présomption irréfragable de rôle actif établie pour les choses en mouvement (Civ. 2e, 15 juin 2000, n° 98-20.510; Civ. 2e, 25 oct. 2001, n° 99-21.616). Elle est ensuite revenue à sa position traditionnelle (Civ. 2e, 7 mai 2002, n° 99-20.533; Civ. 1re, 9 juill. 2002, n° 99-15.471; Civ. 2e, 11 juill. 2002, n° 00-21.066) avant d'affirmer, à nouveau, qu'il n'incombe pas à la victime de rapporter la preuve de l'anormalité de la chose inerte (Civ. 2e, 18 sept. 2003, n° 02-14.204) : la responsabilité du gardien est engagée, même dans la mesure où la chose est placée dans une position tout à fait normale.

Ainsi, la Cour de cassation a fait sienne des solutions qui ont marqué un très net recul de l'importance accordée à la notion d'anormalité en matière de responsabilité du fait des choses; cette responsabilité est devenue purement causale. Cependant, les excès d'une telle évolution ont amené la Cour de cassation à reconsidérer sa position libérale.

B – Le maintien de l'anormalité comme condition du rôle actif de la chose inerte

De toute évidence, l'abandon pur et simple de l'anormalité comme condition du rôle actif de la chose conduirait à retenir la responsabilité du gardien dans des hypothèses où cela semble déraisonnable. En effet, une personne qui chuterait maladroitement dans un escalier pourrait parfaitement engager la responsabilité du gardien de celui-ci; de la même manière, la personne qui ferait un malaise et dont la tête heurterait le sol pourrait tout à fait engager la responsabilité du gardien de ce sol. Ces solutions sont excessives. Surtout, le déclin de l'anormalité comme condition du rôle actif de la chose s'accorde mal avec la fonction normative qu'est supposée assurer la responsabilité civile : le gardien, si diligent qu'il soit, doit répondre de tout dommage dans lequel la chose est impliquée, fût-elle normale dans son état, son fonctionnement ou sa position. Son intérêt à prévenir le dommage s'en trouve dès lors diminué; c'est là une manifestation regrettable d'une inversion des valeurs qui structurent la responsabilité civile, qui est particulièrement flagrante dans l'arrêt dit du « plot en ciment » (Civ. 2e, 18 sept. 2003, no 02-14.204). Dans cette décision, la responsabilité de l'exploitant d'un supermarché avait été retenue car une cliente s'était blessée en heurtant un plot qui ne présentait aucune anormalité, et qui était destiné à délimiter la zone réservée aux piétons sur le parking de la grande surface. Cette condamnation à réparer vient sanctionner l'entrepreneur pour s'être trop préoccupé de la sécurité des piétons : l'exploitant aurait donc tout intérêt à retirer du parking l'ensemble des dispositifs matériels (plots, marquages aux sols potentiellement glissants…) tendant à protéger ses clients. Ce faisant, la probabilité qu'un dommage survienne serait considérablement augmentée mais sa responsabilité ne pourrait plus être recherchée sur le fondement de l'alinéa 1er de l'article 1242 (1384 ancien) du code civil. On le constate, cette responsabilité purement causale ne remplit pas sa fonction normative et encourage même, dans cet exemple précis, à adopter le comportement le plus dangereux.

Pour ces raisons, la Cour de cassation a procédé à un nouveau revirement de jurisprudence marquant le retour à une certaine orthodoxie. À plusieurs occasions, elle a réaffirmé, s'agissant des seules choses inertes, qu'il est nécessaire que la victime du dommage démontre l'anormalité de la chose pour que la responsabilité du gardien soit engagée (Civ. 2e, 11 déc. 2003, no 02-30.558; Civ. 2e, 24 févr. 2005, no 03-18.135).

Précisément, cette solution est confortée par la décision commentée. En cause d'appel, les magistrats ont estimé que « le bassin en cause présentait dans sa structure, sa configuration, et sa disposition un caractère parfaitement normal »; il n'aurait donc eu qu'un rôle passif dans la survenance du dommage. Pour retenir cette solution, ils ont dûment motivé leur décision en exposant les différents éléments qui militent en faveur de la normalité du bassin : sa distance quant à l'habitation, la localisation de la propriété, la présence d'un grillage et l'existence d'une signalisation. Ce faisant, la responsabilité du gardien du bassin a été écartée. En cela, la cour d'appel est suivie par la deuxième Chambre civile qui perpétue sa jurisprudence et qui rappelle que la chose inerte ne joue un rôle actif dans la survenance d'un dommage que lorsqu'elle présente un caractère anormal, dont la preuve n'est pas rapportée en l'espèce.

Seule ombre au tableau, la Cour de cassation souligne que le juge d'appel « n'avait pas à examiner le caractère de force majeure du fait de la victime ». Il est vrai qu'il importe peu que l'acte de la victime soit volontaire : dès lors que la responsabilité du gardien est écartée, la recherche d'éventuelles causes d'exonération devient vaine. Peut-être cette maladresse explique-t-elle que le raisonnement des juges du fond ne soit validé que très laconiquement par la Cour de cassation. Mais force est d'admettre que les précisions apportées par la cour d'appel, dans le cadre de la recherche d'une cause exonératoire de responsabilité, n'étaient peut-être pas complètement dénuées d'intérêt dans la mesure où elles confortaient le caractère normal de la chose (portail empêchant l'accès au bassin, présence d'un dispositif de fermeture).

Ainsi, la responsabilité du père de l'organisateur de la soirée ne saurait être recherchée sur le fondement de l'alinéa 1er de l'article 1242 du code civil. Parallèlement, la victime n'obtiendra pas davantage réparation en invoquant la responsabilité des parents du fait de leur enfant.

II/ L'exclusion de la responsabilité des parents du fait de leur enfant mineur habitant avec eux

Si la responsabilité des parents du fait de leur enfant n'est pas subordonnée à l'existence d'une faute de celui-ci (A), il est néanmoins nécessaire que le fait de l'enfant soit en relation de causalité directe avec dommage subi par la victime (B).

A – La disparition du fait fautif de l'enfant comme condition de la responsabilité des parents

C'est l'arrêt *Levert* (Civ. 2e, 10 mai 2001, no 99-11.287) qui est à l'origine de l'évolution du fait générateur de la responsabilité des parents du fait de leurs enfants. À cette occasion, les juges du Quai de l'Horloge ont admis que « la responsabilité de plein droit encourue par les père et mère du fait des dommages causés par leur enfant [...] n'est pas subordonnée à l'existence d'une faute de l'enfant ». C'est dans la droite ligne de cette décision que s'inscrivent les arrêts *Minc* et *Poullet* (Cass., Ass. plén., 13 déc. 2002, n°s 00-13.787 et 01-14.007), par lesquels l'Assemblée plénière a entériné la solution retenue dans l'arrêt *Levert*. Aucun doute ne subsiste : la responsabilité des parents du fait de leur enfant n'est plus conditionnée à l'existence d'une faute commise par celui-ci. Cette responsabilité devient purement causale ; le simple fait de l'enfant, fût-il licite, engage la responsabilité de ses parents dès lors qu'il est directement à l'origine du dommage. Il est aisé d'imaginer les excès auxquels une telle solution pourrait conduire. Si les parents doivent répondre des conséquences dommageables de l'ensemble des faits de leur enfant, fussent-ils non-fautifs, alors cela revient à admettre que leur responsabilité puisse être recherchée dans des hypothèses tout à fait discutables. Ces parents devraient-ils répondre des conséquences dommageables d'une maladie contagieuse que leur enfant a transmise à l'un de ses camarades de classe ? C'est une éventualité que permet d'envisager l'évolution du fondement de la responsabilité des parents.

Au-delà du fondement, le régime de la responsabilité des parents s'en trouve également profondément modifié. Alors que la responsabilité prévue à l'alinéa 4 de l'article 1242 du code civil était une responsabilité indirecte, elle devient une véritable responsabilité directe et personnelle des parents ; il n'est plus nécessaire que la responsabilité de l'enfant puisse être retenue pour que celle des parents puisse être recherchée. Dès lors, les parents deviennent les répondants de tout dommage dont leur enfant serait à l'origine.

Ce faisant, les parents sont davantage responsables du fait d'autrui qu'ils ne sont responsables de leur propre fait. Alors que leur responsabilité peut être engagée à raison de n'importe quel fait de l'enfant, leur responsabilité du fait personnel ne pourrait pas être recherchée s'ils commettaient, eux-mêmes, un fait identique à celui dont leur enfant est à l'origine. On ne peut qu'être interpellé par la conclusion qui se dégage : les parents sont davantage responsables d'autrui qu'ils ne sont responsables de leur fait personnel. Plus évocateur encore : ils sont davantage responsables d'autrui, qu'autrui n'est responsable de lui-même.

Également, la disparition du fait fautif de l'enfant comme condition de la responsabilité des parents crée une inégalité entre les différentes catégories de victimes d'un même dommage. Si un adulte et un enfant circulant à roller venaient à se percuter à l'angle d'une rue, alors l'adulte pourrait rechercher la responsabilité des parents de l'enfant. Il obtiendrait alors la réparation du dommage résultant du fait non-fautif de l'enfant. Cependant, l'enfant serait privé de cette possibilité : il devrait agir sur le fondement de l'article 1240 (1382 ancien) du code civil et serait tenu de prouver la faute de l'adulte, qui est introuvable en l'occurrence. Il existe donc une différence s'agissant du sort réservé aux demandes des victimes. Avec cette solution, le droit à réparation dépend de l'âge de l'auteur direct du dommage, de la question de savoir s'il cohabite avec ses parents et du fait que ces derniers soient toujours en vie ; il s'agit pourtant là d'éléments parfaitement étrangers au fait dommageable.

Ainsi, la disparition du fait fautif de l'enfant comme condition de la responsabilité des parents est à l'origine de sérieuses incohérences. Cependant, la Cour de cassation a entendu limiter les effets néfastes de cette évolution, notamment en posant l'exigence d'un lien de causalité directe entre le fait de l'enfant et le dommage.

B – Le renforcement du lien de causalité entre le fait de l'enfant et le dommage

En l'espèce, les parents de la victime soutenaient que l'hôte de la soirée aurait manqué de prévenir ses invités de la dangerosité du bassin et qu'il ne les aurait pas dissuadé de s'en approcher. Ce fait de l'organisateur de la soirée – qui réside dans une abstention – engagerait la responsabilité des parents de celui-ci. Ces arguments n'ont pas convaincu les magistrats de la cour d'appel, pour lesquels « la responsabilité des père et mère ne [vaut] qu'autant qu'il existe un lien direct entre le fait de l'enfant habitant avec eux et le dommage subi ». Ils ajoutent que ce n'est pas le cas en l'espèce, la faute alléguée de l'organisateur de la fête étant « sans lien de causalité directe avec les blessures de la victime ». Cette solution est confirmée par la Cour de cassation : « le dommage subi par la victime [n'ayant] pas été directement causé par le fait, même non fautif, du mineur, la cour d'appel en a exactement déduit que la responsabilité [du père de l'organisateur de la soirée] ne pouvait être retenue ».

Ainsi, l'application de la responsabilité des parents du fait de leur enfant est écartée à son tour.

Cette décision met en lumière le fait que, si le fait non-fautif d'un enfant suffit à engager la responsabilité de ses parents, encore faut-il que le dommage résulte directement du fait considéré. Ce faisant, l'abandon du fait fautif de l'enfant comme condition de la responsabilité des parents est compensé par une exigence accrue sur le plan de la causalité, qui est nettement mise en évidence dans l'arrêt commenté, comme elle l'était déjà dans les arrêts *Levert*, *Minc* et *Poullet*. Cette exigence causale renforcée permet de cantonner la jurisprudence *Levert* et de limiter les risques d'excès que l'on pourrait craindre. Ainsi, il semblerait que la Cour de cassation ait ici verrouillé le recours à la théorie de la causalité adéquate.

Une solution différente aurait été discutable : l'abandon du fait fautif de l'enfant couplé à une exigence lâche en matière de causalité rendrait la responsabilité des parents du fait de leurs enfants particulièrement excessive : celle-ci pourrait être recherchée dès lors que l'enfant contribue à créer, volontairement ou involontairement, par action ou par abstention, directement ou indirectement, non pas le dommage lui-même, mais la situation de fait qui a rendu sa survenance possible. Ce faisant, les éventualités dans lesquelles la responsabilité des parents serait engagée deviendraient pléthoriques. Recourir à la théorie de l'équivalence des conditions contraindrait l'enfant à prévenir, en toutes circonstances, l'ensemble des dommages susceptibles de se réaliser. Outre le fait de lui attribuer un rôle d'autorité morale qui n'est pas le sien, pareille solution ferait perdre toute rationalité à la responsabilité des parents du fait de leur enfant. À cet égard, l'exigence accrue en matière de causalité est salutaire.

Est-ce à dire que la responsabilité des parents ne serait jamais engagée dès lors que le fait de leur enfant résiderait dans une abstention ? En effet, rares sont les hypothèses dans lesquelles l'abstention d'un enfant est en lien de causalité « directe » avec un dommage. Il faut se garder de conclure trop rapidement que l'abstention d'un enfant fait systématiquement obstacle à ce que la responsabilité de ses parents puisse être recherchée. Cependant, et pour peu qu'on l'interprète strictement, l'exigence renforcée du caractère direct du lien de causalité permet d'envisager cette possibilité. C'est la preuve que la jurisprudence *Levert* pourrait être cantonnée de manière assez importante, même s'il est probable qu'elle soit, à terme, purement et simplement abandonnée dans la mesure où tous les avant-projets de réforme de la responsabilité militent pour son renversement.

Ainsi, la responsabilité des parents du fait de leur enfant, comme la responsabilité du fait des choses, ont été exclues. Peut-être qu'une action fondée sur l'ancien article 1382 (devenu 1240) du code civil, qui prévoit la responsabilité du fait personnel, aurait pu permettre à la victime d'obtenir réparation de son préjudice. Après tout, le fait de laisser des adolescents d'une quinzaine d'années organiser une soirée sans la moindre surveillance n'est-il pas constitutif d'une faute ? Il serait hasardeux d'apporter une réponse tranchée à cette question, mais la responsabilité pour faute personnelle des parents de l'organisateur de la soirée aurait peut-être été plus simple à mettre en œuvre en l'espèce.

La responsabilité civile

Thème principal

Responsabilité extracontractuelle du fait des choses et faute de la victime

Mots-clés

Absence de contrat de transport, Cause exclusive du dommage

Sujet donné et corrigé établi par

Alain Lepommelec, Maître de conférences, École de droit de Clermont-Ferrand

Second semestre 2018-2019

› *Commentaire d'arrêt : Civ. 1re, 6 octobre 1998, n° 96-12.540*

Attendu que le 20 mars 1991, M. X... est monté sur le marchepied d'un train quittant la gare de Meaux et a été précipité, peu après, sur la voie ferrée lors de l'ouverture d'une portière actionnée de l'intérieur par un voyageur ; qu'ayant été grièvement blessé, il a assigné la SNCF en réparation de son préjudice sur le fondement de l'article 1147 du code civil et, subsidiairement, sur celui des articles 1382 et 1384, alinéa 1er, du même code ; que l'arrêt confirmatif attaqué (Paris, 30 mai 1995) l'a débouté de son action ;

Sur le moyen unique, pris en sa première branche :

Attendu que M. X... fait grief à cet arrêt de ne pas avoir retenu l'obligation contractuelle de sécurité pesant sur la SNCF à l'égard des voyageurs au motif qu'il ne démontrait pas être en possession d'un titre de transport, sans rechercher s'il n'avait pas, néanmoins, contracté avec la SNCF dont les agents étaient en grève le jour de l'accident ;

Mais attendu que le contrat de transport se formant par la délivrance du billet et M. X... n'ayant ni rapporté la preuve lui incombant qu'il était en possession d'un titre de transport lors de l'accident, ni allégué qu'il n'aurait pu en obtenir un en raison de la fermeture des guichets, c'est à juste titre que la cour d'appel a écarté le fondement contractuel de son action ;

Sur la deuxième branche : (sans intérêt) ;

Et sur les trois dernières branches :

Attendu que M. X... fait enfin grief à l'arrêt attaqué de ne pas avoir retenu la présomption de responsabilité de la SNCF sur le fondement de l'article 1384, alinéa 1er, du code civil, alors que, selon le moyen, l'accident a eu pour cause non sa prétendue faute, mais l'ouverture d'une portière que la SNCF avait l'obligation de condamner en cours de transport et qui ne pouvait constituer un événement imprévisible et irrésistible susceptible de l'exonérer ;

Mais attendu qu'après avoir relevé que M. X... était monté, en infraction avec la réglementation ferroviaire, sur le marchepied d'un train commençant à s'élancer après le signal du départ, puis s'était vu contraint de lâcher prise lorsque celui-ci avait pris de la vitesse, la cour d'appel a pu déduire de ces constatations que la faute ainsi commise par la victime constituait la cause exclusive de son dommage ; qu'elle a, par ce seul motif, légalement justifié sa décision ;

Par ces motifs : Rejette le pourvoi.

› Préparation

Analyse du sujet

L'arrêt proposé en commentaire ne présente pas de difficultés particulières du point de vue de l'analyse des faits ; la rédaction de l'arrêt permet de dégager les étapes fondamentales de la procédure suivie, ainsi que le positionnement des parties au litige.

La première chambre civile rejette le pourvoi, composé d'un moyen unique divisé en deux branches : elles méritent l'une et l'autre le commentaire. La victime d'un accident survenu sur le marchepied d'un train, dont le départ avait été signalé, dépourvue de tout titre de transport valable, critiquait l'arrêt confirmatif rendu par une cour d'appel excluant l'application de la responsabilité contractuelle du transporteur, et justifiant l'exonération totale de ce dernier en raison de la faute commise par la victime, la déboutant par voie de conséquence, de la demande d'indemnisation du préjudice subi. La Cour de cassation approuve l'arrêt de la cour d'appel, car la victime n'avait conclu aucun contrat avec le transporteur ferroviaire, dont les agents étaient en grève, et relève ensuite que le comportement de la victime révélait une faute constituant la « cause exclusive » de son dommage. Ces deux éléments de réponse justifient le commentaire.

En effet, la problématique juridique se développe en suivant l'ordre même des deux branches du moyen unique du pourvoi formé par la victime. Il convient d'abord d'expliquer pourquoi la responsabilité contractuelle de la SNCF ne pouvait pas être retenue, et ensuite d'indiquer les raisons spécifiques pour lesquelles la présomption de responsabilité qui pesait sur le transporteur en qualité de gardien devait être écartée, ce dernier ne pouvant fut-ce partiellement être tenu responsable de l'accident : la gravité du comportement fautif constituant la « cause exclusive » du dommage.

L'arrêt est intéressant, car il fait application d'une solution qui est assez rarement mise en œuvre, et justifie, dès lors, un certain nombre d'observations.

Plan du corrigé

I/ Exclusion des mécanismes de la responsabilité contractuelle

A – Domaine d'application limité du contrat de transport

B – Application exclusive de la responsabilité extracontractuelle

II/ Exonération totale au profit du transporteur

A – Faute de la victime

B – Rejet de toute indemnisation du préjudice

› Corrigé

La responsabilité civile des entreprises de transport ferroviaire est fréquemment engagée par des voyageurs en raison d'accidents survenus lors de trajets ou dans l'enceinte des gares, dans la mesure où le dommage subi par la victime est en relation causale avec l'activité du transporteur. Encore convient-il de déterminer la nature de la responsabilité civile du transporteur : s'agit-il de fonder la demande d'indemnisation sur les techniques de responsabilité contractuelle ou sur celles de la responsabilité extracontractuelle ? Le principe du non-cumul de responsabilité a en effet, pour conséquence, en droit positif, d'interdire à la victime de choisir, quels que soient ses intérêts, entre les deux ordres de responsabilité, alors même que des perspectives différentes semblent proposées, à l'avenir, lorsque la victime a subi un préjudice corporel, dans le projet de réforme de la responsabilité civile proposée au mois de mars 2017. Encore faut-il, pour que la question se pose, que le voyageur dispose d'un titre de transport valable. Qu'en est-il lorsque le voyageur confronté à la grève du personnel de la SNCF n'a pu acheter et valider en temps utile son titre de transport, et a malgré tout décidé de prendre le train, *in extremis*, dans des conditions objectivement dangereuses ? Dans quelle mesure le comportement très imprudent du voyageur permet-il au transporteur d'exciper d'une exonération partielle, voire totale ? L'arrêt de la première chambre civile de la Cour de cassation du 6 octobre 1998, proposé à notre commentaire, tente précisément de répondre à ces questions fondamentales.

Le contentieux avait pour origine un accident survenu dans des circonstances particulières, révélant que le voyageur dépourvu de tout titre de transport, était monté, après le signal de départ, sur le marchepied d'un train quittant la gare, et avait été, peu de temps après, projeté sur la voie ferrée, la portière ayant été ouverte par un voyageur situé à l'intérieur de la voiture. La victime grièvement blessée avait assigné la SNCF pour réclamer l'indemnisation des préjudices subis. L'action avait été fondée, à titre principal sur le fondement de la responsabilité contractuelle (article 1147, devenu article 1231-1 du code civil après la réforme initiée par l'ordonnance du 10 février 2016), et à titre subsidiaire, sur celui de la responsabilité extracontractuelle (articles 1382 et 1384, alinéa 1er, du code civil, devenus respectivement les articles 1240 et 1242, alinéa 1er du code civil). Par un arrêt confirmatif du 30 mai 1995, la cour d'appel de Paris déboutait la victime de sa demande : la responsabilité contractuelle du transporteur ne pouvait être engagée parce que la victime était dépourvue de tout titre de transport valable, alors même que les agents de la SNCF était en grève le jour où l'accident s'était produit ; la présomption de responsabilité fondée sur la responsabilité du fait des choses, *a priori* applicable au transporteur, étant écartée quant à elle, en raison de la faute commise par la victime, celle-ci étant considérée comme la « cause exclusive » du dommage. La victime formait, dès lors, un pourvoi en cassation critiquant l'arrêt de la cour d'appel dans un moyen unique divisé en deux branches. La première branche du moyen faisait valoir l'impossibilité dans laquelle le voyageur s'était trouvé d'acheter un billet compte tenu de la grève du personnel de la gare ; la seconde branche du moyen contestait l'exonération totale dont la SNCF avait bénéficié, la faute commise par la victime ne pouvant, selon le demandeur au pourvoi, écarter la présomption de responsabilité du transporteur en qualité de gardien de la chose. Les questions ici soulevées étaient de savoir si la responsabilité de la SNCF pouvait être engagée sur le plan contractuel et si la faute de la victime pouvait, ou non, constituer une cause exonératoire de responsabilité du transporteur.

La Cour de cassation a fermement rejeté ce pourvoi et refusé toute indemnisation quelconque à la victime : il ne peut y avoir application des mécanismes de la responsabilité contractuelle pour indemniser un préjudice corporel survenu pendant le trajet faute de titre de transport valable ; la faute de la victime est considérée comme la « cause exclusive » du dommage et permet au transporteur de bénéficier d'une exonération totale comme en cas de « force majeure ».

Il convient donc, dans un premier temps d'expliquer l'exclusion des mécanismes de la responsabilité contractuelle (I), et dans un second temps de comprendre l'exonération totale dont a bénéficié le transporteur (II).

I/ Exclusion des mécanismes de la responsabilité contractuelle

Après avoir relevé que le domaine d'application de la responsabilité contractuelle est limité (A), il conviendra de mettre en lumière l'application exclusive de la responsabilité extracontractuelle (B).

A – Le domaine limité de la responsabilité contractuelle

1°) La réparation des atteintes à la personne subies par un voyageur à l'occasion de l'utilisation d'un moyen de transport était Initialement fondée sur les techniques de la responsabilité extracontractuelle, (*cf.* articles 1382 s. devenus articles 1240 et du code civil. Mais ensuite, par un arrêt de principe du 21 nov. 1911, la Cour de cassation a introduit une obligation de nature contractuelle dite « de *sécurité* » dans les contrats de transport de personnes. La jurisprudence, considérait donc désormais que le transporteur était d'abord tenu d'amener le voyageur à la destination que ce dernier avait choisi dans son titre de transport, mais également qu'il était tenu ensuite de l'y conduire « sain et sauf ». La solution était très favorable aux victimes car l'obligation de sécurité était qualifiée d'obligation de résultat selon la typologie élaborée par René Demogue en 1928. Dès lors, les victimes n'étaient pas tenues d'établir la preuve d'un manquement contractuel fautif du transporteur ; la constatation du dommage subi par le voyageur suffisait à démontrer que le « résultat » promis au voyageur (arriver sain et sauf à destination) n'étant pas atteint, le défaut d'exécution des obligations contractuelles était établi.

Encore convient-il de fixer les limites de l'obligation contractuelle de sécurité de résultat : s'applique-t-elle aux accidents survenus dans les gares comme aux accidents survenus pendant le trajet ? La jurisprudence avait d'abord retenu une conception extensive, appliquant les règles de la responsabilité contractuelle aux accidents de gare : l'exécution du contrat de transport était censée débuter dès que le voyageur entrait dans l'enceinte de la gare et été censée s'achever au moment où il la quittait.

Dans un deuxième temps, la Cour de cassation, (Civ. 1re, 1er juill. 1969) sans remettre en cause l'existence d'une obligation contractuelle de sécurité, avait établi la règle du « tronçonnement » du contrat de transport, distinguant la période de « trajet » proprement dit, imposant une obligation de résultat au transporteur ferroviaire, de la situation antérieure ou postérieure au trajet, soumise quant à elle à une simple obligation de moyens, obligeant dès lors la victime à prouver un manquement contractuel fautif du transporteur.

2°) La Cour de cassation, avait ensuite affirmé que pour les « accidents de gare », seul le régime de la responsabilité contractuelle devait s'appliquer » (Civ. 1re, 21 juill. 1970). Il faut en outre souligner que la solution retenue n'est pas nécessairement favorable aux intérêts de la victime, car sur le terrain de la responsabilité extracontractuelle du fait des choses, la jurisprudence avait consacré l'existence d'une responsabilité de plein droit déduite des dispositions de l'alinéa 1er de l'article 1384 du code civil (actuel article 1242) censées mettre en place une présomption légale de responsabilité par une interprétation prétorienne audacieuse (arrêt *Jand'heur*, Cass., ch. réun., 13 févr. 1930). Dès lors, les critiques doctrinales s'étaient multipliées, dans la mesure où un accident de gare peut tout aussi bien concerner des voyageurs munis de billets, que des voyageurs qui en sont dépourvus, ce qui remettait indirectement en cause le « principe du non-cumul ». Dans un troisième temps, la Cour de cassation, dans un arrêt de la première chambre civile du 7 mars 1989, mettait fin au « tronçonnement » de l'obligation contractuelle de sécurité dans le contrat de transport et limitait par voie de conséquence considérablement le domaine de la responsabilité contractuelle du transporteur peut être engagée en la cantonnant à la seule période d'exécution du contrat, c'est-à-dire le trajet proprement dit.

Tous les dommages qui surviennent avant ou après la montée ou la descente du voyageur de la voiture n'entrent pas dans le périmètre du contrat de transport, et relèvent nécessairement de la responsabilité extracontractuelle, même en ce qui concerne les voyageurs munis de titres de transport valables. Une nouvelle clef de répartition entre la responsabilité contractuelle et la responsabilité extracontractuelles s'imposait donc désormais, rejetant l'extension artificielle de la responsabilité contractuelle des transporteurs ferroviaires : le transporteur sera responsable sur le terrain de la responsabilité contractuelle uniquement pour un défaut d'exécution de l'obligation de contractuelle de « sécurité-résultat » pendant la période du trajet. Dans l'arrêt proposé à notre commentaire, l'accident était survenu alors que le voyageur était sur le marchepied, ce qui semblait *a priori* constituer un « accident de trajet » justifiant l'existence d'une obligation de sécurité contractuelle de résultat, mais encore faut-il pour qu'il puisse en être ainsi, que le voyageur soit titulaire d'un contrat de transport valable, ce qui n'était pas le cas en l'espèce, excluant formellement l'application des mécanismes de la responsabilité contractuelle.

B – Application exclusive de la responsabilité extracontractuelle

1°) Selon la jurisprudence, le contrat de transport n'est exécuté qu'au moment où le voyageur monte dans le véhicule jusqu'au moment où il en descend. Dans l'arrêt proposé à notre étude, la victime de l'accident n'avait pas de titre de transport, et ne pouvait pas être considérée comme ayant conclu un contrat de transport avec la SNCF au moment même où l'accident s'était produit : elle était un véritable « tiers » au contrat de transport (Civ. 1re, 15 juill. 1999). La victime n'a pas en effet prouvé qu'elle était en possession d'un titre de transport valable, ou qu'elle avait été dans l'impossibilité véritable d'en procurer un, en raison de la fermeture des guichets de vente de billets provoquée par la grève d'une catégorie de personnel de la SNCF… Dès lors, alors même que la régularisation de la situation du voyageur aurait pu intervenir à bord du train ultérieurement, l'application des mécanismes de la responsabilité contractuelle fondés sur les articles 1147 et suivants du code civil, (art. 1231-1 s. aujourd'hui) ne pouvait pas être admise, l'accident ayant précisément eu lieu sur le marchepied de la voiture avant toute tentative de régularisation de la situation du voyageur auprès des agents de la SNCF éventuellement présents à bord du train

La Cour de cassation ne pouvait donc pas envisager l'indemnisation du dommage subi par la victime que sur le fondement de la responsabilité extracontractuelle par application des articles 1382, ou 1384, alinéa 1er, du code civil (aujourd'hui articles 1240 et 1241 du code civil). Selon une jurisprudence bien établie, les victimes d'accidents survenus sur un marchepied, lorsque le voyageur se précipite pour monter ou descendre d'un train, alors même que le signal de départ a retenti, doivent réclamer réparation de leurs préjudices sur le fondement de la responsabilité extracontractuelle, du fait personnel (*cf.* article 1382 du code civil, actuel article 1240) ou du fait des choses alinéa 1er de l'article 1384, actuel article 1242). Il est à souligner, que la victime fera le plus souvent le choix de réclamer l'indemnisation sur le terrain de la responsabilité du fait des choses, en raison de la présomption de responsabilité qui pèse sur le gardien d'une chose ayant été l'instrument du dommage, qui est synonyme de « responsabilité de plein droit » et dispense ainsi la victime de prouver que le transporteur a commis une « faute ». Les conditions d'application de la responsabilité du fait des choses étaient, *a priori*, réunies dans la mesure où la SNCF a naturellement la « garde » du matériel qu'elle utilise, plus précisément « l'usage, le contrôle, et la direction » des trains conduits par ses agents, conformément à la définition de la garde de la chose consacrée par la jurisprudence. (arrêt *Franck*, Cass., ch. réun., 2 déc. 1941).

2°) Il est logique, au regard du principe du « non-cumul », que la victime d'un accident de trajet, qui se trouve en situation irrégulière ne puisse pas exciper d'une indemnisation sur le fondement de la responsabilité contractuelle. Lorsque le voyageur est dépourvu d'un titre de transport, du fait du défaut de conclusion d'un contrat de transport, il ne peut pas, par définition être exécuté ; aucune obligation contractuelle de sécurité ne pèse sur le transporteur qui ne pourra alors voir sa responsabilité civile être engagée que sur le plan extracontractuel (Civ. 1re, 12 déc. 1978). Il nous paraît opportun de mentionner que la Cour de cassation a récemment décidé (Civ. 1re, 1er déc. 2011), que l'accident subi par un voyageur titulaire d'un abonnement de transport, qui descendait avec précipitation d'un train n'allant pas dans la direction souhaitée, relevait exclusivement de la responsabilité extracontractuelle et a ainsi fait une application rigoureuse de la règle précitée.

La question de savoir si le défaut d'un titre de transport valable exclut également que la victime en situation irrégulière puisse obtenir réparation du préjudice subi sur le fondement de la responsabilité extracontractuelle est également posée. La Cour de cassation a décidé que la situation irrégulière d'un voyageur dépourvu de titre de transport ayant souhaité utiliser un train ne rend pas pour autant illégitime le droit de demander réparation de son dommage, sur le fondement de la responsabilité extracontractuelle (Civ. 2e, 19 févr. 1992). La jurisprudence rejette donc l'application de l'exception d'indignité fondée sur l'adage « *Nemo auditur...* » en matière de responsabilité extracontractuelle (Civ. 1re, 17 nov. 1993 ; Civ. 1re, 22 juin 2004) : l'irrégularité même de la situation de la victime au regard de la SNCF ne constitue pas, en elle-même, un obstacle dirimant au droit d'être indemnisée. Le fait que l'accident se produise dans des circonstances particulières, le voyageur décidant en toute liberté et avec une imprudence flagrante, d'entrer dans un train ou d'en sortir avec une précipitation manifeste, révèle que l'autonomie de mouvement dont fait preuve la victime peut être fautive et ne saurait être couverte par une obligation de sécurité contractuelle quelconque, qu'elle soit de moyens ou de résultat (Civ. 2ᵉ, 10 mai 1991).

Du point de vue de la causalité du dommage, la présomption de responsabilité pesant sur le gardien de la chose, peut-elle être écartée par la constatation d'une participation active et surtout décisive de la victime, qui par un comportement fautif a été à l'origine de son propre dommage ? Précisément, il convient de relever que l'indemnisation est également écartée sur le fondement de la responsabilité extracontractuelle, comme en témoigne l'arrêt proposé en commentaire.

II/ Exonération totale au bénéfice du transporteur

Il conviendra dans un premier temps de souligner la faute de la victime (A), et d'indiquer dans un second temps, le rejet de toute indemnisation (B).

A – La faute de la victime

1°) Il existe une obligation tantôt contractuelle, tantôt légale de protéger de garantir l'intégrité corporelle d'autrui, mais elle est limitée par une obligation corrélative à la charge des victimes potentielles d'atteinte à la personne, imposant à chacun de veiller à sa propre sécurité. La question du comportement fautif de la victime, ou à tout le moins gravement imprudent, en lien causal avec le dommage subi dans le contexte du transport ferroviaire, est régulièrement posée à la Cour de cassation, tant sur le fondement de la responsabilité contractuelle que sur celui de la responsabilité extracontractuelle. Encore convient-il de déterminer si les solutions sont du même ordre. Lorsque le transporteur de voyageurs est débiteur d'une obligation contractuelle de sécurité de résultat, limitée comme nous l'avons relevé pendant l'exécution du contrat de transport, c'est-à-dire à partir pendant la période du trajet (c'est-à-dire du moment « où le voyageur commence à monter dans le train et jusqu'à ce qu'il en descende »), le transporteur ne pourra s'exonérer de sa responsabilité contractuelle en invoquant la faute de la victime que si cette faute, présente les caractères de la « force majeure », indépendamment du point de savoir quel est le « degré de gravité » de cette faute.

Depuis la réforme initiée par l'ordonnance du 10 février 2016, le cas de force majeure est défini par les dispositions de l'alinéa 1er de l'article 1218 du code civil : « Il y a force majeure en matière contractuelle lorsqu'un événement échappant au contrôle du débiteur, qui ne pouvait être raisonnablement prévu lors de la conclusion du contrat et dont les effets ne peuvent être évités par des mesures appropriées, empêche l'exécution de son obligation par le débiteur ». Il est *a priori* assez évident que le fait qu'un voyageur puisse effectuer le trajet sur le marchepied d'une voiture, contrevient tant au bon sens, qu'à la réglementation ferroviaire et ne saurait être pleinement « prévisible » pour le transporteur…

2°) Traditionnellement, la Cour de cassation considère que constitue un cas de force majeure, un événement d'origine externe, indépendant de la volonté du débiteur, imprévisible, et irrésistible, empêchant l'exécution d'une l'obligation d'origine contractuelle ou légale. Selon, la jurisprudence, la faute de la victime ne permet pas l'exonération partielle du transporteur, et l'exonération totale impose que la faute de la victime présente les caractéristiques de la force majeure (Civ. 1re, 13 mars 2008).

En dehors de la période de transport *stricto sensu*, comme nous le savons, c'est la responsabilité extracontractuelle du transporteur qui doit être appliquée ; le cas de force majeure est défini par des éléments constitutifs classiques outre l'extériorité de l'événement presque toujours présumée, il convient de caractériser des faits imprévisibles et irrésistibles au moment où ils se produisent. Ainsi, par exemple, le cas du suicide d'une personne dans une station de métro a été qualifié de « cas de force majeure » par la jurisprudence (Cass., Ass. plén., 14 avr. 2006). Il est donc admis que la faute intentionnelle de la victime qui a recherché la réalisation du dommage est constitutive d'un cas de force majeure. Dans l'arrêt proposé à notre commentaire, la Cour de cassation relève l'existence d'une faute de la victime dans la mesure où, au moment de l'accident elle se trouvait sur le marchepied de la voiture, et n'avait pu s'y maintenir en raison de la vitesse prise par le train après son départ. Suffit-il qu'une telle impudence ait été commise par le voyageur pour le priver de toute indemnisation de son préjudice ? La question mérite d'être posée dans la mesure où la Cour de cassation ne relève pas véritablement les éléments constitutifs d'un cas de force majeure associés à la faute du voyageur victime de l'accident, cause prétendument exclusive du dommage, mais raisonne, *de facto*, sur le terrain plutôt complexe du lien de causalité entre le fait générateur et le dommage subi.

B – Rejet de toute indemnisation

1°) Il convient de souligner que la jurisprudence prive fréquemment le transporteur ferroviaire du bénéfice de l'exonération totale, alors même que le comportement de la victime était singulièrement dangereux (Civ. 2e, 13 juill. 2006 : voyageur ayant sauté d'un train en marche, après déverrouillage de la porte ; Cass., ch. mixte, 28 nov. 2008 : voyageur accomplissant des acrobaties sur le marchepied d'un train lancé à grande vitesse). La Cour de cassation a très rarement admis que la faute de la victime a été la « cause exclusive » du dommage et exonère alors totalement le transporteur, mais elle prend généralement soin de relever que la faute de la victime présente alors les caractéristiques d'un cas de force majeure. (Civ. 1re, 26 juin 1990).

En règle générale, la faute considérée comme étant du point de vue de la causalité comme la « cause exclusive » du dommage, présente effectivement les caractéristiques du cas de force majeure, mais tel n'est pas nécessairement le cas dans l'arrêt commenté, alors que l'expression de « cause exclusive » met bien l'accent sur le fait que ce n'est pas vraiment une circonstance valant « par elle-même » une exonération totale, mais plutôt que les conditions d'application de la responsabilité du fait des choses n'étaient plus réellement réunies dans la mesure où l'accident n'avait été causalement provoqué, *in fine*, que par la seule attitude totalement imprudente de la victime. Sur le terrain de la recherche de la causalité du dommage, la Cour de cassation fait sienne l'analyse de l'arrêt rendu par la cour d'appel. Elle considère, en effet, que le fait générateur prépondérant sans lequel l'accident ne se serait pas produit était précisément le comportement même de la victime, écartant ainsi, par voie de conséquence, la présomption simple de responsabilité pesant sur le gardien de la chose, le lien de causalité entre le fait générateur (risque associé aux pouvoirs de garde de la chose) et le dommage corporel subi par la victime étant finalement « rompu » au bénéfice de la SNCF en raison de la faute commise par le voyageur.

2°) La définition du concept de faute « cause exclusive » n'est pas clairement établie, et l'arrêt commenté ne prend pas soin d'en donner les éléments constitutifs. Le concept de faute « cause exclusive » du dommage est pourtant périodiquement retenu en matière d'indemnisation des atteintes aux personnes subies par les victimes conductrices d'accidents de la circulation routière soumises aux dispositions de l'article 4 de la loi du 5 juillet 1985. La doctrine a souvent regretté l'application sporadique d'une notion aux contours aussi flous. En outre, la Cour de cassation elle-même avait rejeté toute autre cause d'exonération totale du gardien d'une chose en dehors d'un cas de « force majeure » véritablement prouvé dans deux arrêts légèrement antérieurs à l'arrêt commenté. (Civ. 2e, 2 avr. 1997). L'acceptation fautive du risque par la victime a donc été appréciée avec une certaine sévérité qui contraste fortement avec les conceptions fortement imprégnées de victimophilie qui marquent fréquemment le domaine de la responsabilité civile.

On notera bien sûr que la victime avait incontestablement commis une faute, en prenant l'initiative dangereuse de prendre un train en marche, en prenant le risque inconsidéré de « voyager » sur le marchepied, ce qui ne constitue bien sûr pas une position « normale ». Il était toutefois possible de relever, ce que la Cour de cassation n'a pas cru devoir analyser, que l'ouverture de la portière par un voyageur situé dans la voiture qui aurait dû permettre d'entrer dans la voiture, avait peut-être involontairement à l'origine de la chute de la victime par l'appel d'air ainsi provoqué… La sévérité de l'arrêt proposé à notre commentaire doit être rapprochée d'une autre décision rendue le 21 octobre 1997, (soit pratiquement à la même période que l'arrêt étudié), dont la solution est infiniment plus favorable à la victime, la deuxième chambre civile de la Cour de cassation ayant affirmé que : « la SNCF, en sa qualité de transporteur, ne peut s'exonérer totalement de sa responsabilité que par la preuve d'une faute exclusive de la victime présentant les caractères de la force majeure, ou d'un fait imprévisible et irrésistible à l'origine exclusive du dommage, et qu'une telle preuve n'est pas rapportée dans l'hypothèse d'un accident survenu à un voyageur à la suite de l'ouverture d'une portière par un tiers, accident qui aurait pu être évité par la mise en place d'un système approprié, interdisant l'ouverture des portières pendant la marche du train… ». La Cour de cassation a donc, dans l'arrêt étudié, rejeté toute indemnisation du préjudice subi au regard de l'examen des causes de l'accident, écartant totalement la responsabilité de la SNCF et en attribuant exclusivement, dès lors, l'origine du dommage à la seule attitude fautive de la victime : l'analyse du lien de causalité a été effectuée selon la logique de la théorie dite de la « causalité adéquate ».

Il semble que dans le domaine du transport ferroviaire, tout comme elle l'avait déjà recherché dans d'autres matières, la Cour de cassation a souhaité imposer aux transporteurs tout comme aux voyageurs des obligations réciproques : si le transporteur doit impérativement veiller à la sécurité des voyageurs et de ceux qui utilisent les installations particulières dépendantes de son autorité et de contrôle, le voyageur doit en contrepartie, quant à lui, veiller, de son côté, à sa propre sécurité dans l'enceinte de la gare et, *a fortiori*, avant, pendant et après le trajet… Il n'est pas pour autant certain que cette forme de « partage de responsabilité », excluant tout risque de dérives fondées sur un excès de victimophilie, semble-t-il inspirée par les célèbres formules de deux très grands juristes, Paul Esmein « Transporteurs, veillez sur nous », et de René Rodière « Voyageurs, veillez sur vous ! », soit durablement consacrée. En effet, le projet de réforme de la responsabilité civile présenté par la Chancellerie en mars 2017, comporte des dispositions aménagent le « principe du non-cumul » après l'avoir lui-même consacré, (futurs articles 1233 à 1234 du code civil) et exprime la volonté clairement affirmée de permettre une réparation presque systématique des dommages corporels subis par les victimes. (futurs articles 1267 à 1277 du code civil).

Index

A

Absence de contrat de transport 292
Acceptation 120
Acceptation des risques 228
Acceptation impossible 120
Accident de la circulation 252, 269
Annulation du contrat 127
Anormalité 280
Application de la loi dans le temps 79
Articulation 240
Association sportive 196

C

Capacité 100
Caractère déterminant de l'erreur 137
Caractérisation 220
Causalité 220
Causalité adéquate 220
Cause étrangère 175
Cause exclusive du dommage 292
Clause abusive 100, 164
Clause limitative de responsabilité 164
Clauses abusives **178**
Clauses contractuelles, nullité et imprévision **164**
Clauses créant un déséquilibre significatif 100
Clauses de renégociation 100
Clauses d'indexation 100
Clauses exonératoires 211
Conditions 220
Conflits de lois dans le temps 79
Consentement 120
Contenu 91
Contrat 91, 137
Contrat d'adhésion 178

D

Défaut d'offre ferme et précise 120
Déséquilibre significatif 178
Disproportion manifeste 175, 178
Dol 146, **156**, 164, 183
Dommages-intérêts 156
Droit de la consommation 178
Droit transitoire 79

E

Échange des consentements **120**
Équilibre 91
Équilibre contractuel **100**
Équivalence des conditions 220
Erreur 164, 183
Erreur inexcusable 127
Erreur sur la valeur 137
Erreur sur les qualités essentielles **127**
Erreur – Vice du consentement **137**
Exception d'inexécution 175
Exonération du gardien de la chose 240

F

Faute 228

Faute contractuelle 196
Faute d'imprudence 240
Faute lourde 164
Football 228
Force obligatoire 175
Formation du contrat **112**, **146**, 156

G

Gestion d'affaire 211

I

Imprévision 100, 175, **183**
Inexécution du contrat **175**
Inexistence de la convention 120
Invitation à entrer en négociation 112

J

Juge et contrat **91**

L

Lésion 100
Lien de causalité 280

N

Nullité 156

O

Obligation de sécurité de moyens renforcée 196
Obligation d'information 146
Obligation précontractuelle d'information 100
Offre 112, 120

P

Pouvoir judiciaire 91
Préjudice 228, 269
Professionnel qualités essentielles 127

Q

Qualités essentielles 137, 183
Quasi-contrat et responsabilité délictuelle **211**

R

Réforme du droit des contrats **79**
Responsabilité causale 280
Responsabilité civile extracontractuelle **220**, **252**
Responsabilité contractuelle **196**, 269
Responsabilité délictuelle 220
Responsabilité des commettants du fait de leurs préposés 252
Responsabilité des parents du fait de leur enfant **280**
Responsabilité directe et personnelle 280
Responsabilité du commettant du fait du préposé 211
Responsabilité du commettant et du préposé 269
Responsabilité du fait des animaux 252, 269
Responsabilité du fait des choses 211, 269
Responsabilité du fait personnel **228**, 252, **269**
Responsabilité extracontractuelle du fait des choses et faute de la victime **292**
Responsabilité générale du fait personnel - Responsabilité du commentant **240**
Responsabilité pour faute 269
Responsabilité sans faute 280
Réticence dolosive 146
Rétroactivité 79
Révision pour imprévision 164
Rôle actif de la chose inerte 280

S

Sanction 91

Sources du droit 79
Sport 228

T

Transfert des risques 164

V

Vices du consentement 100

Certifié PEFC
Ce produit est issu de forêts gérées durablement et de sources contrôlées.
PEFC 10-31-3068
pefc-france.org

Photocomposition SCM, Toulouse
719852 (I) OSB 70 g SCM (CDR)
Imprimé en France par CPI Bussière en août 2020
Dépôt légal : septembre 2020
N° d'impression : 2052859